Inhalt

Vorwort   7

Monat 1: *Die Plastik-Challenge*   10

Monat 2: *Die Fortbewegungs-Challenge*   30

Monat 3: *Die Mikroplastik-Challenge*   59

Monat 4: *Die Kleidungs-Challenge*   78

Monat 5: *Die Palmöl-Challenge*   108

Monat 6: *Die Essens-Challenge*   124

Monat 7: *Die Reise-Challenge*   152

Monat 8: *Die Holz- und Papier-Challenge*   175

Monat 9: *Die Garten- und Balkon-Challenge*   191

Monat 10: *Die Wohn-Challenge*   206

Monat 11: *Die Weniger-ist-mehr-Challenge*   231

Monat 12: *Die Weihnachts-Challenge*   243

Danke   260

Produktverzeichnis   262

Jennifer Sieglar

UMWELT LIEBE

Wie wir mit wenig Aufwand viel für unseren Planeten tun können

PIPER

Mehr über unsere Autoren und Bücher:
www.piper.de

Von Jennifer Sieglar liegt im Piper Verlag vor:
Ich versteh die Welt nicht mehr (mit Tim Schreder)

greenprint*
klimapositiv gedruckt

 Höchster Standard für Ökoeffektivität. Cradle to Cradle™ zertifizierte Druckprodukte innovated by gugler*.

 Gedruckt nach der Richtlinie „Druckerzeugnisse" des Österreichischen Umweltzeichens. gugler* print, Melk, UWZ-Nr. 609, www.gugler.at

ISBN 978-3-492-06146-9
© Piper Verlag GmbH, München 2019
Vignetten: shutterstock/mhatzapa
Satz: Kösel Media GmbH, Krugzell
Gesetzt aus der Joanna MT
Litho: Lorenz & Zeller, Inning am Ammersee
Druck und Bindung: Gugler GmbH, 3390 Melk, Österreich
Printed in Austria

Vorwort

Liebe Leserinnen und Leser,

was wollen wir unseren Kindern oder Enkeln sagen, wenn sie uns fragen, was wir eigentlich damals rund um das Jahr 2020 gemacht haben, als der Klimawandel noch in den Griff zu bekommen war? Ich würde gerne antworten können, dass ich mein Bestes gegeben habe. Denn klar ist, dass sie unter dem Klimawandel leiden werden, wenn wir nichts unternehmen. Es wird Hitzeperioden geben, Unwetter, Hochwasser und Millionen von Klimaflüchtlingen. Daher dieses Buch, das ich nicht nur geschrieben habe – ich habe es gelebt und erlebt. Ihr haltet einen einjährigen Selbstversuch in der Hand. Ein Jahr, in dem mein Freund und ich ein neues Hobby geteilt haben: regional und saisonal kochen. Aber auch ein Jahr, in dem wir einen großen Streit wegen des romantischen Themas öffentliche Verkehrsmittel hatten. Ein Jahr, in dem meine Mutter nicht glauben konnte, dass ich keinen Müll für die Müllabfuhr hatte, und ein Jahr, in dem ich es dank viel frischer Luft geschafft habe, meine Nase von der Nasenspray-Sucht zu befreien. Es war ein Jahr, in dem ich versucht habe, möglichst umweltfreundlich zu leben. Eine große Herausforderung, denn lange Zeit glich mein Leben einer Umweltkatastrophe. Ich fahre furchtbar gern Auto, kaufe oft zu viele Klamotten und komme aus einer Kleinstadt, die regelmäßig den

Preis für die beste hessische Fleischwurst erhält – Vegetarierin bin ich demnach also auch nicht.

In meinem Beruf als Fernsehmoderatorin und Reporterin für die Kindernachrichtensendung logo! verschlug es mich 2016 auf den UN-Klimagipfel in Paris. Die Tage dort wurden zu einem Wendepunkt in meinem Leben. Ich erlebte Politiker aus fast allen Ländern der Welt, die sich im Grunde alle einig waren: Mit unserer verschwenderischen Lebensweise machen wir unseren Planeten systematisch kaputt. Durch den Klimawandel gibt es immer häufiger starke Unwetter, die Temperaturen steigen beständig weiter an, durch die Erhöhung des Meeresspiegels drohen ganze Inselgruppen zu verschwinden, und in unseren Meeren wird laut neuesten Studien im Jahr 2050 mehr Plastik schwimmen als Fische. Trotz dieser Einsicht folgten am Ende des Weltklimagipfels nur allgemeine Versprechungen und keine ambitionierten Taten. Also fragte ich mich, was ich selbst tun könnte, um nachhaltiger zu leben. Seitdem versuche ich, Umweltliebe zu betreiben. Dabei war mir von Beginn an klar: Eine vegane, völlig konsumkritische Öko-Vorbildfrau wird aus mir nicht werden. Aber ich wollte mich bemühen, zumindest Schritt für Schritt grüner zu leben und meinen Alltag auch im Kleinen umweltfreundlicher zu gestalten.

Schon vorher hatte ich mit der Aktion »2 Minute Beach Clean« versucht, meine Follower bei Instagram dazu zu motivieren, es mir gleichzutun und im Urlaub den Strand von Plastikmüll zu säubern. Im Rahmen einer logo!-Sondersendung hatte ich mit »Jennies Umwelt-Challenge« außerdem jeweils eine Woche auf Plastikverpackungen, das Auto und Palmöl verzichtet. Mein Ziel für das neue Jahr lautete nun: zwölf Monate – zwölf Veränderungen. Von Januar bis Dezember stellte ich mich jeden Monat einer Challenge für mehr Nachhaltigkeit: weniger Müll produzieren, Kleidung umweltfreundlicher auswählen, regional und saisonal essen und Mikroplastik und Palmöl aus meinem Leben verbannen. Mein Ziel war es, alle Veränderungen in meinem Leben dauerhaft beizubehalten, also auch über den Monat des Selbstversuchs hinaus. So viel kann ich euch jetzt schon verraten: Es ist gar nicht so schwer. Auf den folgenden Seiten erfahrt ihr, wie ihr euren Plastikflaschenverbrauch von 700 Stück pro Jahr auf ein Minimum reduzieren könnt, wie ihr mit dem Kauf der richtigen Klamotten und der richtigen Kosmetik dazu beiträgt, das Mikroplastik in den Ozeanen zu reduzieren, und wie ihr durch eure Lebensmittelwahl das Klima beeinflusst. Alle Produkte, die ich im Rahmen dieses Buchprojekts ausprobiert habe, habe ich übrigens selbst gekauft. Die, die ich für gut befunden habe, findet ihr am Ende des Buches aufgelistet.

Auch bei der Herstellung dieses Buches haben wir uns Mühe gegeben und versucht, möglichst umweltfreundlich vorzugehen. Es wurde im zertifizierten »Cradle to Cradle«-Verfahren produziert, das im Kapitel über Holz und Papier genauer beschrieben wird.

Ich würde mich sehr freuen, wenn ich mit meinen Ideen dazu beitragen kann, auch eure Umweltliebe zu wecken. Denn wenn viele ein bisschen was tun, kann das in der Summe Großes bewirken! Und jetzt: Viel Spaß beim Lesen.

Eure Jennie Sieglar

Monat 1

Die Plastik-Challenge

Wie verursache ich möglichst wenig Plastikmüll?

Das Problem mit dem Plastik

An der Küste Norwegens strandete im Februar 2017 ein Wal. In seinem Magen wurden 30 Plastiktüten gefunden. Der Wal hatte sie mit Futter verwechselt und war quasi mit vollem Bauch verhungert. Er strandete und musste getötet werden. Meeresschildkröten müssen regelmäßig Strohhalme qualvoll aus der Nase entfernt werden. In den Mägen vieler toter Seevögel findet sich heutzutage Plastik. In Norwegen habe ich als Reporterin eine unbewohnte Insel besucht, die komplett voller Plastikmüll ist. Man kann dort einen Meter tief in die Erde graben und findet Verpackungen mit Aufschriften aus Deutschland, den Niederlanden, Dänemark, England und Norwegen. Durch die Meeresströmung werden sie seit Jahrzehnten angespült.

Plastik ist ein überaus beliebtes und für die Industrie sehr praktisches Material. Es ist billig, leicht und robust. Deshalb ist es überall. Man kann diesem Stoff kaum entkommen. Gurken sind in Plastik verpackt, Milchtüten sind mit Plastik beschichtet und wenn man endlich eine Nudelverpackung aus

Pappe gefunden hat, bemerkt man darin doch noch ein Guckloch aus Plastik. Zudem wird es immer häufiger verwendet. Im Jahr 2015 wurden laut dem Kunststoffhersteller-Verband PlasticsEurope weltweit 322 Millionen Tonnen Plastik produziert. Das ist siebenmal so viel wie Mitte der Siebzigerjahre. Schuld daran sind auch wir Verbraucher. Jede Stunde werden laut der Deutschen Umwelthilfe in Deutschland 320 000 plastikbeschichtete To-Go-Becher mit Plastikdeckel in den Müll geworfen. Das sind mehr als sieben Millionen pro Tag. Deutschland ist hier übrigens trauriger Spitzenreiter. Wir produzieren den meisten Müll in der gesamten EU.

Dabei bereitet Plastik der Umwelt gleich vierfach Probleme. Da ist erstens das oben schon geschilderte Problem der verdreckten Meere. Studien zufolge wird im Jahr 2050 in unseren Ozeanen mehr Plastik schwimmen als Fische. Denn Plastik zersetzt sich nicht richtig. Es ist im Grunde nicht abbaubar, sondern zerfällt über Jahrzehnte und Jahrhunderte hinweg lediglich in immer kleinere Teile. Ein nach einem Picknick liegen gelassener Plastikbecher zum Beispiel, der durch den Wind in einen Fluss gerät und auf diesem Weg ins Meer, wird durch Reibung und UV-Strahlung zu winzigen Partikeln zerkleinert, die dann kaum mehr von Sand zu unterscheiden sind. Die Hamburger Hochschule für Angewandte Wissenschaften hat herausgefunden, dass diese Mikroplastikteilchen Schadstoffe anziehen wie ein Magnet. Sand tut das nicht. Fische oder Seevögel verwechseln das Mikroplastik häufig mit Nahrung oder nehmen es beim Fressen aus Versehen mit auf – und damit auch die daran haftenden, krankheitserregenden Substanzen. Das kann für uns Menschen direkt zum Problem werden, wenn wir die betroffenen Tiere essen. Die Forschung dazu steht noch ganz am Anfang, weshalb bisher unklar ist, welche Schäden das Mikroplastik bei uns Menschen anrichtet. Sicher ist aber, dass das Plastik in den Meeren Auswirkungen auf Menschen und Tiere hat.

Das zweite Problem: Bei der Herstellung von Plastik wird viel Energie aufgewendet. Es werden endliche Rohstoffe wie Rohöl oder Erdgas verbraucht, die aus vielen verschiedenen Ländern zur Produktionsstätte gebracht werden müssen. Durch diese langen Transportwege gerät Kohlendioxid (CO_2) in die Atmosphäre. Schon deswegen ist es also gut, auf Plastikverpackungen zu verzichten, denn je weniger Plastik überhaupt hergestellt wird, desto besser für die Umwelt.

Das dritte Problem besteht darin, dass das Recycling von Plastikmüll nicht so funktioniert, wie es sollte und könnte. In Deutschland gibt es ein Mülltrennungssystem, den sogenannten Grünen Punkt, der dafür sorgt, dass recycelbarer Müll wie Plastikverpackungen vom Restmüll getrennt und wiederverwertet wird. Man darf sich das aber keinesfalls so vorstellen, dass unsere Joghurtbecher ausgespült und dann noch mal verwendet werden. Die Becher und alle anderen verwertbaren Plastikabfälle werden stattdessen eingeschmolzen und zu Granulat verarbeitet, aus dem wieder neue Plastikprodukte hergestellt werden können. Aus einer Folie wird also nicht wieder eine Folie, sondern zum Beispiel eine Mülltonne. Diese besteht aber nie komplett aus recyceltem Plastik, sondern immer auch aus neuem, da sonst die Qualität des Materials zu schlecht wäre. Dazu kommt, dass tragischerweise nicht besonders viel des Plastikmülls aus unserem Gelben Sack auch wirklich wiederverwertet wird. Zwar gilt alles, was in der Recyclinganlage des Grünen Punktes landet, auch als recycelt, tatsächlich ist das aber laut der Deutschen Umwelthilfe nur bei etwa 40 Prozent der Fall. Die restlichen 60 Prozent werden wieder aussortiert, da viele Menschen schlicht und ergreifend falsch trennen. Jeder, der in einem Mehrfamilienhaus wohnt, weiß wahrscheinlich, was ich meine: Im Papiermüll ist Plastik, im Gelben Sack sind Essensreste und im Restmüll Plastikverpackungen. Mehr als die Hälfte des Plastikmülls, der an die Recyclingfirma geht, muss also wieder aussortiert und zusammen mit dem Restmüll verbrannt werden. Er zählt in der Statistik aber als recycelt. Der Dampf, der bei der Müllverbrennung entsteht, wird zur Stromgewinnung oder für Fernwärme genutzt – eigentlich eine gute Sache. Nur leider werden dabei auch Giftstoffe und Abgase in die Luft geblasen. Ein weiteres Problem ist, dass der deutsche Plastikmüll häufig gar nicht in Deutschland recycelt wird, sondern in weit entfernten Ländern. Jahrelang wurde ein Großteil davon nach China verschifft. Wie viel CO_2 bei diesem Transport angefallen ist, kann man sich ungefähr vorstellen. Recycling ist also keinesfalls die Lösung des Problems. Die bessere Alternative ist: einfach weniger Plastikmüll produzieren.

Meine Lösung

Als erste Herausforderung habe ich mir gleich die wahrscheinlich schwierigste ausgesucht. Ich werde mich ihr natürlich nicht nur für einen Monat stellen, sondern versuchen, möglichst viele der Lösungsansätze dauerhaft in meinen Alltag zu integrieren. Das habe ich bei allen Herausforderungen vor.
Dass Plastikverzicht hart ist, weiß ich, weil ich für eine Sondersendung bei logo! schon mal eine Woche auf Plastikverpackungen verzichtet habe. Dazu habe ich zuerst alle Dinge in meinem Haushalt zusammengesucht, die mit Plastik verpackt sind. Das sind fast alle. Der Behälter meines Deos zum Beispiel ist zwar aus Glas, hat aber einen Plastikzerstäuber. Müsli- und Spaghettipackungen sind häufig aus Pappe, innen drin ist dann aber doch wieder eine Plastikfolie. Im Grunde kann man sich, wenn man von heute auf morgen auf Plastik verzichten möchte, weder die Zähne putzen noch waschen noch etwas essen. Noch nicht mal die Modezeitschrift, die ich

abonniert habe, könnte ich lesen, denn auch sie steckt unsinnigerweise in einer Plastikfolie. Ein Plan muss also her. Bis ich den habe, könnt ihr ja mal gucken, was bei euch zu Hause alles aus Plastik/in Plastik verpackt ist.

Als wichtigste Regel meines Plastikmonats habe ich mir schließlich vorgenommen, vor allem auf »Wegwerfplastik« zu verzichten. Das heißt, dass ich zwar auch wiederverwendbares Plastik möglichst vermeiden will, aber zum Beispiel die Brot- und Gefrierboxen aus Plastik, die ich eh schon besitze, weiterhin benutzen werde. Ich fände es unsinnig und verschwenderisch, sie ohne Not durch etwas Neues zu ersetzen. Auch meinen Schreibtischstuhl werde ich behalten, obwohl er aus Plastik ist. Denn geht es mir ja primär darum, weniger Plastikmüll zu produzieren.

Die ersten Tage habe ich versucht, wie immer im normalen Supermarkt einzukaufen, nur eben plastikfrei. Zwei Stoffbeutel mitzunehmen war noch relativ einfach, der Rest allerdings hat leider gar nicht geklappt. Man kann zwar unverpackte Kartoffeln oder Kiwis in den Einkaufswagen laden und nicht jede Kassiererin guckt einen an, als hätte man sie nicht mehr alle, wenn sie zwanzig einzelne Kartoffeln vom Band fischen muss, aber die plastikfreie Auswahl ist doch sehr begrenzt. Sogar Gurken sind mittlerweile in Plastik eingeschweißt, Paprika gibts häufig nur im Dreierpack in der Plastikhülle. Auch Salatköpfe stecken meist in Plastik.

Immerhin hatte ich ein erstes kleines Erfolgserlebnis: in fast jedem Supermarkt gibt es Milch und Joghurt im Glas. Das ist eine gute Möglichkeit, Plastikverpackungen einzusparen, denn das Pfandsystem für die Gläser funktioniert super. Zwar schneidet in der Umweltbilanz des Umweltbundesamtes die plastikbeschichtete Milchtüte auch nicht schlecht ab, weil sie leicht ist und damit beim Transport nicht so viel CO_2 verursacht, allerdings stammt diese Studie aus einer Zeit, als die Tüten noch aufgeschnitten oder aufgerissen wurden. Heute haben alle Tüten einen aufgesetzten Plastikauslauf mit Deckel. Deshalb würde die Umweltbilanz heute wohl deutlich schlechter ausfallen. Glasflaschen, die bis zu 50 Mal wiederbefüllt werden, sind also die deutlich bessere Wahl.

Apropos Flaschen: Die meisten von uns trinken ein bis zwei Flaschen Wasser pro Tag, dazu mal noch eine Cola, einen Saft und so weiter. Ich schätze, dass jeder von uns auf etwa 700 Plastik- oder Glasflaschen pro Jahr kommt. Da kann man richtig was einsparen. Die absolut umweltfreundlichste Möglichkeit, seinen Durst zu löschen, ist Leitungswasser zu trinken. Der Grund liegt auf der Hand: Es ist sowieso schon da, in deiner Leitung! Daher entfallen die Transportwege von Wasser und Flaschen. Leitungswasser in Deutschland hat eine hervorragende Qualität. Es spricht also absolut nichts dagegen, es zu trinken. Allerdings gibt es eine Ausnahme, die aber bei kaum jemandem zutreffen wird. Wenige Häuser in Deutschland haben noch Wasserleitungen aus Blei. Dieses sollte auf keinen Fall über das Trinkwasser in den Körper gelangen. Wenn ihr euch unsicher seid, ob eure Leitungen aus Blei sind, fragt bei eurem Vermieter nach. Kann auch der nicht helfen, kann man im Internet Tests bestellen, um die Leitungen zu überprüfen.

Ich persönlich habe ein anderes Problem. Ich finde schlicht und ergreifend, dass Leitungswasser nicht schmeckt. Erstens trinke ich gerne Wasser mit Kohlensäure und zweitens finde ich, dass Leitungswasser einen Eigengeschmack hat. Beim Dreh in einem Wasserwerk wollte mir das der Werkschef nicht glauben und machte eine Blindverkostung mit mir. Er goss in ein Glas Leitungswasser und in ein zweites stilles Mineralwasser. Ich habe den Unterschied sofort gemerkt. Also musste für mich eine andere Lösung her, bei der das Leitungswasser gefiltert und mit Kohlensäure versetzt wird. Dafür gibt es mehrere Möglichkeiten: verschiedene Wasserfilter und etliche Systeme zum Aufsprudeln des Wassers. Allerdings ist es ein wenig umständlich, das Wasser erst durch den Filter zu jagen, es dann aufzusprudeln und am Schluss hat man meist nur einen halben Liter und muss gleich wieder von vorne anfangen. Als mein Freund und ich ein Haus kauften und eine neue Küche brauchten, haben wir uns auf die Suche nach etwas Praktischerem gemacht – und wurden fündig. Wir haben eine wasserfilternde Armatur eingebaut, mit der man sprudelndes gefiltertes Wasser direkt aus dem Wasserhahn bekommt. Sie kostete 1200 Euro im Angebot, und ich kann sagen, dass sich selten etwas für mich so gelohnt hat. Zu jeder Zeit kann ich jetzt Wasser in meiner Wunschtemperatur direkt aus der Leitung zapfen, gesprudelt oder still. Einmal im Monat muss man die Kohlensäureflasche tauschen. Sie wird in einem Mehrwegsystem wieder aufgefüllt, ist also auch umweltfreundlich. Einzig der Filter landet zweimal im Jahr im Hausmüll. Und der Müll, den mein Freund und ich durch diese Anlage gespart haben? Etwa 1500 Plastikflaschen im Jahr. Dazu kommt, dass wir nichts mehr schleppen müssen. Um das Wasser mit zur Arbeit nehmen zu können, haben wir uns mehrere Glasflaschen mit Bügelverschluss gekauft, außerdem benutze ich eine Edelstahlflasche. Ich musste mich zwar erst dran gewöhnen, die Flasche immer wieder mit nach Hause zu nehmen und sie nicht in der Arbeit zu vergessen, doch bis zum Ende des Jahres habe ich sie noch nicht verloren. Juhu!

Sollte Leitungswasser für euch nicht infrage kommen, könnt ihr beim Kauf von Plastikflaschen Folgendes beachten: Meidet Einwegflaschen. Jahrelang habe ich Mineralwasser aus Einwegflaschen getrunken, ohne mir dieser Tatsache bewusst zu sein. Ich kannte schlicht den Unterschied zur Mehrwegflasche nicht. Da man ja in beiden Fällen Pfand bezahlt und die Flasche in den Laden zurückbringt, dachte ich, dass es sich um Mehrwegflaschen handelt. Heute weiß ich: Einwegflaschen erkennt man daran, dass sie aus relativ weichem Plastik sind und 25 Cent Pfand kosten. Sie werden direkt, nachdem sie zurückgebracht wurden, im Pfandautomaten zerquetscht. Das bedeutet: Diese Flaschen werden irgendwo hergestellt, dafür werden Erdöl und andere Stoffe verbraucht und es entsteht CO_2, dann werden sie häufig durch halb Deutschland zum Laden gefahren – was ebenfalls CO_2 freisetzt. Später werden sie ausgetrunken zurück zum Laden gebracht und im Automaten zu Plastikklumpen zerquetscht, die dann wieder durch halb Deutschland gefahren werden, um recycelt zu werden. Auch im Recyclingprozess wird Energie verbraucht und so geht das Spiel von vorne los. Deswegen ist es deutlich umweltfreundlicher, Mehrwegplastik- oder Mehrwegglasflaschen zu verwenden, am besten von Mineralwassermarken aus eurer Region. Recherchiert im Internet, welche Firmen in eurer Nähe sind, oder fragt euren Getränkehändler. Diese Mehrwegflaschen kosten nur acht bis 15 Cent Pfand. Der Vorteil der Mehrwegflasche ist, dass sie bis zu 50 Mal neu befüllt wird. Und wenn sie dann auch noch aus deiner Region kommt, legt sie nur kurze Strecken zurück, was zu einem geringen CO_2-Ausstoß führt.

Bei meinem letzten Ausflug an einen Hundestrand am Main kam ich dabei übrigens an meine Grenzen. Ich hatte mir natürlich Wasser mitgenommen, es war aber so heiß, dass es nicht genug war. Also bin ich an einer Tankstelle rausgefahren, um Nachschub zu kaufen. Dort gab es aber, wie an den meisten Tankstellen, ausschließlich Einwegflaschen. Meine Mission ist seitdem, jeden Tankwart darauf aufmerksam zu machen. Vielleicht macht ihr mit und wir nerven die Tankstellen so lange, bis man dort Mehrwegflaschen kaufen kann. Übrigens: Auch bei den Discountern Aldi und Lidl gibt es nur PET-Flaschen. Dort könnt ihr also auch lange nach Mehrwegflaschen suchen.

Beim nächsten Lebensmitteleinkauf war ich besser vorbereitet. Bewaffnet mit Jutebeuteln, Dosen und Einkaufsnetzen machte ich mich auf zum Wochenmarkt. Hier geht unverpackt einkaufen sehr gut, da Obst und Gemüse nur lose angeboten werden. Bei Käse und Wurst hatte ich allerdings ein Problem: Die Verkäufer weigerten sich zuerst, mir die Lebensmittel in meine mitgebrachten Dosen zu füllen. Das sei laut Lebensmittelhygiene-Verordnung verboten, denn mit meiner Dose könnte ich irgendwelche Keime oder Sonstiges hinter ihre Theke schleusen. Nach langem Hin und Her entschlossen sich dann sowohl der Käse- als auch der Wurstverkäufer, mir die Ware quasi in die Dose fallen zu lassen. Ich muss zugeben, dass mir das Ganze ziemlich peinlich war, denn ihr könnt euch vorstellen, wie genervt viele Leute in der Schlange hinter mir von meiner Diskussion waren. Wenn man häufiger bei denselben Leuten einkauft, muss man dieses Gespräch aber zum Glück meist nur einmal führen.

In der zweiten Woche geriet ich in eine Art Einkaufswahn. Denn ich stellte fest, dass ich manche Plastikdinge wie zum Beispiel Zahnpasta, Zahnbürste und Shampoo, aber auch Strohhalme und Coffee-to-Go-Becher nicht einfach nur weglassen konnte, sondern eine Alternative brauchte. Von letzteren besaß ich bereits einige, denn schon vor etwa einem Jahr hatte ich beschlossen, nicht mehr täglich einen Plastikbecher plus Deckel auf dem Gewissen haben zu wollen. Bis dato hatte ich mir jeden Tag vor der Arbeit einen Kaffee bei einem kleinen Tante-Emma-Laden mit einer fantastischen italienischen Siebträgermaschine bei mir um die Ecke geholt. Seitdem bereite ich meinen Kaffee jeden Morgen rituell mit meiner eigenen – zugegebenermaßen deutlich kleineren und vielleicht nicht ganz so guten – Siebträgermaschine zu. Die Kapsel-Kaffeemaschine wurde verschenkt. Mittlerweile besitze ich fünf sogenannte Tumbler, also Mehrweg-Coffee-to-Go-Becher, die ich entweder schon gefüllt mitnehme oder einpacke, wenn ich weiß, dass ich mir unterwegs einen Kaffee kaufen will. Wenn ihr, wie ich, zu den Leuten gehört, die das regelmäßig vergessen, dann hilft es, euch zu bestrafen: entweder mit Kaffee-Entzug (sehr günstige Alternative) oder mit dem Kauf eines neuen Tumblers (teure Alternative). Ich habe mittlerweile seit mehr als einem Jahr keinen Kaffee mehr aus einem Wegwerfbecher getrunken. Übrigens: Auch wenn es anders draufsteht, kann man die meisten Tumbler bedenkenlos in die Spülmaschine tun. Das ist – wenn die Maschine voll beladen ist – umweltfreundlicher als mit der Hand zu spülen.

Nun aber zurück zu den Dingen, die ich noch nicht besessen habe. Eine plastikfreie Zahnbürste musste her. Glücklicherweise gibt es die mittlerweile sogar bei großen Drogerieketten zu kaufen. Sie sind meist aus Bambus, was ein sehr schnell nachwachsender, biologisch abbaubarer Rohstoff ist. Er kann also in den Biomüll geworfen werden. Bei den Borsten der Zahnbürste wird es hingegen schon schwieriger. Bei vielen Bambuszahnbürsten sind sie einfach weiterhin aus Plastik. Man muss also den Stiel abbrechen und die Borsten separat im Restmüll entsorgen. Es gibt aber auch Alternativen aus Bambusviskose. Die ist zwar biologisch abbaubar, bei der Herstellung werden aber extrem viele Chemikalien verwendet. Für die ganz Hartgesottenen gibt es übrigens auch Zahnbürsten mit Schweineborsten!

Außerdem brauchte ich plastikfreie Hygieneartikel und landete auf meiner Suche ganz schnell bei der Art und Weise, wie man sich auch schon vor Jahrhunderten gewaschen hat: mit fester Seife. In jeder größeren Stadt gibt es ja diesen einen Seifenladen, den man schon von Weitem in der Fußgängerzone riechen kann. Ich muss mich jedes Mal sehr überwinden, den Laden zu betreten, denn der Geruch ist wirklich ziemlich intensiv. Doch es lohnt sich, denn dort gibt es Seifen zum Duschen, zum Haarewaschen, als Spülung für die Haare, für das Gesicht und sogar zum Eincremen. In vielen Öko-Onlineshops kann man außerdem festes Deo und Zahnpasta-Tabletten kaufen. Somit war ich fürs Erste ausgerüstet und bin sofort duschen gegangen. Mein erstes Problem war allerdings die Frage, wohin mit all den Dingen. Man bekommt sie im Laden in Papier eingewickelt oder in selbst mitgebrachte Dosen verpackt. In meiner Dusche sah es dementsprechend auch erst mal nach einer Tupperdosen-Party aus. So richtig praktisch war das aber leider nicht, denn in den Dosen sammelt sich das Wasser und die darin vor sich hin dümpelnden Seifen lösen sich bis zum nächsten Tag halb auf. Also mussten richtige Seifenbehälter her, auf denen die Seifen abtropfen konnten. Es gibt auch Netze, in denen man die Seifen an der Duscharmatur aufhängen kann, die habe ich aber bisher nicht ausprobiert.

Nachdem dieses Problem gelöst war, konnte ich mich ganz auf mein neues Duscherlebnis konzentrieren und habe festgestellt: sich mit Seife zu waschen ist super! Es gibt so viele unterschiedliche Sorten, sie riechen gut und man wird sauber. Alles tipptopp. Auch die Seife zum Eincremen ist erstaunlich gut, da sie keinen klebrigen Film hinterlässt, wie so viele Bodylotions und Cremes. Eine echte Katastrophe war dagegen die Haarseife. Erst dachte ich, meine Haare müssten sich einfach an die neuen Wirkstoffe gewöhnen, aber nachdem mich zwei Maskenbildnerinnen auf der Arbeit gefragt hatten, was denn mit meinen Haaren los sei, die sähen ja aus wie Stroh, habe ich das Haarewaschen mit Seife wieder aufgegeben. Noch schlimmer war das Deo, ich habe geschwitzt und gestunken. Ich möchte nicht grundsätzlich von festem Deo abraten, denn sicher haben andere Menschen andere Erfahrungen damit gemacht und, wenn man den Berichten im Internet trauen kann, zum Teil sogar recht positive. Vielleicht habe ich auch einfach nur komische Achselhöhlen. Aus Rücksichtnahme auf meine Mitmenschen benutze ich jetzt jedenfalls wieder ein Deo in einer Glasflasche, die leider einen

Sprühkopf aus Plastik hat. Schande über mein strohiges Haupt.

Apropos Maskenbildnerinnen: Ich werde ja an etwa 200 Tagen im Jahr, wenn ich *logo!* oder die *Hessenschau* moderiere, professionell geschminkt. Das geht leider nicht ohne Plastik, denn ich habe noch kein HD-Make-up und keine Mascara ohne Plastikverpackung gefunden. Falls ihr eine kennt, schreibt mir gerne. Am Ende des Buches steht, wie ihr mich erreichen könnt. Zumindest beim Abschminken wollte ich aber auf Plastik verzichten. Bisher hatte ich dafür meistens ein feuchtes Abschminktuch aus einer Plastikverpackung benutzt oder Reinigungsmilch aus einer Plastikflasche. Jetzt wollte ich es mit Abschminkpads versuchen, die bei 60 Grad waschbar sind. Ihr müsst sie euch von der Haptik wie ein Fensterleder vorstellen. Man macht sie etwas feucht und schminkt sich dann einfach mit diesem Pad ab. Das Verrückte ist, sie funktionieren wirklich. Ich brauche bei normalem Tages-Make-up ein Pad und bei Fernseh-Make-up zwei. Die kommen in die Wäsche und sind dann sofort wieder einsatzbereit. Damit immer eins da ist, wenn ich es brauche, habe ich mittlerweile zehn Stück. Beziehungsweise hatte ich. Leider frisst meine Waschmaschine die Dinger wie Socken. Ich werde mir irgendwas einfallen lassen müssen. Vielleicht stecke ich sie in einen kleinen Kissenbezug beim Waschen.

Der nächste Test beinhaltete die Zahnpasta-Tabletten. Sie sehen aus wie Pfefferminzdrops und schmecken auch so. Leider habe ich es auch nach vielem Darauf-herum-Kauen noch nicht geschafft, sie richtig zum Schäumen zu bringen. Ehrlich gesagt befürchte ich, dass ich das mit den Drops nicht durchhalten werde. Wenn sie aufgebraucht sind, steige ich wahrscheinlich wieder auf normale Zahnpasta um oder mache meine Zahnpasta selbst.

Mein Fazit, nachdem ich plastikfreie Kosmetik und Hygieneartikel ausprobiert habe: Nicht alles davon wird es dauerhaft in mein Badezimmer schaffen. Feste Seifen werde ich definitiv weiter verwenden, Bambuszahnbürsten und Abschminkpads auch. Bei Zahnpasta, Schminke und Shampoo brauche ich noch Alternativen.

In meinem Shoppingwahn hat es übrigens noch ein weiteres Produkt in meinen Haushalt geschafft: Strohhalme aus Edelstahl. Laut dem WWF sind Strohhalme aus Plastik der am fünfthäufigsten aus dem Meer gefischte Gegenstand. Täglich werden weltweit drei Milliarden davon benutzt und dann entsorgt. Sie sind eines der unsinnigsten Wegwerfprodukte des Planeten. Denn außer alten oder kranken Menschen ist schließlich jeder in der Lage, direkt aus einem Glas zu trinken. Ich liebe allerdings Kaffee mit Eiswürfeln und der lässt sich angenehmer mit einem Strohhalm trinken. Daher habe ich mich für die Edelstahlvariante entschieden. Da ich niemals dickflüssige Getränke wie Smoothies oder Ähnliches daraus trinke, werden sie in der Spülmaschine auch immer super sauber. Wer auf Nummer sicher gehen möchte, kann im Internet aber auch kleine Putzbürsten für die Strohhalme kaufen. Schwieriger wird es, wenn man unterwegs ist. Viele Getränke werden in Restaurants und Bars mit Strohhalm serviert, vor allem im Sommer. Ich ärgere mich jedes Mal unfassbar, wenn ich vergessen habe, bei der Bestellung »ohne Strohhalm« zu sagen, und das Getränk dann mit Strohhalm vor mir steht. Leider passiert das auch sehr oft, obwohl man es vorher gesagt hat. Ich hoffe aber auf eine Revolution in der Gastronomie. Vielleicht verändert sich ja was, wenn immer mehr Gäste ihre Getränke ohne Strohhalm bestellen. Immerhin gibt es schon ein paar Restaurants, die zumindest Recycling- oder Papp-Strohhalme benutzen.

Nach zwei Wochen war also ein großer Teil meines Lebens schon einigermaßen plastikfrei organisiert. Aber eben nur ein Teil. Müsli, Nüsse, Waschmittel, Nudeln, Putzmittel, Süßigkeiten – all diese Produkte gibt es weder auf dem Wochenmarkt noch im Supermarkt lose zu kaufen. Also musste ich in einen Unverpackt-Laden. Die gibt es mittlerweile in jeder größeren Stadt, auch bei mir in der Nähe. Frische Produkte kann man problemlos auf dem Markt kaufen, und für den Rest lohnt sich der Weg dorthin. Bei meinem ersten Einkauf war ich allerdings leicht überfordert. Nudeln, Reis, Couscous, Müsli, Nüsse – alle Lebensmittel hängen dort in Glasspendern an der Wand. Ich hatte meine eigenen Gefäße mitgebracht und wollte das erste benutzen, als mich eine Verkäuferin gerade noch rechtzeitig davon abhalten konnte. Ich hatte vergessen, mein Gefäß vorher zu wiegen, und da alles nach Gewicht berechnet wird, hätte ich dieses quasi mitbezahlt. Also erst mal wiegen, Gewicht mit abwaschbarem Stift auf der Dose notieren (manche Läden haben auch ein System mit Aufklebern) und dann kann man losshoppen. Praktisch ist, dass man nur genau so viel nimmt, wie man möchte. Wer also nur alle Schaltjahre Reis isst, kann auch nur eine ganz kleine Portion kaufen. Auch das ist umweltfreundlich, weil so nichts weggeworfen wird. Nachdem ich die Wochen zuvor auf unfreiwilliger Süßigkeiten-Fastenkur war – es gibt einfach keine unverpackten Gummibärchen und Schokolade zu kaufen –, war ich plötzlich sehr glücklich. Im Unverpackt-Laden gibt es nämlich beides. Leider werde ich kein Fan der Gummibärchen dort, sie schmecken, wie man sich Bio-Gummibärchen vorstellt. Die Schokolade ist aber ein absolutes Highlight, der Unverpackt-Laden bekommt nämlich Bruchschokolade geliefert. Das ist hochwertige Schokolade, die bei der Produktion gebrochen ist und deswegen keine vollständige Tafel mehr ergibt. Da der Laden sie sehr günstig beziehen kann, erhält man hier richtige Luxus-Schokolade zu einem fairen Preis. Und ob sie gebrochen ist oder nicht, ist für den Geschmack schließlich vollkommen egal.

Was man auch beim Unverpackt-Laden nicht vergessen

darf: Auch er bekommt die Lebensmittel, wie ein normaler Supermarkt, in Verpackungen geliefert. Vergleicht man allerdings die Menge an Verpackungsmüll, schneidet der Unverpackt-Laden deutlich besser ab. Eine Müslipackung, die man im normalen Supermarkt kauft, produziert schließlich nicht nur eine Plastiktüte und eine Pappverpackung an Müll, sondern wird zusätzlich auch noch mit vielen anderen Müslipackungen in einer großen Plastikhülle angeliefert. Die sieht nur eben niemand außer den Supermarkt-Angestellten.

Und hier noch zwei Selbstmachtipps für diejenigen unter euch, die wirklich motiviert sind: Ich habe gleich versucht, Zahnpasta selbst zu machen, und ich finde das Ergebnis gar nicht schlecht. Vor allem nachdem ich gelesen habe, dass viele Schauspieler und Models Mundspülungen mit Kokosöl machen, weil das angeblich gesund hält. Man nimmt vier Esslöffel erwärmtes Kokosöl – erwärmt muss es sein, weil es sich im festen Zustand mit nichts anderem mischen lässt –, dann kommen zwei Esslöffel Natron dazu, das ihr im Unverpackt-Laden kaufen könnt. Natron ist quasi ein natürliches Putzmittel und macht die Zähne weiß. Für die Süße fügt man zwei Teelöffel Stevia hinzu und dann nach Geschmack ein paar Tropfen Pfefferminzöl. Das Ganze füllt man in einen Glastiegel und lässt es fest werden. Und schon habt ihr eure eigene Zahnpasta. An den etwas öligen Geschmack muss man sich erst gewöhnen, dafür ist sie aber garantiert plastik- und mikroplastikfrei.

Auch Waschmittel kann man selber herstellen. Man braucht dazu vier Esslöffel Waschsoda (das ist Natriumkarbonat, ein Salz der Kohlensäure), 30 Gramm Kernseife, am besten biologisch hergestellt, ein paar Tropfen ätherisches Öl bzw. Duftöl für den angenehmen Geruch (ich liebe Lemongrass, es gibt aber auch Lavendel, Rose und andere Düfte), zwei Liter Wasser und einen Kanister oder eine Flasche für die Aufbewahrung. Und so geht's: die Kernseife mit einer Küchenreibe raspeln oder mit einem Messer klein schneiden. Das Wasser in einen Topf geben, Soda und geriebene Kernseife dazugeben, mit dem Schneebesen rühren und kurz aufkochen, bis sich alles aufgelöst hat. Dann solltet ihr das Ganze eine Stunde stehen lassen und nochmals unter Rühren aufkochen. Über Nacht stehen lassen. Dabei wird die Masse dicker und, je nachdem was für eine Seife ihr benutzt habt, an der Oberfläche fest. Also alles noch mal umrühren und erhitzen, bis die Mischung wieder flüssig ist. Dann abkühlen lassen und erst danach das ätherische Öl dazugeben. Jetzt ist das Waschmittel fertig und ihr könnt es in Kanister oder Flaschen füllen. Leider bekomme ich mit dem selbst gemachten Waschmittel nicht alle Flecken raus, vor allem die Abschminkpads kommen häufig noch mit Schmutzresten aus der Wäsche. Ich benutze das Waschmittel deshalb hauptsächlich bei Wäsche, die einfach nur mal wieder gewaschen werden muss, aber keine starken Flecken hat.

Nach vier Wochen Plastikreduktion habe ich festgestellt, dass ich mit all den Einschränkungen leben kann. Nur ein Hindernis gibt es noch – meine Leidenschaft, Essen zu bestellen. Nie mehr Sushi liefern lassen? Nie mehr sonntags Curry beim Thai holen und vor dem Fernseher essen? Mein Leben wäre ohne diese Dinge deutlich weniger lebenswert. Aber bei nichts fällt mehr Verpackungsmüll an als beim Essenbestellen. Die erste Möglichkeit, das zu vermeiden, wäre, stattdessen Pizza zu bestellen. Pappe ist schließlich viel einfacher wiederzuverwerten als Plastik. Ich habe aber noch etwas anderes ausprobiert und bei meiner Sushi-Bestellung am Telefon angekündigt, dass ich mit meinen eigenen Gefäßen kommen werde. Ich war sehr gespannt, ob das klappen würde, denn ich hatte schon einmal eine lustige Erfahrung beim Bäcker gemacht, als ich die Verkäuferin fragte, ob ich das Brot bitte in einer Papiertüte haben könnte statt in einer Plastiktüte. Sie bejahte. Bis sie das Brot geschnitten hatte, hatte sie das aber offensichtlich wieder vergessen und steckte es in eine Plastiktüte. Ich rief: »Oh nein!«, und sie meinte, das sei doch kein Problem, warf die Plastiktüte in den Müll und gab mir das Brot in der Papiertüte. Sie hatte gar nicht verstanden, dass es mir um das Einsparen von Plastik ging, sondern dachte, ich würde Brot einfach lieber im Papierbeutel lagern. Beim Sushi-Laden angekommen konnte ich aber erleichtert aufatmen. Alle Sushis lagen ordentlich auf einem Porzellanteller. Ich füllte sie in meine Boxen und nahm sie mit nach Hause. Beim Thailänder oder beim Italiener ist das etwas schwieriger. Bis man mit seiner Dose da ist, kann das Essen kalt sein. Daher ist es am besten, dort einfach direkt mit den Dosen hinzugehen und vor Ort zu bestellen.

Fazit

Das plastikreduzierte Leben ist ein wenig anstrengend. Man muss daran denken, immer alle Boxen, Dosen, To-Go-Becher und so weiter dabei zu haben. Das Leben muss also etwas organisierter ablaufen und ist weniger spontan. Außerdem ist es zu Beginn etwas teurer, da man in einige Produkte investieren muss. Grundsätzlich wird der Geldbeutel durch das plastikfreie Leben aber nicht stärker belastet als zuvor. Klar, man kann nicht mehr alles beim Discounter kaufen, aber wer sich auch vorher schon bewusst für Bioprodukte und Ähnliches entschieden hat, wird kaum einen finanziellen Unterschied merken. Außerdem bin ich der festen Überzeugung, dass nicht jeder alle Änderungen übernehmen muss. Guckt doch mal, was davon sich in euer Leben integrieren lässt.

Das könnte die Politik tun

Am einfachsten wäre es, eine Steuer auf Einweg-Artikel und Einmal-Verpackungen einzuführen. So wären unverpackte Produkte günstiger als verpackte oder die Hersteller müssten sich alternative Verpackungsmöglichkeiten einfallen lassen. Zudem könnte man Anreize schaffen, damit die Hersteller Plastik verwenden, das sich leicht recyceln lässt, oder sogar Quoten für Anteile an Recyclingmaterial einführen. Komplett verbieten sollte man meiner Meinung nach PET-Einwegflaschen. Wir haben ein ausgefeiltes und gut funktionierendes Mehrwegsystem in Deutschland, das durch Einwegflaschen ad absurdum geführt wird. Ein Vorstoß der EU, bestimmte Einwegprodukte wie Wegwerfgeschirr zu verbieten, ist ein Anfang. Allerdings müsste dieses Verbot, damit es wirklich wirkungsvoll ist, auch auf To-Go-Becher und Plastiktüten ausgeweitet werden. Diese Idee wird aber keine Zustimmung finden, da diese Produkte zu wichtig für den alltäglichen Konsum sind. Stattdessen wäre es eine Idee, sie teurer zu machen und mit dem zusätzlich eingenommenen Geld die Forschung für alternative Verpackungen zu fördern.

Meine Anti-Plastik-Tipps

- Leitungswasser trinken
- PET-Einwegflaschen mit 25 Cent Pfand meiden
- Milch und Joghurt in Glasflaschen kaufen
- Feste Seife benutzen
- Wegwerfartikel wie Strohhalme und To-Go-Becher vermeiden
- Eigene Dosen an der Fleisch- und Käsetheke verwenden
- Stoffbeutel mit zum Einkaufen nehmen

- Auf dem Wochenmarkt oder im Unverpackt-Laden einkaufen
- Essenslieferungen vermeiden oder eigene Boxen mitbringen
- Zahnpasta und Waschmittel selbst herstellen

Wie gerät Plastik ins Meer? Die fünf Hauptursachen:

1. Besonders in Entwicklungs- und Schwellenländern, in denen es kein funktionierendes Müllverwertungssystem gibt, werfen viele Menschen ihren Müll aus Unwissenheit und wegen fehlender Alternativen einfach auf die Straße oder direkt in Flüsse. Von dort findet er seinen Weg ins Meer. Doch auch hier bei uns in Deutschland landet an Stränden und Flussufern liegen gelassener Müll früher oder später im Meer.

2. Viele Plastikpartikel, die ins Meer gespült werden, stammen aus unseren Waschmaschinen. Fleecepullis und andere Kunstfasertextilien verlieren bei jedem Waschgang etwa 2000 winzige Fasern, die so klein sind, dass sie weder im Sieb der Waschmaschine hängen bleiben, noch in Kläranlagen herausgefiltert werden können. So gelangen sie ungehindert ins Abwasser und dadurch ins Meer.

3. Viele Kosmetikprodukte enthalten winzig kleine Plastikkügelchen, die den Reinigungseffekt verstärken sollen. Sie sind zum Beispiel in Peelings, Zahnpasta, Gesichts- und Sonnencreme enthalten. Über unser Abwasser gelangen die feinen Partikel ungeklärt ins Meer.

4. Immer wieder entsorgen Schiffe ihren Müll im Meer – auch in Europa. Dabei ist das weltweit streng verboten. Auch dass Schiffe ihre Ladung verlieren, kommt regelmäßig vor. Bei starkem Seegang können zum Beispiel manchmal ganze Container von Bord fallen.

5. Auch die Fischwirtschaft ist ein großer Verursacher von Müll im Meer: Netze und andere Gerätschaften werden im Meer entsorgt oder gehen verloren. Ein besonderes Problem sind die sogenannten Geisternetze. Nach Angaben von Greenpeace landen jährlich bis zu 25 000 Fischernetze in europäischen Meeren. Sie treiben umher, sinken auf den Meeresboden und werden dort zu tödlichen Fallen für viele Meeresbewohner.

Monat 2

Die Fortbewegungs-Challenge

Wie kann ich umweltverträglich mobil sein?

Das Problem

Den Eisbären schmilzt die Scholle unter dem Hintern weg, denn das Meereis rund um den Nordpol verschwindet, und zwar immer schneller. Schuld ist die Erderwärmung. 1980 erstreckte sich das Eis, das das Nordpolarmeer bedeckt, über 7,8 Millionen Quadratkilometer – eine Fläche so groß wie Australien. Innerhalb von 30 Jahren ist sie um etwa die Hälfte geschrumpft. Die Eisplatten beginnen inzwischen schon im Frühjahr zu tauen. Wenn es so weitergeht, wird aus dem »ewigen Eis« bald das »nicht mehr existente Eis«. Für den Eisbären ist das eine Katastrophe. Er gilt schon jetzt als gefährdete Art und ist mittlerweile zu einer Art Symbol für den Klimawandel geworden.

Wir tragen zu dieser Entwicklung in vielfältiger Weise bei, hauptsächlich durch unsere Fortbewegung. Jeder Deutsche legt durchschnittlich 40 Kilometer pro Tag mit fahrbaren Untersätzen zurück. Das hat der ADAC in einer großen Umfrage herausgefunden. Im Alter von 80 Jahren liegen unfassbare 1,1 Millionen Kilometer hinter uns, was etwa dreimal die

Strecke bis zum Mond ist. Fast die Hälfte dieser Strecke fahren wir mit dem Auto, denn wir Deutschen lieben das Auto. Laut Umweltbundesamt gab es im Jahr 2018 in Deutschland 46 Millionen Pkw. Das sind doppelt so viele wie 1980. Etwa 15 Millionen davon haben einen Dieselmotor, nur 0,4 Prozent einen Elektromotor. Und wir besitzen nicht nur mehr Autos als früher, wir fahren auch häufiger damit. Die zurückgelegten Kilometer pro Jahr aller Kraftfahrzeuge im Straßenverkehr stiegen in Deutschland von 1991 bis 2016 um 34 Prozent. Doch damit nicht genug, denn zusätzlich sind bei uns natürlich auch noch Lastwagen, Güter- und Personenzüge, Flugzeuge und Busse unterwegs – und alle stoßen schädliche Gase aus. Hier ein Vergleich der Treibhausgasemissionen unterschiedlicher Verkehrsmittel pro Person und Kilometer vom Umweltbundesamt:

- Flugzeug: 211 g
- Auto: 140 g
- Linienbus: 75 g
- Straßenbahn: 65 g
- Bahn Nahverkehr: 63 g
- Bahn Fernverkehr: 38 g
- Reisebus: 32 g

Das Flugzeug ist also am umweltschädlichsten, gefolgt vom Auto. Die Wagen mit dem höchsten Ausstoß von Treibhausgasen sind übrigens der SUV und der Van – beide momentan leider sehr beliebt. Zwischen 2009 und 2017 ist ihre Zahl in Deutschland um 72 Prozent gestiegen. Kein guter Trend für die Umwelt. Am umweltfreundlichsten sind die öffentlichen Verkehrsmittel Bus und Bahn. Je länger die Strecke ist, desto umweltfreundlicher werden sie, da sie dann seltener anhalten und wieder anfahren müssen und daher weniger Energie verbrauchen. Das ist auch der Grund, weshalb Fernbusse und die

Bahn im Fernverkehr umweltfreundlicher sind als der Linienbus im Nahverkehr und die Straßenbahn.

Da all diese Verkehrsmittel – im Gegensatz zum Fahrrad oder wenn wir zu Fuß laufen – direkt oder indirekt fossile Brennstoffe verbrauchen, hinterlässt unsere Fortbewegung deutliche Spuren auf unserem Planeten. Autos, Busse und Flugzeuge benötigen Benzin bzw. Kerosin, die aus Rohöl gewonnen werden. Bei ihrer Verbrennung im Motor entstehen schädliche Klimagase, die über den Auspuff an die Umwelt abgegeben werden. Bei Straßenbahnen, U-Bahnen und Zügen entstehen die Klimagase indirekt, denn sie fahren mit Strom, bei dessen Erzeugung CO_2 anfällt. Zum Teil stammt der Strom in Deutschland aber auch aus erneuerbaren Energien, deren Anteil langsam, aber sicher steigt. In den ersten neun Monaten des Jahres 2018 lag er bei 38 Prozent, das sind drei Prozentpunkte mehr als im Vorjahreszeitraum. Erneuerbare Energien sind zum Beispiel Windkraft, Wasserkraft und Solarkraft. Sie heißen »erneuerbar«, weil sie nicht wie zum Beispiel Kohle oder Erdöl irgendwann aufgebraucht sein werden. Wird Strom mit erneuerbaren Energien erzeugt, entstehen keine klimaschädlichen Gase. Den größten Anteil an den erneuerbaren Energien in Deutschland hat die Windkraft. 38 Prozent sind aber natürlich trotzdem nicht besonders viel. Der größte Teil des deutschen Stroms stammt aus Kohlekraftwerken, die sehr schlecht für das Klima sind. Pro Jahr blasen sie rund 300 Millionen Tonnen Treibhausgase in die Luft.

Doch was ist an den ganzen Klimagasen, die durch die Stromerzeugung und die Verbrennung von Treibstoffen entstehen, eigentlich so schlimm? Um das zu begreifen, muss man wissen, was es mit dem sogenannten Treibhauseffekt auf sich hat. Die Erde ist von einer Schutzhülle aus Gasen umgeben, der Erdatmosphäre. Die Sonnenstrahlen können diese Schutzhülle durchdringen und fallen auf die Erdoberfläche. Dort werden sie wie von einem Spiegel reflektiert und wieder ins All geschickt. Ein Teil der Strahlen wird auf dem Weg zurück aber von der Erdatmosphäre aufgehalten. Dadurch ist es innerhalb der Schutzhülle warm genug, dass Menschen, Tiere und Pflanzen überleben können, aber eben nicht zu warm – der perfekte Zustand, der unsere Welt am Leben erhält. Die klimaschädlichen Gase bringen dieses Gleichgewicht nun allerdings durcheinander. Sie verschmutzen die Schutzhülle, sodass sie immer dichter wird und immer weniger Sonnenstrahlen zurück ins All lässt. Dadurch steigt die Temperatur auf der Erde immer weiter an – wie in einem Treibhaus.

Auch heute noch bezweifeln viele Leute, dass es diese menschengemachte Erderwärmung wirklich gibt. Einer von ihnen ist US-Präsident Donald Trump, der einmal gesagt hat, der Klimawandel sei eine Erfindung der Chinesen. Um diese Zweifler zu überzeugen, kommen hier nun ein paar nackte Tatsachen: Von 1901 bis 2012 ist die weltweite Durchschnittstemperatur laut Umweltbundesamt um rund 0,8 Grad Celsius angestiegen. Etwa zwei Drittel dieses Anstiegs fallen in die letzten fünf Jahrzehnte, was zeigt, dass die Erwärmung in den vergangenen Jahren schneller vorangeschritten ist. Die Jahre 2001 bis 2012 gehören allesamt zu den 14 wärmsten Jahren seit Beginn der weltweiten Messung der Durchschnittstemperatur. Das hat Auswirkungen auf Natur, Tiere und Menschen. Im Hitzesommer 2003 sind in der EU laut Forschern mehr als 70 000 Menschen wegen der heftigen Hitze gestorben. Ein internationales Forscherteam hatte dafür die Tagesdaten zur Sterblichkeitsrate in 16 EU-Staaten gesammelt. Besonders betroffen waren alte Menschen, die bei extremer Hitze stark austrocknen. Der *Spiegel* schrieb damals: »Als die Temperaturen am 14. August erstmals 39 Grad überstiegen, brachen allein auf den Straßen von Paris 40 Menschen leblos zusammen. Klimaanlagen versagten, Kliniken waren heillos überlaufen, es fehlte überall an Krankenbetten – versorgt wurden viele Hitzeopfer notdürftig in den Gängen.« Steigt die Temperatur um weitere drei Grad an, rechnet die Europäische Umweltagentur bis 2100 mit 86 000 Hitzetoten pro Jahr. In trockenen Regionen breiten sich durch die zunehmenden Temperaturen die Wüsten aus. Immer mehr Dürren sorgen dafür, dass Flüsse austrocknen und Landstriche, in denen Menschen bisher Nahrungsmittel anbauen konnten, verdorren. Eine Greenpeace-Studie von 2017 kommt zu dem Ergebnis, dass schon heute jährlich 21,5 Millionen Menschen auf der Flucht sind, weil der Klimawandel die Landwirtschaft in ihrer Heimat unmöglich gemacht hat. Sie verhungern quasi, weil es zu heiß ist. Das sind mehr als doppelt so viele Menschen, wie jedes Jahr durch Krieg und Gewalt in die Flucht getrieben werden. In den kommenden 30 Jahren rechnet Greenpeace mit rund 200 Millionen Klimaflüchtlingen.

Die Erderwärmung hat auch Folgen für die Meere, denn je wärmer es auf der Erde wird, desto wärmer werden auch die Meere und desto mehr dehnen sie sich aus. Das bedeutet, der Meeresspiegel steigt. Seit 1993 waren das weltweit durchschnittlich drei Millimeter pro Jahr. Eine Gruppe von Wissenschaftlern um den Geophysiker Steve Nerem hat nun berechnet, dass der Meeresspiegel sogar noch schneller steigen wird als bisher vermutet. In ihrer Studie konnten sie nachweisen, dass sich der durchschnittliche Anstieg jedes Jahr um 0,08 Millimeter beschleunigt. So könnte er 2100 schon etwa zehn Millimeter pro Jahr betragen. Der durchschnittliche Pegel läge dann an den Küsten um 65 Zentimeter höher als im Jahr 2005. Bisher ging man eher von etwa 30 Zentimetern aus. Und dann kommt ja noch hinzu, dass auch das arktische Meereis in den vergangenen Jahrzehnten geschrumpft ist und ganze Gletscherteile abbrechen, deren Schmelzwasser in die Meere fließt.

Dieser Anstieg des Meeresspiegels ist vor allem ein Problem für die Menschen, die an der Küste leben. Ganze Landstriche und kleinere Inseln werden in absehbarer Zukunft unter dem Wasser verschwinden, Städte wie Miami werden irgendwann komplett überflutet sein. Aber auch Menschen im Landesinneren bemerken die Erwärmung der Meere schon heute, denn sie führt dazu, dass es immer stärkere Stürme und mehr Regen gibt. Wird das Wasser wärmer, nimmt nämlich die Verdunstung zu. Dadurch bilden sich stärkere Tiefdruckgebiete, die sich in Hurrikans und Orkanen entladen und schwere Regenfälle und Überschwemmungen mit sich bringen.

Und es kommt noch schlimmer. Treibhausgase sind nicht nur verantwortlich für den Klimawandel, sondern auch für die Versauerung der Meere. Denn der CO_2-Gehalt nimmt nicht nur in der Atmosphäre zu, sondern auch im Wasser der Meere. Dort löst sich das CO_2 und reagiert mit dem Wasser zu Kohlensäure, die das Meer, wie ihr Name schon sagt, sauer macht. Das heißt, der pH-Wert des Wassers sinkt. Besonders kalkhaltige Lebewesen wie Korallen nehmen dadurch Schaden, aber auch zahlreiche andere Tiere. Sehen kann man das schon am größten Korallenriff der Erde, dem Great Barrier Reef in Australien. Es ist seit 1981 ein Weltnaturerbe der UNESCO und gilt als einzigartige Naturschönheit und deshalb als besonders schützenswert. Die UNESCO drohte in den vergangenen Jahren immer wieder damit, das Riff auf die Rote Liste des gefährdeten Welterbes zu setzen, denn sein Zustand wird immer schlechter. Es ist immer häufiger von der Korallenbleiche betroffen, die auftritt, wenn das Wasser zu warm ist. Dann sterben die winzigen Algen ab, die mit den Korallen in Symbiose leben und die sie normalerweise mit Nährstoffen versorgen. Dadurch wird das helle Skelett der Korallen sichtbar und auch sie können absterben. Zwar ist es möglich, dass sie sich innerhalb einiger Jahre wieder von der Korallenbleiche erholen, aber da die Korallen laut wissenschaftlichen Studien in immer geringeren Abständen erkranken, reicht die Zeit dafür oft nicht aus.

Und wie es bei der Natur meistens ist, haben diese Veränderungen auch noch vielfältige unvorhergesehene Folgen. So sorgt die Versauerung zum Beispiel dafür, dass es in den Meeren immer lauter wird. Das liegt daran, dass saures Wasser weniger gelöste Minerale enthält, die normalerweise viele Geräusche schlucken. Tiere wie Wale und Delfine sind bei der Nahrungssuche, der Orientierung und der Kommunikation mit ihren Babys aber sehr stark auf ihr Gehör angewiesen. Wird es im Meer lauter, kann das lebensbedrohliche Konsequenzen für sie haben.

Die Wahl unseres Fortbewegungsmittels hat also enormen Einfluss auf die Umwelt.

Meine Lösung

Ich werde diesen Monat hassen. Deshalb habe ich ihn in meinem umweltfreundlichen Jahr auch so weit nach vorn geschoben – ich wollte ihn einfach hinter mich bringen. Denn ich liebe mein Auto. Ich meine, es ist die beste Erfindung der Welt. Meinen Tag packe ich normalerweise so richtig voll. Ich treffe mich gerne vormittags mit Freunden, gehe dann arbeiten und auf dem Rückweg einkaufen. Das geht, wenn man nicht gerade in einer großen Stadt lebt und arbeitet, am bequemsten und schnellsten mit dem Auto. Dass ich das Autofahren so gewohnt bin, liegt auch daran, dass ich in einer Kleinstadt etwas außerhalb von Frankfurt aufgewachsen bin. Hier ging wirklich gar nichts ohne Auto. Ich konnte noch nicht mal mit dem Bus zur Schule fahren, da es keine Verbindung gab. Meine Mutter musste mich immer auf dem Weg zur Arbeit dort absetzen. An meinem 18. Geburtstag kaufte ich mir deshalb sofort ein kleines Auto, das ich mir selbst durch Nebenjobs finanzierte. Seitdem, also seit 17 Jahren, hatte ich insgesamt drei Autos, die alle sehr klein waren und dementsprechend auch vergleichsweise wenig CO_2 ausstießen. Im Vergleich zu öffentlichen Verkehrsmitteln allerdings war das natürlich immer noch viel zu viel.

Mir geht es bei einem Auto keinesfalls um das Fahrzeug an sich. Ich brauche kein übermäßig teures oder schnelles Auto, sondern einfach eines, das mich verlässlich von A nach B bringt. Damit ihr meine Ausgangslage versteht, hier ein paar Infos zu meiner Arbeitssituation: Ich bin Freiberuflerin und habe mehrere Auftraggeber. Ich arbeite für das ZDF in Mainz, für den Hessischen Rundfunk in Frankfurt, mache Filme und Moderationsjobs für verschiedene Unternehmen und bin freie Buchautorin. Der letztgenannte Job ist der umweltfreundlichste, da ich zu Hause schreibe. Für alle anderen Jobs muss ich irgendwohin fahren. Meistens entweder nach Frankfurt, was mit dem Auto von mir zu Hause etwa 18 Kilometer sind, oder nach Mainz, was etwa 50 Kilometer sind. Mit dem Auto bin ich auf diesen Strecken 20 beziehungsweise 40 Minuten unterwegs. Meine Schichten sind acht Stunden lang und da die Sendungen, die ich moderiere, abends sind, muss ich nie zur Rushhour los. Ich breche also je nach Schicht vormittags oder mittags auf und bin zwischen 18:30 Uhr und 23 Uhr wieder zu Hause. Im Stau stehe ich nie.

Meine Fortbewegungs-Challenge startete ich an einem Montag. Die komplette folgende Woche einschließlich Sonntag musste ich jeden Tag zur *Hessenschau*. Ich hatte mir vorgenommen, dass mein Auto in der Garage bleiben würde. Stattdessen wollte ich den gesamten Monat mit öffentlichen Verkehrsmitteln fahren. Ich checkte die Verbindung und stellte fest, dass ich zweimal umsteigen musste und 70 Minuten unterwegs sein würde. Außerdem wäre ich zehn Minuten früher auf der Arbeit als nötig. Die Zeit summierte sich also auf 80 Minuten, was bedeutete, dass ich eine Stunde früher losfahren musste als mit dem Auto. Die Vorstellung, viermal so lang unterwegs zu sein als sonst, fand ich nicht besonders prickelnd. Zumal mich Hin- und Rückfahrt zusammengerechnet jeden Tag zwei Stunden kosten würden, die ich sonst zu Hause verbrachte.

Schon am ersten Morgen merkte ich, dass der Autoverzicht mein komplettes System durcheinanderbrachte. Im Grund hätte ich wegen der einen Stunde weniger Zeit morgens auch eine Stunde früher den Wecker stellen müssen. Das hatte ich aber nicht gemacht, da ich dachte, dass ich trotzdem alles schaffen könnte. Das war allerdings nicht der Fall. Bis ich mich aus dem Bett geschält hatte, mir einen Kaffee gemacht und mit dem Hund Gassi gegangen war, war schon fast Abfahrtszeit. Ich musste das Duschen ausfallen lassen und kam gerade noch rechtzeitig zum Bus, wo ich feststellte, wie teuer es ist, mit öffentlichen Verkehrsmitteln zu fahren. Das Einzelticket kostete 4,90 Euro. Pro Tag würde mich die Hin- und Rückfahrt also knapp 10 Euro kosten. Ob ich eine Jahreskarte kaufen würde, wollte ich mir am Ende des Monats überlegen. Als ich saß und den Schock wegen des Preises verdaut hatte, bemerkte ich, dass ich in der Eile meine wiederbefüllbare Wasserflasche vergessen hatte. Das fing ja schon mal gut an. Die Fahrt verlief dann aber absolut problemlos. Ich stieg nach dem Bus in die S-Bahn und dann in Frankfurt wieder in einen Bus. Danach hatte ich noch einen Fußweg von etwa 10 Minuten. Der Rückweg war jedoch deutlich anstrengender als der Hinweg. Meine Schicht endete um 18 Uhr. Die Internetseite des Rhein-Main-Verkehrsverbunds empfahl mir, auf dem Rückweg statt dem Bus die U-Bahn zu nehmen, die allerdings erst um 18:28 Uhr abfuhr. Die frühere Bahn schaffte ich ganz knapp nicht, da meine Sendung erst kurz vorher zu Ende war. Auf dem Rückweg war ich deswegen nicht nur 80 Minuten unterwegs, sondern sogar 90. Bis ich um 18.28 Uhr im ersten der drei öffentlichen Verkehrsmittel saß, wäre ich mit dem Auto schon zu Hause gewesen.

Obwohl ich die umständliche Fahrerei mehr als nervig

fand, hatte ich mich am dritten Tag langsam an die Abläufe gewöhnt. Ich stand morgens früher auf und machte mir als eine Art Verwöhnritual immer einen Kaffee, den ich dann im Bus trank. An Tag vier hatte ich einem Kollegen zuliebe den Dienst getauscht und deswegen Spätschicht. Auch hier lief alles problemlos. Statt um 23.25 Uhr erst um 0.30 Uhr zu Hause zu sein, war allerdings richtig schlimm. Und langsam war ich auch ziemlich geschlaucht, da die Woche ungefähr doppelt so anstrengend war wie eine normale Arbeitswoche. Ich hatte nichts im Haushalt erledigt, war abends meist direkt ins Bett gefallen, hatte meinen Freund und meinen Hund deutlich weniger gesehen und dadurch schlechte Laune.

Ich zog die Woche trotzdem durch und kam am Sonntagabend völlig erschöpft nach Hause. Bei mir kommt es häufig vor, dass ich nach einer Sieben-Tage-Woche montags direkt in eine neue Sieben-Tage-Woche starte, da sich meine Arbeitgeber beim Dienstplan nicht absprechen und immer ganze Wochen an die Moderatoren vergeben. Eigentlich stecke ich das ganz gut weg, was wahrscheinlich auch daran liegt, dass ich den Vormittag meistens freihabe und mit dem Auto noch mal kurz etwas erledigen und Freundinnen oder meine Familie besuchen kann. All das hatte ich in der vergangenen Woche nicht gemacht. Jetzt checkte ich die Verbindungen, um in der kommenden Woche mit öffentlichen Verkehrsmitteln zum ZDF nach Mainz zu fahren, und rastete kurz aus: Ich würde statt 40 Minuten zwei Stunden unterwegs sein, Fußwege noch nicht mitgerechnet. Ich säße also mindestens vier Stunden pro Tag in Bussen und Bahnen und käme abends statt um 20.45 Uhr erst nach 22 Uhr nach Hause. Mein Freund war stinksauer. Uns bleibt sowieso recht wenig Zeit füreinander. Sollte ich die Bahn-Challenge durchziehen, würden wir uns in diesem Monat im Grunde nur im Schlaf sehen. Mit dem Fahrrad zu fahren, war leider auch keine Möglichkeit. Das hatte ich für einen *logo!*-Beitrag schon mal gemacht und die Fahrt hatte drei Stunden gedauert und mich an den Rand meiner körperlichen Belastbarkeit gebracht. Im Grunde ist es natürlich schlauer, näher an seinem Arbeitsplatz zu wohnen. Da ich aber als freie Mitarbeiterin mehrere Arbeitgeber habe, ist das bei mir nicht so einfach. Außerdem will ich auch in der Nähe meiner Familie wohnen. Ein Umzug nach Mainz kommt daher für mich nicht infrage. Mein Freund und ich saßen also missmutig auf der Couch. Ich schrieb eine Mail für das Schwarze Brett des ZDF. Denn eine einigermaßen umweltfreundliche Alternative zum Selber-Autofahren ist eine Fahrgemeinschaft. Sie spart die Hälfte des CO_2 ein, da ein Auto nicht mehr nur mit einer, sondern mit zwei Personen beladen ist. Klappte aber leider nicht, weil ich niemanden dafür gefunden habe. Denn obwohl Tausende Menschen beim ZDF arbeiten, wohnt niemand in meiner direkten Umgebung, und alle, die mich auf dem Weg hätten einsammeln können, arbeiten im Gegensatz zu mir zu normalen Bürozeiten. Also fuhr ich am nächsten Morgen trotzdem mit der Bahn.

Grundsätzlich muss ich sagen, dass ich öffentliche Verkehrsmittel für eine grandiose Erfindung halte. Sie sind umweltfreundlich und man kann während der Fahrt lesen, schlafen oder arbeiten, was einfach praktisch ist. Ich bin allerdings der Meinung, dass öffentliche Verkehrsmittel kostenlos sein sollten. Das klingt vielleicht im ersten Moment absurd, aber auch Straßen, Schulen und Spielplätze sind kostenlos. Wir alle kommen mit unseren Steuergeldern für Straßen auf, obwohl nicht jeder von uns ein Auto besitzt. Genauso zahlen wir alle für Spielplätze, obwohl nicht jeder Kinder hat. Wieso sollten also nicht auch öffentliche Verkehrsmittel vom Staat gefördert werden? Bus und Bahn auszubauen und dann kostenlos oder deutlich günstiger anzubieten, hätte immense Vorteile. Man würde die Umwelt entlasten und hätte weniger Staus. Das würde die krank machenden Stickoxide in den Städten reduzieren. Außerdem würde ein besser ausgebautes öffentliches Nahverkehrsnetz das Wohnen außerhalb der Städte attraktiver machen, wodurch die Mieten in den Ballungsräumen sinken würden. So, wie der öffentliche Personennahverkehr momentan in meiner Gegend funktioniert, war mit der Bahn zur Arbeit zu fahren im Alltag für mich keine Alternative.

Andere Wege klappten mit den öffentlichen Verkehrsmitteln dagegen super. Meinen Einkauf erledigte ich samstags auf dem Wochenmarkt. Auf dem Hinweg ging ich zu Fuß. Das dauerte zwar eine Stunde, aber da ich einfach meinen Hund mitnahm und Gassi ging, konnte ich damit zwei Fliegen mit einer Klappe schlagen. Der Rückweg war mir mit all den Einkäufen allerdings zu weit, also nahm ich den Bus. Das war vollbepackt und mit Hund eine kleine Herausforderung, aber ich bekam immer Hilfe. Es ist erstaunlich, wie viele freundliche Menschen es gibt, die einem den Hund an der Leine oder die Einkäufe abnehmen, wenn man in einen Bus einsteigen und bezahlen will.

Später im Monat sollte ich eine Veranstaltung auf dem Frankfurter Messegelände moderieren. Natürlich wollte ich auch dorthin mit der Bahn fahren und das klappte perfekt. Da die Messe eine eigene Haltestelle hat, war ich von meiner Haustür bis dorthin nur 45 Minuten unterwegs. Genauso lange hätte ich auch mit dem Auto gebraucht, da ich morgens zur Rushhour losmusste. Und ich sparte mir die Parkgebühr in der Innenstadt. Dank meiner Eintrittskarte für die Messe konnte ich sogar kostenlos fahren. Auch bei einem anderen Job in diesem Monat verlief die Fahrt mit den öffentlichen Verkehrsmitteln problemlos. Ich sollte für meinen Arbeitgeber einen Preis in München entgegennehmen. Der Termin dauerte nur zwei Stunden und früher hätte ich deswegen überlegt, zu fliegen, da das etwas schneller geht. Das kam für mich nun natürlich nicht mehr infrage. Ich buchte stattdessen ein Bahnticket und fuhr morgens um neun los. Abends um etwa 20 Uhr kam ich nach Hause und war ziemlich entspannt. Ich hatte beruflich viel erledigt, da es im Zug WLAN gab.

Als ich den Monat zu etwa zwei Dritteln hinter mir hatte, war ich relativ zufrieden mit mir. Meine Einkaufswege und die Wege zu Veranstaltungen legte ich nun schon ohne Auto zurück. Auch zu meiner Familie ging ich zu Fuß, was mit Hund sowieso praktisch ist. Wenn ich mit meinem Freund nach der Arbeit in einem Restaurant verabredet war, ließ ich mich nicht von ihm abholen, sondern lief hin. Ich überredete ihn mitzumachen und auch mehr zu laufen. Seitdem sind wir beide deutlich weniger krank. Tatsächlich hatte ich in meinem umweltfreundlichen Jahr keine einzige auch noch so kleine Erkältung. Ich habe sogar meine Nasenspray-Sucht besiegt. Bisher war meine Nase nämlich jeden Abend, sobald ich den Kopf auf mein Kopfkissen legte, verstopft. Vor etwa einer Woche hat das plötzlich aufgehört und ich kann ohne Nasenspray einschlafen. Mein Freund denkt, ein Wunder sei geschehen. Ich glaube, das Wunder heißt frische Luft.

Lediglich für meinen Arbeitsweg hatte ich die öffentlichen Verkehrsmittel inzwischen als Alternative ausgeschlossen. Stattdessen überlegte ich, ob ein Elektroauto eine dauerhafte Möglichkeit für mich sein könnte. Je nachdem, wen man fragt, sind Elektroautos entweder die geniale Lösung, die eine abgasfreie Zukunft verspricht, oder sie sind ebenso schlecht wie das normale Auto mit Verbrennungsmotor. Dafür gibt es zwei Gründe. Erstens ist das Elektroauto tatsächlich noch nicht perfekt. Und zweitens hängen in Deutschland von der konventionellen Automobilindustrie viele Arbeitsplätze ab. Deswegen gibt es sehr viele Menschen, die quasi Angst vor dem Elektroauto haben, weil es sie arbeitslos machen könnte. Ich versuche, euch beides ein bisschen genauer zu erklären.

Ein normaler Verbrennungsmotor, wie er zum Beispiel in meinem jetzigen Auto verbaut ist, hat nach aktueller Euronorm rund 2500 Bauteile. Sie alle mussten entwickelt, hergestellt und montiert werden. Das schafft Arbeitsplätze bei Autobauern und sogenannten Zulieferern, die Teile für die Autobauer herstellen und dann, wie der Name schon sagt, zuliefern. Im Jahr 2017 waren laut Statistischem Bundesamt rund 820 000 Personen in der deutschen Automobilindustrie beschäftigt. Rund 7,7 Prozent der gesamten Wirtschaftsleistung Deutschlands gehen direkt oder indirekt auf die Autoproduktion zurück. Was, wenn nun der Elektromotor den Verbrennungsmotor ablöst? Ein Elektromotor besteht nur aus rund 250 Komponenten. Er braucht also deutlich weniger Teile von Zulieferern und ist deutlich einfacher – und damit von weniger Menschen – zu bauen. Ein weiterer Knackpunkt, der den deutschen Wirtschaftsbossen zu schaffen macht, ist, dass der Elektromotor von einer Batterie angetrieben wird, die in den allermeisten Fällen nicht in Deutschland hergestellt wird. Stattdessen kaufen die Autobauer sie in den USA oder China. Diese Entwicklung hat die deutsche Automobilindustrie schlicht verschlafen. Jahrelang Marktführer und absolut innovativ beim Thema Auto, steht man nun hinter anderen Nationen zurück, weil man einen wichtigen Teil des neuen Autos nicht selber bauen kann. Daher glauben viele Experten, dass mit dem Erfolg des Elektroautos immer mehr Arbeitsplätze in Deutschland verloren gehen könnten. Und das führt dazu, dass das Elektroauto viele Gegner hat.

Ähnlich wie bei Benzin- und Dieselmotoren gibt es auch bei Elektromotoren Unterschiede. Insgesamt kann man drei Arten von Elektroautos unterscheiden. Erstens sind da die reinen Elektrofahrzeuge, bei denen der Elektromotor den kompletten Antrieb übernimmt. Zweitens gibt es sogenannte Hybridmodelle. Sie haben sowohl einen Verbrennungsmotor als auch einen Elektromotor. Bei den Hybridmotoren gibt es zwei Versionen. Plug-in-Hybride – also übersetzt »Steckerrein-Hybride« – können mit einem Ladekabel an der Steckdose aufgeladen werden. Die andere Form der Hybride produziert ihren Strom während der Fahrt selbst. Sie laden sich durch die überschüssige Energie, die beim Bremsen frei wird, auf. Und drittens gibt es noch Elektroautos mit Range Extender. Dieser muss mit ein paar wenigen Litern Benzin befüllt werden, ist aber nicht mit einem zusätzlichen Motor zu vergleichen. Stattdessen kann der Range Extender die Batterie nach Bedarf wieder aufladen und so die Reichweite vergrößern.

Jetzt ist die große Frage, wie umweltfreundlich elektrisch Fahren eigentlich wirklich ist. Auf den ersten Blick fährt ein Elektroauto ohne Emissionen. Es hat gar keinen Auspuff. Klingt grandios. Bei genauerer Betrachtung stößt man aber auf ein paar Haken. Denn natürlich muss der Strom, mit dem das Auto geladen wird, vorher produziert werden. Und das geschieht, wie schon beschrieben, in Deutschland zu einem großen Teil in klimaschädlichen Kohlekraftwerken. So gesehen, stößt das Elektroauto also doch CO_2 aus, nur eben an anderer Stelle. Zumindest bisher. In den kommenden Jahren möchte Deutschland den Anteil an erneuerbaren Energien deutlich ausbauen und aus der Kohle aussteigen. Dann werden Elektroautos umweltfreundlicher sein. Eine andere Möglichkeit, den CO_2-Ausstoß schon jetzt zu vermeiden, ist eine eigene Solaranlage. Wenn man das Auto nur mit Solarkraft auflädt, fährt es tatsächlich emissionsfrei.

Der zweite Haken betrifft die Batterien, die benötigt werden, um den getankten Strom zu speichern. Sie sind sehr lange haltbar, was man auch daran sieht, dass die Hersteller sehr lange Garantien auf sie geben. Sie zu produzieren kostet allerdings viel Energie, die im Grunde ebenfalls in die Umweltbilanz des Autos eingerechnet werden müsste. Da es sich dabei um Akkus handelt, werden für die Herstellung außerdem viele Rohstoffe benötigt, deren Abbau teilweise umweltschädlich ist oder unter menschenunwürdigen Bedingungen stattfindet. Dazu gehören Spezialrohstoffe wie Kobalt, Lithium, Grafit, Nickel und Mangan. Lithium wird zum Beispiel in der Atacama-Wüste in Chile gewonnen, indem man Grundwasser in riesige Becken pumpt. Unter der heißen Wüstensonne verdunstet es, wodurch sich unterschiedliche Salze nach und nach im Becken absetzen. Diese Salzlösung wird dann in einer chemischen Reaktion in Lithiumkarbonat umgewandelt. Der gesamte Prozess ist allerdings höchstproblematisch für die Umwelt. Durch das Verdunsten des Grundwassers sinkt der Grundwasserspiegel dort immer mehr. Flüsse und Seen führen weniger Wasser. Das hat Auswirkungen auf Mensch, Natur und Tier. Eine große Umweltschweinerei, der die chilenische Regierung keinen Einhalt gebietet. Denn dafür macht sie mit dem Lithium zu hohe Gewinne. Durch den steigenden weltweiten Bedarf an Akkus für immer neue Handys, Laptops und eben auch Elektroautos ist die Lithiumgewinnung ein profitabler Wirtschaftszweig in Chile geworden.

Auch Kobalt wird für die Produktion von Akkus benötigt. Dieser Stoff wird hauptsächlich in der Demokratischen Republik Kongo abgebaut. Mehr als zwei Millionen Arbeiter suchen dort in ungesicherten Minen nach dem Rohstoff und graben mit bloßen Händen tiefe Stollen in die Erde. Diese stürzen oft ein und es kommt zu tödlichen Unfällen. Laut einer Studie des Kinderhilfswerks UNICEF arbeiten sogar 40 000 Kinder in den Minen, statt zur Schule zu gehen. Umweltschützer und Menschenrechtsorganisationen fordern deshalb, dass es Siegel für fair gehandeltes und umweltverträgliches Kobalt und Lithium geben muss. Und sie setzen sich dafür ein, dass die Akkus möglichst komplett recycelt werden. Wenn die Batterien der Elektroautos abgenutzt sind, wie man das zum Beispiel auch vom Handyakku kennt, der mit den Jahren immer weniger lange hält, kann man sie noch als Energiespeicher – zum Beispiel in Privathaushalten – benutzen. Wenn auch das nicht mehr möglich ist, müssen sie zu einem Recyclingbetrieb. Das Recyceln der einzelnen Bestandteile ist momentan häufig noch aufwendiger, als einfach neue Rohstoffe zu kaufen. Das kann sich laut Experten der Branche aber ändern, wenn es immer mehr Elektroautobatterien gibt und man Maschinen einsetzen kann, um die Batterien auseinanderzunehmen.

Ist das Elektroauto unterm Strich nun also überhaupt umweltfreundlicher als das normale Auto? Ich wälzte viele verschiedene Studien, die spannenderweise alle zu unterschiedlichen Ergebnissen kamen. Denn es hängt davon ab, was man miteinander vergleicht und welche Faktoren man in seine Überlegungen miteinbezieht. Berücksichtigt man beim Elektroauto zum Beispiel nur die CO_2-Emissionen durch die Stromladung oder auch die Energie, die für die Produktion der Akkus anfällt? Vergleicht man den Durchschnitt aller Fahrzeuge oder greift man zwei bestimmte Fahrzeugtypen heraus? Und: Rechnet man mit den CO_2-Emissionen, die Deutschlands Strom derzeit verursacht, oder hofft man auf den von der Bundesregierung angekündigten höheren Anteil erneuerbarer Energien in der Zukunft? Elektroauto-Gegner zitieren oft eine Studie des schwedischen Umweltforschungsinstituts IVL. Demnach kann ein neues Benzinauto 30 000 Kilometer weit fahren, bis es allein mit dem CO_2-Ausstoß der Akkuproduktion eines kleinen Elektroautos gleichgezogen hat. Grund dafür ist, dass Lithium-Ionen-Akkus hauptsächlich in China hergestellt werden, ein Land in dem die Stromproduktion viel CO_2 freisetzt. Kritiker der Studie hingegen finden, dass sie nicht ausreichend berücksichtigt, dass auch bei der Herstellung von Verbrennungsmotoren Energie verbraucht wird. Auch andere Schadstoffe wie Feinstaub oder Stickoxid würden nicht betrachtet.

Ich halte zwei Studien für besonders glaubwürdig. Die eine stammt von dem Freiburger Öko-Institut und kommt zu dem Schluss, dass die Klimabilanz eines Elektrofahrzeugs gegenüber einem Pkw mit Verbrennungsmotor in der Summe bereits heute deutlich besser ist. »Ersetzt man ein mittleres Dieselfahrzeug mit einer Lebenslaufleistung von 180 000 Kilometern durch ein vergleichbares Elektroauto, so spart man über die gesamte Lebensdauer des Fahrzeugs etwa ein Drittel der Treibhausgasemissionen ein.« Auch eine Studie des deutschen Umweltministeriums kommt zu dem Ergebnis, dass Elektroautos deutlich umweltfreundlicher sind. Sie rechnet dabei sogar sehr konservativ, also eher negativ für das Elektroauto, und vergleicht es mit sehr modernen, wenig Benzin verbrauchenden Modellen. Auch der Bau und die Entsorgung der Batterie sind mit berücksichtigt, genauso die Tatsache, dass auch Benziner und Diesel immer umweltfreundlicher werden. Trotzdem kam heraus, dass ein Elektroauto auf seine gesamte Lebensdauer gesehen zwischen 16 und 27 Prozent weniger Klimagase ausstößt als ein Verbrenner. Guckt man in die Zukunft und geht von einem umweltfreundlicheren Strommix im Jahr 2025 aus, wächst der Vorteil des Elektroautos gegenüber dem Verbrennungsmotor auf 32 bis 40 Prozent, und das obwohl auch die herkömmlichen Autos bis dahin effizienter werden.

Aus diesem Grund sieht auch die deutsche Bundesregierung die Elektromobilität als die Mobilität der Zukunft an. Im Jahr 2012 erklärte es Bundeskanzlerin Angela Merkel zum Ziel, bis 2020 eine Million Elektromobile auf Deutschlands Straßen zu bringen. Außerdem solle das Land Marktführer bei den Elektroautos werden. Beides wird allerdings keinesfalls klappen. Im September 2018 waren in Deutschland nach Zahlen des Kraftfahrtbundesamtes nämlich nur etwas mehr als 143 000 Elektroautos und Plug-in-Hybride zugelassen. In weniger als zwei Jahren kann man die eine Million unmöglich erreichen. Daher hat die Bundesregierung das Ziel auf 2022 verschoben. Bei einem Blick auf die Gesamtzulassungen wird außerdem deutlich, dass Deutschland in Sachen Elektromobilität weltweit hinterherhinkt. Der Marktanteil der Elektroautos bei Neuzulassungen liegt bei uns bei zwei Prozent. Beim weltweiten Spitzenreiter Norwegen sind es mehr als 50 Prozent. Woher kommt das? Die norwegische Regierung tut wirklich etwas dafür, Elektroautos auf die Straße zu bringen. Beim Kauf eines Elektroautos erlässt das Land die Mehrwertsteuer, wodurch sich der Kaufpreis um 25 Prozent verringert. Außerdem ist die KFZ-Steuer günstiger als bei einem normalen Auto. In der Stadt dürfen Elektroautos Busspuren benutzen, sind also schneller am Ziel. Außerdem ist das Parken für sie kostenlos. Den rund fünf Millionen Norwegern stehen 10 000 öffentliche, vom Staat betriebene Stromladestationen zur Verfügung, an denen sie ihre Elektroautos kostenlos aufladen können. Und diese Stationen sind überall: an Supermärkten, auf Firmengeländen und auf Parkplätzen. Allein in einem einzigen großen Parkhaus in Oslo gibt es 100 Ladestationen. Zum Vergleich: In der gesamten Stadt Köln befinden sich etwa 80 Ladestationen. Man muss dazusagen, dass Strom in Norwegen extrem günstig und dazu auch noch ökologisch ist, da das Land 97 Prozent seines Stroms mit Wasserkraft erzeugt. Trotzdem zeigen diese Bemühungen, dass die norwegische Regierung den Wechsel zur Elektromobilität unbedingt will. Die deutsche offensichtlich nur so halb. Käufer eines Elektroautos erhielten bei uns bisher einen Zuschuss von 4000 Euro. Dieser wurde im Jahr 2018 auf 2000 Euro gekürzt. Außerdem sind Elektroautos in Deutschland 10 Jahre lang von der KFZ-Steuer befreit. Das hilft allerdings kaum, um mehr Menschen zum Kauf eines Elektroautos zu animieren, denn meist sind sie sehr viel teurer als vergleichbare Autos mit Verbrennungsmotor. So zahlt man trotz der Zuschüsse immer noch drauf. Stattdessen fördert die Bundesregierung weiterhin den Diesel, der für den hohen Stickoxidanteil in den deutschen Innenstädten verantwortlich ist.

Ursprünglich sollte damit Anfang der Neunzigerjahre das Speditionsgewerbe unterstützt werden. Da mittlerweile jedoch jedes dritte in Deutschland zugelassene Auto einen Dieselmotor hat, erspart die Bundesregierung so jedem dritten Autofahrer einen Teil der Spritkosten. Das Umweltbundesamt hat vorgeschlagen, diese steuerliche Begünstigung von fast acht Milliarden Euro pro Jahr abzuschaffen, doch die Bundesregierung sieht dafür keine Notwendigkeit. Ganz anders in Frankreich. Hier bekommt man 10 000 Euro geschenkt, wenn man seinen alten Diesel gegen ein Elektroauto tauscht. Auch dort ist der Anteil von Elektroautos deutlich höher als bei uns.

Ich persönlich finde die Einstellung der Bundesregierung problematisch. Man kann schließlich nicht einerseits behaupten, die Elektromobilität fördern zu wollen, und sich ein klares Ziel stecken und dann andererseits kaum Anreize schaffen, um dieses Ziel auch zu erreichen.

Trotz der geringen Förderung der deutschen Bundesregierung überlegte ich weiterhin, mein Auto zu verkaufen und mir stattdessen ein Elektroauto anzuschaffen. Die besten Voraussetzungen dafür hatte ich. Ich wohne in einem Haus mit Garage, in der es eine Steckdose gibt. Ich fahre jeden Tag höchstens 100 Kilometer zur Arbeit, was alle reinen Elektroautos mittlerweile locker schaffen, ohne neu laden zu müssen. Mein Freund besitzt ein normales Auto, auf das wir notfalls bei einer sehr weiten Strecke ausweichen könnten. Allerdings überlegt auch er, auf einen Plug-in-Hybrid umzusteigen. Zwei Kritikpunkte am Elektroauto machten mir jedoch Sorgen: Zum einen der Strommix, der das Auto dann ja doch klimaschädlich macht, und zum anderen der unmenschliche und umweltzerstörende Abbau von Kobalt und Lithium.

Die erste Sorge wurde mir recht schnell genommen, da mein Freund und ich beschlossen, unser Hausdach mit Solarzellen auszustatten. Mehr dazu könnt ihr im Kapitel »Die

Wohn-Challenge« lesen. Ich recherchierte also weiter zum Thema Kobalt und Lithium, besuchte Seiten von Umweltorganisationen und telefonierte mit Experten, um sie zu fragen, was sie von dem Thema halten. Ist das die Kröte, die man als Elektroautofahrer schlucken muss? Die meisten waren sich einig: Das Elektroauto ist die bessere Alternative. Es ist zwar noch nicht perfekt, aber deutlich umweltschonender als das Auto mit Verbrennungsmotor. Trotzdem gingen mir die Menschen in Chile nicht aus dem Kopf, die nun vor ihren ausgetrockneten Feldern standen. Andererseits musste ich auch an Bilder von Ölteppichen auf den Weltmeeren und Seevögeln mit schwarz verklebtem Gefieder denken. Ich las nach, welche Umweltsünden bei der Förderung von Rohöl begangen werden, und war entsetzt. Immer wieder gibt es Öllecks an Bohrinseln im Meer oder an großen Pipelines, und so gerät Rohöl in die Natur und verseucht Böden und Gewässer. Öltanker verunglücken und verlieren ihre gesamte Ladung. Mit Erdöl und Chemikalien belastete Abwässer, Schlämme und Bohrgestein werden von Ölplattformen oft einfach ins Meer gekippt. Es ist schlimm, hier Negatives mit Negativem aufwiegen zu müssen, aber leider entspricht es der Realität. Auch Benzin gibt es nicht ohne Umweltschäden.

Also schrieb ich ein paar Elektroautohersteller an und fragte, ob ich eine Probefahrt machen könne. Ein Auto durfte ich sogar für einen ganzen Urlaub ausleihen. Wie das gelaufen ist, lest ihr im Kapitel »Die Reise-Challenge«. Nachdem ich mir einige Autos angeschaut hatte, entschied ich mich für ein relativ kleines Elektroauto eines deutschen Herstellers. Und zwar deshalb, weil der Hersteller versucht, die komplette Fertigung des Autos umweltfreundlich zu gestalten. 95 Prozent des Autos sind recycelbar. Im Innenraum werden nur Naturmaterialien oder recycelte Materialien verwendet. Das Leder wird nicht mit Chemie, sondern mit dem Extrakt von Olivenblättern gegerbt. Die Türverkleidung besteht aus den Fasern einer Hanfpflanze. Die Sitze sind aus alten PET-Flaschen und das Armaturenbrett aus einem Holz, das CO_2 speichern kann. Es bekommt nicht fünf Lackschichten, sondern wird nur mit Kalk behandelt. Die Karosserie ist aus dem besonders leichten Stoff Carbon, damit das Auto trotz der schweren Batterie relativ leicht bleibt. Da Carbon allerdings nur mit hohem Energieaufwand herzustellen ist, wird es in einer Fabrik in den USA gefertigt, die ihren Strom aus einem Wasserkraftwerk bezieht. Und das Werk in Leipzig, in dem das Auto montiert wird, arbeitet mit Strom, der mit Windrädern erzeugt wird. Um ehrlich zu sein, ist das Auto im Vergleich zu meinem vorigen – wie alle Elektroautos – teurer. Mir persönlich ist es das aber wert. Außerdem hoffe ich, auf lange Sicht damit zu sparen. Da Strom günstiger ist als Benzin, fallen meine sehr hohen monatlichen Benzinkosten weg. Außerdem kann man über die gesamte Lebensdauer des Autos mit deutlich weniger Reparaturen rechnen, weil aufgrund der wenigen Teile auch weniger kaputtgehen kann. Ich weiß, dass ich dank des relativ hohen Gehalts in meinem Beruf privilegiert bin, und hoffe, dass Elektroautos in Zukunft deutlich günstiger werden, damit auch Menschen mit geringerem Gehalt sie sich leisten können. Experten glauben daran, denn Elektroautos sind vor allem wegen der aufwendigen Batterie so teuer. Die soll in Zukunft, wenn es mehr Elektroautos gibt, immer günstiger werden.

Aber auch wer ein normales Auto hat, kann etwas tun, um die Umwelt zu schonen. Das fängt bei der Wahl des Modells an, denn kleine Autos mit geringerer Motorisierung haben einen geringeren CO_2-Ausstoß. Den kann man übrigens in den Fahrzeuginfos nachlesen. Was dort angegeben wird, stimmt zwar nie, da der Wert immer schöngerechnet wird, aber für den Vergleich mit anderen Autos ist die Zahl trotzdem nützlich. Denn alle anderen rechnen den Wert schließlich ebenfalls schön. Außerdem hilft eine sparsame Fahrweise.

Wer nicht so schnell fährt, spart Benzin und somit CO_2. Zusätzlich sollte man auf den Reifendruck achten, denn ist der zu gering, verbraucht man mehr Sprit. Auch die Klimaanlage kann ein krasser Spritfresser sein, wenn man sie im heißen Auto sofort hochdreht. Stattdessen sollte man erst gut durchlüften und sie dann am Anfang nur auf 20 oder 21 Grad einstellen. Und auch eine ausgeglichene Fahrweise, bei der die Drehzahl des Motors nicht allzu hoch steigt, schont die Umwelt. Das heißt, man sollte nicht dauernd stark beschleunigen und dann heftig abbremsen, sondern lieber gleichförmig fahren, frühzeitig bremsen und dabei möglichst die Motorbremse verwenden.

Wie sieht nun mein Alltag mit Elektroauto aus? Leider kann ich euch nur von der Zeit berichten, in der ich unterschiedliche Elektroautos zur Probe ausgeliehen hatte, denn mein eigenes wird erst in einigen Wochen geliefert. Trotzdem kann ich euch sagen, dass das Leben mit so einem elektrischen Gefährt grandios ist. Denn erstens muss man nicht mehr tanken. Ich war bisher immer so eine Kandidatin, die das Auto bis zum letzten Tropfen leer gefahren hat und sich dann panisch auf die Suche nach einer Tankstelle machen musste, obwohl sie eigentlich schon zu spät für den nächsten Termin war. Das fällt beim Elektroauto komplett weg. Stattdessen lag in der Garage das Ladekabel, das ich sofort nach dem Parken angeschlossen habe. Ein Handgriff, der vielleicht 45 Sekunden Zeit kostet. Morgens war das Auto dann immer vollgeladen und ich hatte wieder genug Strom, um alle meine Ziele zu erreichen. Alle Autos, bis auf eines, die ich Probe gefahren habe, hatten eine Reichweite von mindestens 200 Kilometern, eines sogar von 400 Kilometern. Da ich im Alltag nicht mehr als 120 Kilometer am Tag fahre, ist das für mich völlig in Ordnung. Für längere Strecken nehme ich ja sowieso die Bahn. Daher war ich, bis auf meinen Trip in den Urlaub, nie auf öffentliche Ladestationen angewiesen.

Die zweite Sache, die mir am Elektroauto gefällt, ist die fehlende Geräuschkulisse. Ein Elektroauto ist sehr leise, da der Verbrennungsmotor fehlt. Ich bin an einer großen Straße aufgewachsen und habe jahrelang unter Verkehrslärm gelitten. Deswegen liebe ich die Vorstellung, dass es in den Städten leiser wird, wenn es erst mehr Elektroautos gibt. Außerdem wird es weniger stinken. Wer vor die Tür geht, wird frischere Luft atmen. Allerdings nur, wenn die Bundesregierung es schafft, auch grüneren Strom zu produzieren. Denn sonst ist die Luft einfach nur anderswo schlecht, nämlich da, wo die Kohlekraftwerke stehen.

Drittens gefällt mir, dass mein Auto nicht schneller als 150 Kilometer pro Stunde fahren wird. Im Sparmodus sogar nur 130 Kilometer pro Stunde. Ich fahre eigentlich gerne schnell, obwohl ich weiß, dass es schlecht für die Umwelt ist. Die Geschwindigkeitseinschränkung wird mir helfen, mich einzubremsen, und das ist super für die Natur und auch einfach entspannender, als immer nur über die linke Fahrspur zu düsen. Sportlich fahren kann man mit einem Elektroauto übrigens trotzdem sehr gut, denn die Beschleunigung entspricht der eines Sportwagens.

Ein negatives Erlebnis hatte ich während meiner Elektroauto-Probezeit dann aber doch. Ich war morgens beim Friseur in Frankfurt und musste dann nach Mainz zur Arbeit, war also ziemlich weit unterwegs. Weil ich gerade einen Wagen mit relativ geringer Reichweite hatte, befürchtete ich, dass ich es nicht mehr nach Hause schaffen würde. Also fragte ich meinen Arbeitgeber, ob ich bei ihm aufladen könne. Ich hatte dort schon Ladestationen gesehen, wusste aber nicht, ob die jeder Mitarbeiter einfach benutzen konnte. Leider war die Antwort Nein. Es gebe noch keine Möglichkeit, den Strompreis mit den Mitarbeitern abzurechnen, und aus steuerlichen Gründen könne ich nicht einfach auf Kosten meines Arbeitgebers Strom tanken. Das leuchtete mir ein, trotzdem fand ich es schade. Ich schaffte den Weg nach Hause übrigens, indem ich Radio, Heizung und alles andere, was nicht unbedingt notwendig war, abschaltete. Und das panische Gefühl dabei kannte ich ja schon von meinen Tankstellen-Suchtrips mit leerem Tank. Eine Sache bleibt allerdings offen. Ich bin bisher noch nie im tiefen Winter gefahren. Wenn es eisig kalt ist, halten die Batterien deutlich kürzer, das heißt, dass die Reichweite der Elektroautos sinkt. Drückt mir also die Daumen, dass ich auch im kommenden Winter immer mein Ziel erreiche.

Fazit

Ich habe größten Respekt vor jedem, der täglich trotz mehrmaligem Umsteigen und sehr großem Zeitverlust mit öffentlichen Verkehrsmitteln fährt. Ich bin dafür nicht gemacht. Allerdings habe ich festgestellt, dass ich Bus und Bahn sehr gerne nutze, wenn ich nicht zu viel Zeit dabei verliere, also zum Beispiel in der Rushhour oder wenn ich nicht mehrfach umsteigen muss. Das werde ich natürlich auch weiterhin beibehalten. Außerdem nehme ich auf längeren Strecken gerne die Bahn und vermeide Flüge innerhalb Deutschlands. Bei meinem alltäglichen Arbeitsweg haben mich die öffentlichen Verkehrsmittel jedoch an den Rand der Verzweiflung gebracht, was daran liegt, dass ich ungünstig wohne und so unfassbar lange zu meinen Arbeitgebern brauche. Da macht ein Elektroauto, das ich mit Solarstrom lade, für mich deutlich mehr Sinn. Und kürzere Strecken zu laufen, macht mir dank Hund und frischer Luft sogar sehr viel Spaß. Ich habe den Anteil klimaschädlicher Gase, den ich durch meine Fortbewegung produziere, also deutlich reduziert und lebe zudem auch noch gesünder. Eine tolle Kombination.

Das könnte die Politik tun

Die Politik könnte die Elektromobilität, ähnlich wie in Frankreich und Norwegen, deutlich stärker fördern und damit auch die Autobauer zwingen, ihre Flotten umzustellen und in effektive Elektroautos zu investieren. Das wäre nicht nur gut für die Umwelt, sondern auch für die deutsche Wirtschaft. Denn wenn es die deutschen Autobauer nicht schaffen, in diesem Bereich mit der weltweiten Konkurrenz mitzuhalten, könnte es ihnen wie dem Fotounternehmen Kodak gehen. Das hatte 1991 die erste Digitalkamera weltweit produziert, sich dann aber entschieden, weiter auf analoge Fotografie mit Filmen zu setzen. Ein folgenschwerer Fehler, den man später nicht mehr ausmerzen konnte. Das Unternehmen war gezwungen, Tausende Mitarbeiter zu entlassen und schließlich Insolvenz anzumelden. Bisher müssen alle deutschen Autobauer ihre Batterien und teilweise auch die Antriebssysteme bei ausländischen Firmen kaufen – zum Beispiel bei dem US-amerikanischen Unternehmen Tesla, das die traditionellen Autobauer im Bereich der Elektromobilität längst überholt hat. Sie setzen also – ähnlich wie Kodak – auf eine alte Technologie. Gleichzeitig mit einer verstärkten Förderung wäre es aber essenziell, dass die Bundesregierung – wie sie es ja auch plant – schnell den Anteil erneuerbarer Energien im deutschen Strommix erhöht. Gäbe es dann auch mehr E-Autos, würde nicht nur das Problem mit den vielen klimaschädlichen Gasen gelöst, sondern auch das der hohen Stickoxidwerte in den Innenstädten. Dort fahren sehr viele Dieselfahrzeuge, die im Gegensatz zu Benzinern und Elektroautos Stickoxide ausstoßen. Diese sind zwar nicht für den Klimawandel verantwortlich, zu hohe Konzentrationen in der Luft machen aber nachweislich krank.

Eine weitere Maßnahme, mit der man in sehr kurzer Zeit

die klimaschädlichen Gase reduzieren könnte, wäre ein deutschlandweites Tempolimit von 130 Kilometern pro Stunde. Deutschland ist das einzige Land in der EU und eines der wenigen weltweit, in dem es kein generelles Tempolimit gibt. Laut Bundesanstalt für Straßenwesen kann man auf 62 Prozent des deutschen Autobahnnetzes unbegrenzt schnell fahren. Das liegt unter anderem am großen Einfluss der Autoindustrie. Deutschland gilt als Autoland, das Wort Autobahn wird in vielen Ländern gar nicht erst übersetzt, denn jeder kennt die »German Autobahn«. Es gibt Touristen aus aller Welt, die nur nach Deutschland kommen, um einmal mit 220 Kilometern pro Stunde über die Autobahn zu heizen. Deshalb liefen Vorstöße, in Deutschland ein generelles Tempolimit einzuführen, bisher immer ins Leere. Dabei hat das Umweltbundesamt errechnet, dass damit Millionen Tonnen CO_2 eingespart werden könnten. Und es gibt noch andere Argumente dafür: Die Zahl der Verkehrstoten könnte sich verringern und es gäbe weniger Staus, da sich ein Tempolimit positiv auf den Verkehrsfluss auswirkt. Österreich geht mit seinem Tempolimit nun sogar noch einen Schritt weiter. Dort gilt ab 2019 die Regelung, dass Elektroautos auf bestimmten Autobahnabschnitten schneller fahren dürfen als Benziner und Diesel. Auf Straßen, auf denen wegen zu hoher Abgaswerte das Tempolimit von 130 auf 100 Kilometer pro Stunde gesenkt wurde, dürfen sie weiterhin 130 fahren.

Eine weitere Möglichkeit könnte es sein, Homeoffice-Tage zu fördern. Diese politisch zu verordnen ist wahrscheinlich schwierig, aber die Politik könnte zumindest Unternehmen unterstützen, die ihren Mitarbeitern anbieten, immer mal wieder von zu Hause zu arbeiten. Das wäre gut für die Umwelt, da die Anfahrtswege zur Arbeit wegfallen, und auch gut für die Vereinbarkeit von Beruf und Familie.

Genauso wichtig wäre es, in Städten bessere Verhältnisse für Radfahrer zu schaffen. Als ich noch in Frankfurt gewohnt habe, habe ich mir für den Arbeitsweg und für kurze Strecken extra ein Fahrrad gekauft. Allerdings kam es selten zum Einsatz, denn ich hatte richtig Angst, dort Rad zu fahren. In Frankfurt gibt es extrem wenige Radwege, die oft auch noch einfach im Nichts oder auf einer riesigen Straße enden. Und das ist nicht nur in Frankfurt so, sondern in den meisten deutschen Städten. Kopenhagen dagegen macht vor, wie man eine Stadt fahrradfreundlich gestaltet. Dort wurden 2016 mehr Radfahrer in der Stadt gezählt als Autofahrer. Die dänische Hauptstadt investiert viel Geld in den Ausbau der Radwege. Zum Vergleich: Deutsche Städte wie Osnabrück oder Oldenburg geben jährlich pro Einwohner drei bis vier Euro für den Radverkehr aus, Kopenhagen mit 23 Euro ein Vielfaches davon. Die Stadt baut, auch an den größten Straßen, eigene Radwege, die mit einem Bordstein von der Straße abgegrenzt sind. Dadurch fühlen sich die Fahrradfahrer sicherer. Es gibt für sie extra Spuren an Ampeln, an denen sie halten und dann sicher abbiegen können. Die ganze Stadt ist aufs Fahrradfahren ausgerichtet. Hunderte Meter lange Brücken extra für Fahrradfahrer überspannen die ganze Stadt. Auf ihnen kommt man häufig sogar schneller ans Ziel als mit dem Auto. In deutschen Städten weigern sich die Politiker häufig, solche weitreichenden Maßnahmen umzusetzen. Sie befürchten die Zunahme von Staus, da durch den Ausbau von Radwegen einige Autospuren wegfallen würden. Damit ist vermutlich auch zu rechnen, wenn man die Sache nicht ganzheitlich angeht. Denn ändert man nur an wenigen Stellen ein bisschen was, wird niemand dauerhaft aufs Auto verzichten. Wird jedoch die ganze Stadt fahrradfreundlich ausgebaut, werden sehr viele Menschen den Nutzen erkennen und aufs Rad umsteigen. Ein paar Schritte in die richtige Richtung gibt es immerhin schon. In Hessen wird zum Beispiel ein Radweg zwischen Frankfurt und Darmstadt gebaut. Allerdings nun leider doch kein vier Meter breiter, durchweg asphaltierter und beleuchteter Radschnellweg, wie ursprünglich geplant. Außerdem wird er einige Straßen kreuzen. Statt konsequent für die Umwelt zu handeln, wird also auch hier wieder gespart.

Die allerbeste Möglichkeit für die Politik, in Sachen Fortbewegung etwas für den Umweltschutz zu tun, wäre allerdings den öffentlichen Personennahverkehr auszubauen und ihn auf Elektromobilität umzustellen. Gäbe es mehr Haltestellen, mehr Schnellfahrstrecken zwischen größeren Städten und weniger Zugausfälle und Verspätungen, würden deutlich mehr Menschen ihr Auto stehen lassen. Aber eben nur, wenn sie mit der Bahn oder dem Bus nicht doppelt so lange unterwegs sind wie mit dem Auto.

Meine Tipps zur Mobilität

- Öffentliche Verkehrsmittel nutzen
- Elektroauto fahren, wenn möglich mit Solarstrom geladen
- Kleines Auto mit geringem CO_2-Ausstoß kaufen
- Spritsparend fahren
- Kurze Strecken laufen oder das Fahrrad benutzen
- Flüge reduzieren
- Innerhalb Deutschlands gar nicht mehr fliegen

Monat 3

Die Mikroplastik-Challenge

Wie vermeide ich die winzigen Plastikteilchen?

Das Problem

Als ich anfing, zum Thema Mikroplastik zu recherchieren, wusste ich schon durch meinen Monat Plastikverzicht einiges über die Gefahren der kleinen Plastikteilchen. Als mir dann aber das ganze Ausmaß des Problems klar wurde, bekam ich einen Gedanken nicht mehr aus meinem Kopf: »Was für eine Scheiße haben wir uns da eigentlich eingebrockt?«

Mikroplastik wird auch als die »unsichtbare Gefahr« bezeichnet. Es ist mittlerweile überall: in unserem Wasser, im Essen, in Tieren und auch in deinem und meinem Körper. Bei einer ersten kleinen Studie der Medizinischen Universität Wien und des österreichischen Umweltbundesamtes konnten Forscherinnen und Forscher im Oktober 2018 erstmals Mikroplastik in Stuhlproben von Menschen nachweisen. Die Kunststoffpartikel wurden bei allen acht Studienteilnehmern gefunden – und zwar in Form von neun verschiedenen Kunststoffarten. Was die Auswirkungen auf den menschlichen Organismus angeht, tappen die Forscher noch im Dunkeln. Wir werden das Plastik vermutlich nie mehr loswerden und noch nicht mal die Wissenschaft weiß genau, was es im menschlichen Körper anrichten kann. Das macht mir Angst.

Als Mikroplastik werden feste und unlösliche synthetische Polymere bezeichnet, die kleiner als fünf Millimeter sind. In einfachen Worten ausgedrückt: Es sind minikleine Plastikstückchen. Man kann sie mit bloßem Auge teilweise noch erkennen. Noch kleinere Plastikteilchen, die unter 100 Nanometer klein und somit gar nicht mehr sichtbar sind, werden Nanoplastik genannt. Das Mikroplastik wird in zwei Gruppen unterteilt: primäres und sekundäres Mikroplastik. Primäres Mikroplastik ist Mikroplastik, das extra hergestellt wird. Es wird zum Beispiel Zahnpasta und Peelings zugesetzt, um die Zähne sauberer zu machen und die Haut von Hautschüppchen zu befreien. Oftmals sind diese Plastikstückchen aber auch noch kleiner oder sogar flüssig und werden Duschgel oder Shampoo als Trübungsmittel beigemischt. So sieht das Duschgel milchiger aus, was zum Beispiel bei einem Geruch nach Vanille optisch besser passt. In Shampoos sorgt es dafür, dass sich ein dünner Plastikfilm über die Haare legt und diese so geschmeidiger wirken. Primäres Mikroplastik findet sich aber auch in Cremes, Lippenstift, Reinigungsgels, Rouge, Make-up, Wimperntusche, Rasierschaum, Deo und Haarspray.

Das Problem: Wer Mikroplastik in der Zahnpasta hat und davon immer wieder kleine Reste schluckt, hat das Plastik folglich auch in seinem Körper. Wer mit Duschgels duscht oder sich mit Peelings wäscht, die Mikroplastik enthalten, spült dieses beim Duschen automatisch mit in den Abfluss und so landet das Mikroplastik in der Kanalisation und schließlich in den Kläranlagen, wo es nicht komplett herausgefiltert werden kann. Es gerät ins Grundwasser und dadurch auch in unsere Flüsse und ins Meer. Dort reichert es sich an, da die Plastikteilchen selbst in Hunderten von Jahren nicht abgebaut werden können. Stattdessen werden sie von Tieren gefressen. Wir wiederum essen die Meerestiere und so gelangt das Plastik schließlich in unseren Körper. Und auch über pflanzliche Nahrung findet das Mikroplastik seinen Weg dorthin. Denn mit dem Klärschlamm aus den Kläranlagen, in dem ein Teil des Mikroplastiks hängen bleibt, werden unsere Felder gedüngt. Was das Plastik in uns anrichtet, weiß niemand so genau. Das Umweltbundesamt forscht gerade zu dem Thema. Die Ergebnisse sollen im Februar 2019, also nach Redaktionsschluss dieses Buches, vorliegen. Doch schon die Zwischenergebnisse lassen nichts Gutes erahnen. Die Forscherinnen und Forscher arbeiten mit Zellen, die den menschlichen Zellen ähnlich sind, und füttern sie mit Mikroplastikteilchen. Dabei konnten sie nachweisen, dass die Partikel von den Zellen aufgenommen werden und dort die Kommunikation stören. Eine Gesundheitsgefahr für den Menschen durch Mikroplastik ist also durchaus möglich. Andere Forscher wiesen mithilfe von Muscheln nach, dass Mikroplastik Allergien oder Entzündungen auslösen kann. Bei Fischen führt das Mikroplastik sogar zu Verhaltensänderungen. Das alles könnte auch für den Menschen gelten.

Noch schlimmere Auswirkungen als das im Meer könnte das Mikroplastik in unseren Böden haben. Wissenschaftler und Wissenschaftlerinnen von der FU Berlin und vom Leibniz-Institut für Gewässerökologie und Binnenfischerei stellten fest, dass Regenwürmer ihre Höhlen anders bauen, wenn sich Mikroplastikteile im Boden befinden. Die Partikel verändern nicht nur die Bodenbeschaffenheit, sondern auch die Körperfunktionen der Tiere. Regenwürmer sind sehr wichtig, um den Boden aufzulockern, und ihr Kot düngt die Erde. Haben unsere Regenwürmer ein Problem durch Mikroplastik, dann haben unsere Landwirte bald ein noch größeres Problem.

Sekundäres Mikroplastik wird im Gegensatz zum primären Mikroplastik nicht hergestellt, sondern entsteht beim Zerfall von Plastikmüll. Die Menge an sekundärem Mikroplastik in unserer Umwelt ist deutlich größer als die an primärem. Leider gelangt trotz unseres tollen Abfallsystems in Deutschland sehr viel Plastikmüll in unsere Flüsse und Meere. Eine Maskenbildnerin erzählte mir letztens, dass sie im Urlaub an der Ostsee beobachtet hat, wie eine Gruppe Jugendlicher auf Klassenfahrt ihren Müll einfach am Strand einbuddelte. Als der Lehrer die Jugendlichen am Ende des Strandbesuchs bat, allen Müll wieder mitzunehmen, sagten sie, sie hätten keinen. Die Maskenbildnerin regte sich furchtbar auf, ging zu den Jugendlichen und forderte sie auf, den Müll wieder auszubuddeln. Die fügten sich nach längerer Diskussion. Dies ist nur ein Beispiel dafür, wie Müll ans und dadurch auch ins Meer gerät. Denn beim Gezeitenwechsel nehmen die Wellen den Müll mit oder der Wind weht die leeren Plastikflaschen und Verpackungen ins Wasser.

Die Geschichte von den Jugendlichen mag extrem sein, aber es gibt leider viel zu viele Menschen, die ihren Müll einfach achtlos liegen lassen. Dieser Müll, ob an Land, in Flüssen oder im Meer, zersetzt sich nur sehr langsam. Durch den Einfluss von Sonne, Wind und Wellen werden die Verpackungen in immer kleinere Stücke zerlegt. Nachdem aus dem großen zunächst sogenanntes Meso- und Mikroplastik entstanden ist, zerfallen diese Partikel irgendwann in noch kleineres Nanoplastik. Vielleicht stellt ihr euch jetzt die Frage, warum das schlimm ist. Erstens aus dem oben genannten Grund, dass niemand weiß, was mit dem Plastik im menschlichen Körper passiert. Aber es gibt noch einen anderen Grund. Mikroplastik zieht laut dem Umweltbundesamt Umweltgifte an. Wie viele andere Kunststoffe ist es in reinem Zustand wasserabweisend, das heißt, es stößt Wassermoleküle regelrecht ab. Je kleiner die Teilchen sind, desto größer ist die Oberfläche im Verhältnis zur Masse. Aufgrund dieser großen Oberfläche wirkt es auf winzige Schadstoffe im Wasser aber gleichzeitig wie ein Magnet. Wenn ein Fisch im Wasser schwebende Teilchen frisst, dann ist normalerweise eine sehr geringe Menge Schadstoffe dabei. Wenn er aber ein Stück Mikroplastik erwischt, weil er es mit Nahrung verwechselt, dann nimmt er mit einem Mal sehr viele Schadstoffe zu sich, weil die sich an das Mikroplastikstückchen geheftet haben. Diese Stoffe schaden einerseits den Tieren und landen andererseits über die Nahrungskette irgendwann wieder im Menschen. Wir haben uns das Problem also selbst eingebrockt und müssen es auch wieder auslöffeln.

Wenn ich mit älteren Leuten über dieses Thema spreche, stelle ich häufig fest, dass sie sich nicht als Verursacher des Problems empfinden. Viele junge Leute – außer denen, die meine Maskenbildnerin am Strand beobachtet hat – scheinen da offener und engagierter zu sein. Die älteren, womöglich etwas konservativer eingestellten, sagen dann oft: »Das mit dem Plastikmüll ist schlimm. Aber wir in Europa sind nicht schuld daran. Das sind die asiatischen und afrikanischen Länder, die ihren Müll einfach in die Umwelt schmeißen.« Stimmt das?

Nur zum Teil! Es gibt eine wichtige Studie der University of Georgia zu dem Thema. Die Wissenschaftlerinnen und Wissenschaftler dort haben ausgerechnet, wie viel Plastik jeweils an den verschiedenen Küsten weltweit ins Meer gelangt. Als Basis für ihre Hochrechnungen diente ihnen die Bevölkerungsdichte, der Anteil des Plastiks im Müll und der Anteil des Mülls, der nicht vom Entsorgungssystem erfasst wird. Ihr Ergebnis: Der meiste Müll stammt tatsächlich aus asiatischen Ländern, zum Beispiel aus China, Indonesien und den Philippinen. In Asien sind die Küsten besonders dicht besiedelt und der Anteil des Mülls, der weder recycelt wird noch in irgendeinem Entsorgungssystem landet, ist hoch. Tiefseeforscherin Melanie Bergmann vom Alfred-Wegener-Institut forscht über Plastik und macht trotz der Studie auch uns Europäer für das Plastik-Problem verantwortlich. Sie und ihre Kolleginnen und Kollegen sammeln im Onlineportal Litterbase Daten über Plastikmüll im Meer. Und der ist überall. Laut Bergmann gibt es kein Meer, das nicht betroffen ist. Selbst in der Tiefsee, der Arktis, der Antarktis und auf den entlegensten Inseln entdecken die Wissenschaftler Müll und Plastik, und das in großen Mengen. Und dieses Plastik in der Arktis kommt sicher nicht aus Asien, so Bergmann. Ebenso wenig wie der viele Müll im Mittelmeer. Auf der Nordseeinsel Juist untersuchten Meereschemiker der Universität Oldenburg Muscheln und Austern und sogar dort, in der Nordsee, fanden sie in jeder Muschel und in jeder Auster Mikroplastik. Außerdem in toten Schweinswalen und im Kot von Seemöwen, Kegelrobben und Seehunden.

Mittlerweile gibt es fünf große Müllstrudel in unseren Meeren, der größte davon ist der sogenannte Große Pazifische Müllstrudel. Diese Strudel werden manchmal auch Müllinseln genannt, was aber irreführend ist, weil man dann denken könnte, dass all der Müll an der Oberfläche schwimmt. Stattdessen handelt es sich dabei um Strudel, die dort entstehen, wo unterschiedliche Meeresströmungen von Norden und Süden aufeinandertreffen. Der Müll der Meere wird durch die Strömung mitgerissen und sammelt sich in besagten Strudeln. Der Große Pazifische Müllstrudel erstreckt sich über ein wesentlich umfangreicheres Gebiet und enthält deutlich mehr Plastik als bisher angenommen. Nach mehreren Forschungsfahrten und Flügen kommt ein internationales Wissenschaftlerteam zu dem Schluss, dass knapp 80 000 Tonnen Plastik in einem Bereich von 1,6 Millionen Quadratkilometern treiben. Damit ist diese Fläche fast fünfmal so groß wie Deutschland. Man kann diese Strudel nur bedingt von oben erkennen. Man muss sie sich eher wie eine Plastiksuppe vorstellen, denn der Müll sinkt hinab bis an den Meeresboden. Da die Meere an vielen Stellen so tief sind, dass sie bisher nicht erforscht werden konnten, weiß auch niemand, wie viel Müll am Boden der Meere liegt.

Jetzt seid ihr vielleicht überrascht, auf wie vielen unterschiedlichen Wegen Mikroplastik in die Natur gelangt, und dabei habe ich euch den größten Verursacher von Mikroplastik noch gar nicht genannt. Auf Platz eins liegt der Reifenabrieb von Autos, Lastern und Fahrrädern. Unglaubliche 100 000 Tonnen Mikroplastik geraten dadurch pro Jahr in Deutschland in die Umwelt, wie das Fraunhofer-Institut für Umwelt-, Sicherheits- und Energietechnik in Oberhausen schätzt. Das entspricht in etwa dem Gewicht von 40 Millionen gelben Säcken. Zum Vergleich: Das Mikroplastik aus Kosmetik liegt nur auf Rang 17 der größten Mikroplastikverursacher. Reifen verlieren beim Fahren immer ein wenig ihres Profils, besonders viel davon jedoch beim starken Bremsen. Das sieht man dann auch als Reifenabdruck auf der Straße. Dieser Abrieb bleibt erst mal zurück und wird dann durch Wind und Regen weggespült.

Auf dem zweiten Platz der Mikroplastikproduzenten landet die Abfallentsorgung. Denn viele Menschen werfen Plastik aus Versehen oder auch mit Absicht in die Biomülltonne oder auf den Kompost. Das Plastik wird dann über Düngemittel auf den Feldern ausgebracht. Aber auch der Gelbe Sack ist mit schuld an dem Problem. Bevor die Kunststoffverpackungen recycelt werden können, müssen sie zerkleinert werden. Dabei gelangen viele Teilchen davon in die Luft und damit in die Umwelt.

Hier noch zwei leider wenig optimistisch stimmende Erkenntnisse der Wissenschaft:

Schweizer Forscherinnen und Forscher haben Plastik mittlerweile auch in Naturschutzgebieten auf sehr hohen Bergen in den Alpen nachgewiesen. Obwohl dort gar niemand wohnt. Dies legt nahe, dass das Mikroplastik sogar über die Atmosphäre weitergetragen wird.

Und: Wissenschaftler vom Leibniz-Institut für Gewässerökologie und Binnenfischerei und von der FU in Berlin warnen davor, dass die Auswirkungen von Mikroplastik in Böden, Seen und Meeren Ökosysteme auf der ganzen Welt dauerhaft negativ beeinflussen könnten.

Wir haben uns da also ein Problem von ungeahntem Ausmaß geschaffen, über dessen genaue Auswirkungen die Wissenschaft noch kaum etwas weiß und das Politiker bisher nicht wirklich auf dem Schirm haben. Zumindest bei uns selbst können wir aber anfangen, etwas zu ändern.

Meine Lösung

Das Thema Mikroplastik hat mich wirklich persönlich betroffen gemacht. Im Frühjahr 2018 hatte ich im *Heute Journal* im ZDF einen Beitrag über eine unbewohnte Insel in Norwegen gesehen, die an der dem offenen Meer zugewandten Seite komplett voller Plastikmüll ist. Ich hatte so viele eigene Fragen dazu, dass ich dieses Thema unbedingt auch in den Kindernachrichten *logo!* behandeln wollte. Ich bat meinen Chef, einen Beitrag darüber machen zu dürfen. Er stimmte zu und ich reiste nach Norwegen, um mir diese Insel mit eigenen Augen anzuschauen. Nur wenige Menschen hatten sie in der Vergangenheit besucht und trotzdem sah sie aus wie eine Müllhalde. Das Meer spülte den Müll seit Jahrzehnten in die Bucht. Putzmittelflaschen, Schuhe, Plastikverpackungen von Süßigkeiten, undefinierbar verformtes Plastik – es gab keinen Quadratmeter, auf dem kein Müll lag. Auch wenn man auf Moos trat, hörte man, dass darunter Plastik war. Der Umweltschützer, der mich auf die Insel gebracht hatte, grub eineinhalb Meter tief in die Erde und fand auch dort nur altes Plastik. Ich stand an einem kleinen Tümpel, etwa 30 Meter vom Rand der Insel entfernt, und griff ins Moos. Ich hob ein bisschen davon hoch und was ich sah, machte mich fassungslos: Es war komplett voller Plastik. Eine Handvoll Moos enthielt so viele kleine Plastikteilchen, dass ich sie gar nicht zählen konnte. In diesem Moment wurde mir klar, dass wir das nie wieder aufräumen können. Denn auch wenn wir es schaffen würden, all das Plastik, das auf dem Meer treibt, herauszufischen – das Plastik zwischen den ganzen Pflanzen, das Plastik tief unten im Ozean, das Plastik in der Arktis wird niemand mehr einsammeln können. Forscher wollen die Insel nun so belassen, wie sie ist, und in den kommenden Jahren auf ihr untersuchen, welche Auswirkungen Plastik auf Flora und Fauna hat. Denn auf der norwegischen Insel wohnen natürlich auch Tiere, zum Beispiel Otter.

Obwohl ich wusste, dass es nur ein Tropfen auf den heißen Stein ist, versuchte ich ab sofort, Mikroplastik in Kosmetika einzusparen. Zwar sind die nur auf Platz 17 der schlimmsten Mikroplastikverursacher, aber ich finde es aus zweierlei Gründen trotzdem wichtig: Erstens macht Kleinvieh bekanntlich auch Mist. Und zweitens bin ich der Meinung, dass man die Hersteller von Produkten, die Mikroplastik enthalten, nicht unterstützen sollte. Spätestens seit einer großen Studie des Umweltschutzverbandes BUND wissen alle deutschen Kosmetikhersteller um das Problem mit dem Mikroplastik. Der BUND hat einen Einkaufsratgeber herausgebracht, in dem alle bekannten Produkte mit Mikroplastik aufgeführt sind. Die Liste wird ständig aktualisiert und momentan befinden sich darauf geschätzt 500 Produkte. Das Interessante daran: Nachdem der Einkaufsratgeber herausgekommen war, verpflichteten sich mehrere große Hersteller dazu, auf Mikroplastik zu verzichten. Allerdings verzichten sie seither nur auf das »große« Mikroplastik, also die sichtbaren Kügelchen in Zahncreme und Peelings. Alle anderen Arten von Mikroplastik, zum Beispiel das in flüssiger Form, verwenden sie weiterhin für ihre Produkte. Ich führte mir also die komplette Liste zu Gemüte. Sie ist in Kosmetikarten unterteilt, also zum Beispiel in Shampoos, Sonnencremes und Zahnpasta. Unter jeder Kategorie sind dann die einzelnen Produkte aufgeführt, sortiert nach Markennamen der Hersteller in alphabetischer Reihenfolge. Es tauchten fast alle großen Namen auf und damit auch einige Hersteller, von denen ich schon Kosmetika benutzt hatte. Ob die Marken günstig oder teuer sind, spielt bei der Verwendung von Mikroplastik offensichtlich keine Rolle, denn es waren Gesichtscremes für drei Euro und welche für 50 Euro dabei. Ich entdeckte drei Produkte, die es auch in unserem Haushalt gab: meine Sonnencreme für das Gesicht, meine Sonnencreme für den Körper und das Duschgel meines Freundes. Die waren ab sofort natürlich gestrichen bzw. sowieso schon durch feste Seife ersetzt worden.

Beim Kauf neuer Produkte helfen die Apps »Beat the Microbead« oder »CodeCheck«. Sie zeigen an, ob in einem Produkt Mikroplastik enthalten ist. Wer keine Lust hat, die App zu verwenden, kann auch einfach ausschließlich zertifizierte Naturkosmetik kaufen, denn die enthält sicher kein Plastik. Woran ihr zertifizierte Naturkosmetik erkennt, erfahrt ihr im Palmöl-Kapitel. Ich kombiniere beide Varianten: Ich benutze hauptsächlich möglichst unverpackte zertifizierte Naturkosmetik und wenn ich doch mal etwas anderes kaufen möchte, kann ich mir dank Einkaufsratgeber und App sicher sein, keine Produkte mit Mikroplastik zu erwischen.

Auf Instagram wurde ich schon vor einiger Zeit auf eine, wie ich finde, grandiose Aktion aufmerksam. Sie heißt »2 Minute Beach Clean« und ausgedacht hat sie sich Martin Dorey, ein Surfer aus Großbritannien. Er lebt in der Nähe eines Strandes, der im Winter 2013/2014 nach mehreren heftigen Stürmen voller Plastikmüll aus dem Meer war. Dorey kam auf die Idee, nur zwei Minuten lang am Strand Müll einzusammeln, das aber dafür jedes Mal, wenn er an den Strand kam. Er benutzte den Hashtag #2MinuteBeachclean und postete seine kleinen Aktionen auf Twitter und Instagram. Das brachte ihm viele Nachahmer ein. Mittlerweile wurden allein bei Instagram mehr als 90 000 Fotos mit dem Hashtag gepostet.

Ich war von der Idee sofort begeistert, denn es gibt nichts, was eine unmittelbarere Wirkung gegen Mikroplastik im Meer hat als das. Jedes Teil, das anstatt im Meer im Abfall landet, hilft der Natur und den Tieren. Ich habe mittlerweile an jedem Strand, an dem ich in den vergangenen drei Jahren war, mitgemacht. Das war in Südafrika, auf Mallorca und in Sankt Peter Ording, und es ist unfassbar, was man dort alles findet. Interessant ist, dass man an den Stränden auf den ersten Blick oft gar keinen Müll sieht. Erst wenn man gezielt vor seinen eigenen Füßen sucht, wird man fündig. Dann aber so richtig. Auf Mallorca machte ich die Aktion etwa 20 Minuten lang an einer abgelegenen Bucht, an der gar keine anderen Menschen waren. Ich fand die absurdesten Dinge: diese kleinen Plastikkerzenhalter für Geburtstagskuchen, Socken und Ohrstäbchen. In Südafrika fand ich ein uraltes Mückenspray, eine Plastikflasche und undefinierbare Plastikverpackungen. Wichtig ist natürlich, dass man diese Fundstücke dann korrekt entsorgt, also in einen Mülleimer wirft und, wenn das in dem Land möglich ist, den Müll richtig trennt. So landen die Dinge statt im Meer im Entsorgungssystem. Da ich eher selten am Strand bin, halte ich mich bei den Aktionen nicht an die vorgegebenen zwei Minuten. Im Urlaub habe ich genug Zeit, um das auch mal länger zu machen. Der einzige Strand, an dem ich gar nichts gefunden habe, war der in Sankt Peter Ording. Entweder wird er sehr häufig gereinigt oder die Gäste dort sind besonders ordentlich. Egal warum, es hat mich jedenfalls gefreut. Ein schreckliches Erlebnis hatte ich dafür auf einer Drehreise für *logo!* in Bangladesch. Eigentlich wollte ich auch hier »2 Minute Beach Clean« machen. Ich hätte dafür allerdings einen Mülllaster bzw. Hunderte davon gebraucht, so viel Müll lag da herum. Es wäre wirklich einfach unsinnig gewesen, einzelne Teile aufzuheben, denn es waren riesige Müllberge, als seien die Strände eine einzige Mülldeponie. Mülleimer gab es gar nicht.

Das Tolle an Aktionen wie #2MinuteBeachclean ist, dass es niemanden stört, wenn sie kopiert werden. Mittlerweile posten Menschen ihre Ideen zum Thema Umweltschutz auch unter vielen anderen Hashtags. Bei #take3forthesea geht es zum Beispiel darum, drei Stücke Müll am Strand aufzusammeln und zu entsorgen. Aber es gibt auch eine Bewegung für Menschen, die nicht an den Strand kommen. Denn natürlich kann man Müll auch woanders einsammeln. Ich mache das mittlerweile regelmäßig auf meinen Gassi-Runden im Wald, der leider ebenfalls komplett plastikverschmutzt ist. Ich finde dort immer wieder Bonbonpapiere, Schokoriegelverpackungen und letztens sogar eine ganze Luftmatratze. Dabei kann man zum Beispiel den Hashtag #threetrashperday benutzen. Eine andere Idee kommt aus Schweden von einem Umweltaktivisten, der etwas gegen den vielen Müll in Stockholm tun wollte. Er organisierte Jogginggruppen, die gleichzeitig Müll sammelten. Der Begriff »Plogging« ist eine Kombination aus den schwedischen Wörtern für »joggen« und »aufsammeln«. Das habe ich allerdings noch nie probiert, denn ich bin zwar Joggerin, aber meine Ausdauer ist nicht gut genug, um dabei auch noch eine Tüte zu tragen und mich zu bücken. Daher trenne ich Training und Müllsammeln.

Apropos Tüte: Es ist natürlich etwas absurd, den Plastikmüll in einer Plastiktüte zu sammeln. Klüger ist es, eine Stofftasche zu benutzen, die man danach waschen und wiederverwenden kann. Ich persönlich finde es aber besser, einen Strand von Müll zu befreien und dafür eine Plastiktüte zu verwenden, als den Strand gar nicht sauber zu machen. Schließlich landet die Tüte samt Inhalt nicht im Meer und tötet dort keine Tiere, sondern wird sachgemäß entsorgt.

Ich hoffe, ihr habt jetzt auch Lust bekommen, bei eurem nächsten Urlaub oder Spaziergang Müll zu sammeln. Ich finde es eine grandiose Idee, das regelmäßig zu tun und es auch zu posten. Denn so bringt man andere Leute dazu mitzumachen. Ich habe meine Follower bei Instagram schon mehrfach zu solchen Aktionen aufgefordert und bin stolz, dass mir inzwischen mehr als 100 Menschen Fotos davon geschickt haben. Diese habe ich in meine Story aufgenommen, um wieder andere zum Mitmachen zu animieren. So kann man Social Media mal wirklich für etwas Sinnvolles nutzen.

Richtig schwierig wird das Vermeiden von Mikroplastik, wenn es um die Fortbewegung geht. Im Grunde dürfte man gar keinen fahrbaren Untersatz mehr benutzen, denn Busse, Autos und sogar Fahrräder und Schuhsohlen verlieren Mikroplastik. Da bringt also auch ein Elektroauto nichts. Die einzige Ausnahme bilden die Bahn und das Laufen auf Ledersohlen. Alle meine Schuhe mit Gummisohlen wegzuwerfen, finde ich bescheuert, denn wenn sie im Müll landen, ist der Umwelt ja auch nicht geholfen. Also habe ich hauptsächlich versucht, meine Fahrten mit dem Auto zu reduzieren – die stehen schließlich an Platz eins beim Mikroplastikverlust. Das hat nur einigermaßen gut funktioniert. Denn zum Einkaufen kann ich laufen und auch, wenn ich mich zum Beispiel mit Freunden oder meiner Familie treffe. Zu meiner Arbeit ist das ja leider schwierig, wie ihr im Kapitel über Fortbewegung gelesen habt. Es musste also noch andere Möglichkeiten geben, Mikroplastik einzusparen.

Müll konsequent zu trennen, ist eine davon. Ich gebe zu, dass ich das bisher nur halbherzig gemacht habe. Als wir noch in einer Wohnung in einem Mehrfamilienhaus gewohnt haben, gab es Gemeinschaftsmülltonnen und die für Biomüll war immer leer. Da ich damals noch häufig essen gegangen bin und wenig gekocht habe, hatte ich einfach kaum Essensreste. Papier habe ich schon immer vorbildlich getrennt, bei Plastik hat das nicht immer so gut geklappt. Also gab es ab sofort in unserem Haushalt vier Mülleimer: einen für Papier und Pappe im Arbeitszimmer, einen kleinen für Biomüll, einen für den Gelben Sack und einen für Restmüll.

Um zu vermeiden, dass Mikroplastik in den Biomüll und somit auf die Felder gerät, ist erst mal die Wahl der Tüte wichtig. In vielen Supermärkten gibt es dafür extra abbaubare Bioplastiktüten zu kaufen. Auch bei meinen Nachbarn habe ich die schon in der Biomülltonne gesehen. Das Problem dabei ist aber, dass nicht alle Kommunen Biomüllverwertungsanlagen haben, die mit diesen Plastiktüten klarkommen. Daher müsst ihr bei eurer Stadt nachfragen. In meiner Stadt sind die Plastiktüten im Biomüll verboten, was ich schleunigst meinen Nachbarn mitgeteilt habe. Dabei bin ich mir sehr spießig vorgekommen, aber das war es mir wert. Wir dürfen also nur Papiertüten für den Biomüll benutzen, die die Stadt sogar kostenlos zur Verfügung stellt. Das einzig Blöde daran ist, dass diese Tüten durchweichen. Man muss sie also relativ häufig wechseln oder, wenn man das verpasst hat, den Mülleimer säubern.

Da ich dank meines veränderten Einkaufsverhaltens kaum noch Plastikmüll habe, bleibt der Eimer für den Gelben Sack so gut wie leer. Das spart auch Unmengen Mikroplastik ein, denn natürlich kommt so weniger Plastik in Umlauf. Gleichzeitig geraten weniger der Teilchen in die Luft, die beim Zerkleinern des Plastikmülls vor dem Recycling entstehen.

Nach der Mülltrennung kam meine Kleidung dran. Die will ich eh noch komplett auf den Prüfstand stellen, doch dazu mehr in einem späteren Kapitel. Jetzt hieß es für mich erst mal: keine Kleidung mehr, die beim Waschen Mikroplastik verliert. Bei einem ersten Blick auf meine Klamotten stellte ich fest, dass ich keine Ahnung hatte, aus was sie eigentlich gemacht waren. Ist Elastan Plastik? Ich jagte die Frage durch eine Suchmaschine und erfuhr: Ja! Elastan besteht zu 85 Prozent aus Polyurethan, einem Kunststoff. Sehr viele meiner Klamotten hatten auch einen Polyesteranteil – ebenfalls Kunststoff. Vor allem Kleider und Oberteile, aber auch manche Hosen waren sogar zu 100 Prozent aus Polyester. Jetzt war die große Frage, wie ich damit umgehen sollte. Sollte ich diese Plastikklamotten einfach gar nicht mehr tragen? Denn tragen heißt natürlich auch waschen. Ich entschied mich dafür, das einen Monat lang zu versuchen. Ich überprüfte alle meine Hosen und stellte fest: Ich hatte nur eine einzige, die aus 100 Prozent Baumwolle war. Alle anderen hatten einen Plastikanteil. Ähnlich sah es bei den Oberteilen aus. Da fand ich allerdings ein paar aus Seide und Baumwolle und einige Kaschmirpullis. Alle meine Strumpfhosen waren jedoch aus Plastik. Mein Monat würde also recht eintönig werden.

Tatsächlich sprach mich an meinem 7. Tag bei *logo!* eine Kollegin an und meinte, dass ich diese Woche so anders gekleidet sei. Ich erzählte ihr von meinem Mikroplastikverzicht und überlegte, woran genau sie das wohl erkannt hatte. Schließlich trug ich ja immer noch meine normale Kleidung, wenn auch nur eine kleine Auswahl davon. Mir fiel auf, dass alle meine Sachen, die nicht aus Polyester sind, eher schlicht sind. Die modischeren Klamotten haben meistens einen Plastikanteil. Das könnte daran liegen, dass ich viele eher modische Sachen günstig kaufe, da ich weiß, dass ich sie nicht ewig tragen werde. Bei einem dicken Pullover oder einem Mantel achte ich mehr auf die Qualität, weil ich diese Teile jahrelang anziehen will. Aber auch unter meinen teuren Sachen fanden sich Stücke aus Polyester. So ganz stimmt diese Theorie also nicht. In mir wuchs der Plan, keinerlei Klamotten aus Kunststoffen mehr zu kaufen, nicht nur in diesem Monat, sondern auch in Zukunft. Das kann einem den Klamotten-Neukauf jedoch ziemlich vermiesen, da zum Beispiel Kleider fast immer einen Plastikanteil haben. Ich kann euch nur sagen, dass ich froh war, als der Monat endlich rum war.

Eine positive Sache ist mir allerdings aufgefallen: Wenn man sich nur in Naturmaterialien kleidet, muss man die Klamotten seltener waschen. Ein Baumwoll- oder Kaschmirpulli muss nicht nach einem Mal Tragen in die Wäsche, genauso wenig eine Jeans. Auf einen Bügel hängen, etwas auslüften und zurück damit in den Schrank. Dadurch spart man nicht nur Mikroplastik ein, sondern auch Ressourcen wie Wasser und Energie, weil man die Waschmaschine nicht so oft anwirft. Und die Klamotten bleiben länger schön.

Einen völlig absurden Fund möchte ich euch übrigens nicht vorenthalten. Ich hatte mir vor drei Jahren einen Bikini aus recycelten PET-Flaschen gekauft. Die Idee dahinter hatte mir gefallen: Man kauft einen stylischen Bikini und tut gleichzeitig der Umwelt etwas Gutes. Das ist allerdings großer Quatsch, was ich leider erst heute weiß. Denn mit einem Plastikbikini aus recycelten PET-Flaschen baden zu gehen, ist, wie einen Eimer voll Mikroplastik ins Meer zu kippen. Bei jedem Gang ins Wasser löst sich Mikroplastik vom Bikini ab. Gar keine gute Idee.

Fazit

Ich hätte nicht vermutet, dass der Verzicht auf Mikroplastik so kompliziert ist. Ich dachte, dass sich die Herausforderung vor allem darauf beschränken würde, auf Kosmetika mit Mikroplastik zu verzichten. Das ist tatsächlich kein Hexenwerk. Wenn man sich gut informiert, findet man leicht Alternativen ohne Mikroplastik. Viel wichtiger ist es allerdings, weniger Kleidung mit Kunststoffanteil zu tragen und weniger Auto zu fahren. Letzteres fällt mir zumindest bei meinem Arbeitsweg extrem schwer. Immerhin sitzt man als Autorin auch viel zu

Hause und produziert währenddessen – im besten Fall – kein Mikroplastik. Müll trennen erfordert Disziplin, ist aber kein Problem. Und »2 Minute Beach Clean« macht mir sogar richtig viel Spaß. Ich hoffe, ich kann noch viele Menschen zum Mitmachen motivieren.

Das könnte die Politik tun

Die EU muss meines Erachtens handeln und ein europaweites Verbot von Mikroplastik in Kosmetika durchsetzen. Das gibt es schon in Großbritannien, Kanada und den USA. Dass ein Verzicht auf Mikroplastik möglich ist, zeigen ja die Hunderte von Produkten in Deutschland, die ohne auskommen. Dann müsste niemand mehr Einkaufsratgeber wälzen. Außerdem könnte man die Waschmaschinenhersteller dazu bringen, neue Geräte mit Filtern auszustatten, die Mikroplastik aus dem Abwasser entfernen. Auch für den Klärschlamm, der voller Mikroplastik ist und trotzdem auf unseren Feldern landet, muss eine Lösung her, egal ob ein Verbot oder eine bessere Reinigung des Schlamms. Autoreifen sollten auf ihre Langlebigkeit getestet werden. Ähnlich wie bei einem Kühlschrank, dessen Energieverbrauch angegeben werden muss, könnte man dann seine Reifen hinsichtlich ihrer Langlebigkeit auswählen.

Meine Tipps zur Vermeidung von Mikroplastik

- Weniger Auto fahren
- Müll richtig trennen
- Mikroplastik in Kosmetik vermeiden
- Weniger Kleidung mit Kunststoffanteil kaufen
- »2 Minute Beach Clean« machen
- Plastikverpackungen vermeiden

Diese Start-ups haben dem Mikroplastik den Kampf angesagt

Boyan Slat war 16, als er beschloss, die Meere von Plastikmüll zu befreien. Dem Niederländer war die Idee beim Tauchen in Griechenland gekommen, als er im Wasser »fast mehr Plastik als Fische« sah. Heute ist er 24 und konnte Investoren, Universitäten und Unternehmen für sein Projekt »The Ocean Cleanup« gewinnen. Er sammelte mehr als 40 Millionen Euro Spenden. Slat will die Meeresströmung nutzen, um den Müll in schwimmende Barrieren zu treiben. Wie Fangarme sollen sich die Enden eines 600 Meter langen Kunststoffrohres um den Müll legen und ihn in einem Behälter sammeln. Der Standort wird per GPS an sogenannte Müllschiffe gesendet, die den Müll einmal im Monat abholen. Seit September 2018 wird das Projekt im Pazifik am größten Müllstrudel zum ersten Mal getestet. Sollte der Test erfolgreich sein, will Slat 60 der Anlagen in allen Weltmeeren zum Einsatz bringen. An dem Projekt gibt es aber auch viel Kritik. Wissenschaftler bemängeln, dass nur ein kleiner Bruchteil des Plastikmülls an der Oberfläche schwimme. Dadurch sei der effektive Nutzen relativ gering. Außerdem befürchten Tierschützer, dass sich Fische und andere Meerestiere in den Armen verfangen könnten.

Noch einen Schritt weiter geht die Idee der deutschen Umweltorganisation One Earth – One Ocean e.V. mit Sitz in München. Auch sie will Gewässer weltweit von Plastikmüll, aber auch von Öl und Schadstoffen befreien. Plastikmüll soll von speziellen Müllsammelschiffen aufgelesen und anschließend verwertet bzw. in Öl rückverwandelt werden. Aus einer Tonne vorsortiertem Plastikmüll ließen sich so ca. 800 Liter Öl rückgewinnen. Erste Probefahrten gab es schon.

Solche Projekte sind natürlich eine gute Sache. Allerdings dürfen sie nicht von der wirklichen Aufgabe ablenken: von vornherein zu verhindern, dass weiter Plastik in die Ozeane gelangt. Denn wenn wir jeden Tag Tonnen von Plastikmüll ins Meer kippen, hilft es nicht, an anderer Stelle einen Teil davon wieder herauszufischen.

Monat 4

Die Kleidungs-Challenge
Wie ziehe ich mich umweltfreundlich an?

Das Problem

Kleidung ist ein Wegwerfartikel. Das klingt jetzt vielleicht ein bisschen krass, es ist aber leider so. Shirts kann man mittlerweile für fünf Euro kaufen, Hosen für 19 Euro und einen Mantel für 50 Euro. Und all diese Teile sind nagelneu und stammen aus der aktuellen Kollektion. Das führt dazu, dass wir immer mehr kaufen und immer weniger dafür ausgeben. Unser Verhalten beim Kauf von Kleidung hat sich in den vergangenen 30 Jahren stark verändert. Als ich ein Kind war, gab es zwei Modekollektionen pro Jahr. Das hieß, dass in einem Laden ein halbes Jahr lang immer genau dieselben Klamotten hingen. Heute gibt es Haupt-, Zwischen- und Sonderkollektionen und die günstigen Modeketten wie H&M und Zara bekommen jede Woche neue Teile. Die wecken bei den Kunden natürlich Begehrlichkeiten, denn das vor drei Wochen gekaufte Top kommt einem schon wieder alt und unmodisch vor. Und da es immer mehr Billigketten gibt, sind die Kleidungsstücke für jeden erschwinglich. So wie man früher an der Supermarktkasse mal eine Kaugummipackung mitgenommen hat, kauft man heute schnell das reduzierte Top für

4,99 Euro. Kein Wunder also, dass die meisten von uns deutlich zu viel Kleidung besitzen. Bei einer Greenpeace-Umfrage im Jahr 2015 kam heraus, dass in deutschen Kleiderschränken 5,2 Milliarden Kleidungsstücke liegen. Und das Schlimme daran: 40 Prozent davon werden selten oder nie getragen. Laut Bundesumweltministerium kauft jeder Deutsche im Schnitt 18 Kilogramm Kleidung pro Jahr, das entspricht 50 bis 70 Kleidungsstücken. Damit sind wir im weltweiten Vergleich Spitzenreiter, gemeinsam mit den USA und der Schweiz. Und davon wird dann auch viel wieder weggeschmissen. Jedes Jahr landen in Deutschland 300 Millionen Kleidungsstücke im Altkleidercontainer.

Vielleicht denkt ihr euch jetzt: Ist doch schön, wenn man die Auswahl hat und viele Sachen kaufen kann! Wenn man es aus einer rein persönlichen Perspektive betrachtet, stimmt das natürlich. Für die Umwelt ist diese Art zu shoppen jedoch kaum noch zu bewältigen. Denn die ganze Kleidung muss ja auch irgendwie hergestellt werden. Die meisten Kleidungsstücke, die wir kaufen, sind aus Baumwolle. Baumwolle ist eine Naturfaser, also eigentlich ein gutes Produkt. Allerdings schädigt ihr Anbau in den meisten Fällen die Umwelt, da die Pflanze sehr anfällig für Krankheiten und Schädlinge ist. Für kein anderes landwirtschaftliches Anbauprodukt werden so viele Pflanzengifte eingesetzt wie für Baumwolle. Das verseucht Grundwasser und Böden. Selbst in den fertigen Fasern finden sich Rückstände der Pestizide. Außerdem ist Baumwolle sehr durstig. Ursprünglich stammt sie aus den warmen und feuchten Tropen, in denen es viel regnet. Da die Knospe aber schnell fault, wenn sie nass wird, und dann nicht mehr verwendet werden kann, wird sie heute hauptsächlich in heißen und trockenen Gebieten angebaut. Hier müssen die Pflanzen dann bewässert werden, was große Mengen an wertvollem Süßwasser verbraucht. Das ist natürlich vor allem für die Länder ein Problem, in denen sowieso schon Wassermangel herrscht. Der Baumwollanbau für ein einziges T-Shirt verschlingt bis zu 2000 Liter Wasser. Das sind mehr als zehn Badewannen voll.

Aber auch die Gesundheit der Menschen, die die Baumwolle anbauen, leidet unter diesen Problemen. Laut Umweltinstitut München leben 99 Prozent der Baumwollbauern in Entwicklungsländern und produzieren 75 Prozent der weltweiten Baumwollernte. Die Bauern atmen die Pestizide über Jahre hinweg ein und das macht viele von ihnen krank. Die Beschwerden reichen von Atemproblemen über Krebs bis hin zu Unfruchtbarkeit oder Missbildungen bei Babys. Und reich werden die Bauern mit ihrer Arbeit auch nicht. Im Gegenteil – ihr Einkommen genügt in den meisten Fällen gerade so zum Überleben. Daher müssen oft auch schon die Kinder auf den Plantagen mitarbeiten, anstatt in die Schule zu gehen. Laut der Internationalen Arbeitsorganisation – einer Sonderorganisation der Vereinten Nationen, die damit beauftragt ist, soziale Gerechtigkeit sowie Menschen- und Arbeitsrechte zu befördern – arbeiten mehr als eine Million Kinder unter besonders schlechten Bedingungen in der Baumwollproduktion.

Mit dem Anbau und der Ernte der Baumwolle ist es aber natürlich noch nicht getan. Bis daraus ein T-Shirt oder eine Jeans wird, gibt es noch viele Zwischenschritte zu erledigen und das geschieht oft in mehreren unterschiedlichen Ländern. Vom Anbauland wird die Baumwolle zum Verspinnen geschickt, von dort zum Färben und anschließend weiter zum Nähen. Diese Arbeiten werden vor allem in Asien ausgeführt, denn dort sind die Löhne gering und es gibt keine strengen Arbeitsschutzbestimmungen. Die Näherinnen in den Fabriken (sie sind meist weiblich) arbeiten bis zu 16 Stunden am Tag für Hungerlöhne und ohne soziale Absicherung. Näherinnen aus Bangladesch berichten in einem Artikel der Tageszeitung *DieWelt*, dass sie bei größeren Bestellungen nicht auf die Toilette gehen dürfen, damit sie bei der Arbeit keine Zeit verlieren. Beim Färben stehen die Arbeiter teilweise mit den nackten Füßen in den Chemikalien, die dann einfach in Flüsse abgelassen werden und Mensch und Natur vergiften. Und bis das Kleidungsstück bei uns im Schrank liegt, hat es eine halbe Weltreise hinter sich. In der Regel sind es 50 000 – 100 000 Kilometer. Dabei wird natürlich auch viel CO_2 produziert.

Kunstfasern wie Polyester scheinen deshalb im ersten Moment eine tolle Alternative zu sein. Ihre Produktion verbraucht weit weniger Wasser als der Baumwollanbau. Allerdings wird Polyester aus dem endlichen Rohstoff Erdöl hergestellt, wozu viel Energie nötig ist. Deutlich mehr als für die Baumwollproduktion. Im Grunde besteht ein Kleidungsstück aus Polyester aus dem gleichen Plastik wie eine PET-Flasche. Um eine Faser zu erhalten, die sich spinnen lässt, wird das Plastik geschmolzen und durch haarfeine Düsen gepresst. Steckt man nun Klamotten, die aus einem solchen Material bestehen, in die Waschmaschine, brechen kleine Stückchen von den Plastikfasern ab und geraten mit dem Abwasser in die Umwelt. Je mehr wir schleudern und je heißer wir waschen, umso mehr sind es. Eine Studie des BUND konnte in zwölf von zwölf Abwasserproben aus deutschen Kläranlagen synthetische Fasern nachweisen. Sie bestanden aus Polyester, Polyamid und Polypropylen. Wie viel von ihnen gefunden wurde, hing stark davon ab, wie gut die Kläranlage technisch ausgestattet war. Von der Kläranlage gerät das Wasser voller Mikroplastik ins Grundwasser, von dort aus in unsere Flüsse und so in die Meere. 35 Prozent des Mikroplastiks im Meer ist laut der Weltnaturschutzunion auf Polyesterwäsche zurückzuführen. Jedes Jahr werden 1,53 Millionen Tonnen Mikroplastik aus unserer Kleidung ins Meer gespült. Umgerechnet wirft damit jeder Mensch in Europa 54 Plastiktüten pro Jahr ins Meer.

Ein anderes Material, das aus Umweltsicht auf den ersten Blick perfekt scheint, ist Schafwolle. Sie ist ein natürlicher, nachwachsender Rohstoff und gibt auch keine winzigen Plastikpartikel ins Meer ab. Außerdem haben Wollprodukte in der Regel eine lange Lebensdauer und müssen weniger und bei geringerer Temperatur gewaschen werden. Bei einem Woll- oder Kaschmirpulli (der wird aus der Wolle einer bestimmten Ziegenart gemacht) reicht es häufig, ihn einfach mal zu lüften. Auf den zweiten Blick gibt es allerdings auch hier ähnliche Probleme für die Umwelt wie bei der Baumwolle. Bei konventioneller Wolle werden die Schafherden nämlich laut Greenpeace regelmäßig durch Pestizidbäder geführt. So soll verhindert werden, dass die Tiere von Parasiten befallen werden. Schafe sind außerdem Wiederkäuer und stoßen große Mengen des klimaschädlichen Gases Methan aus. Hinzu kommt, dass die meiste Wolle aus Australien stammt, wo die Tiere teilweise große Qualen erleiden müssen. Sie werden dort mit extra vielen Hautfalten gezüchtet, damit sie möglichst viel Wolle haben. In den vielen Hautlappen bildet sich Feuchtigkeit und am After sammeln sich Kot und Urin. Damit Fliegen dort keine Eier ablegen, werden den Lämmern ohne Betäubung große Hautfalten rund um After, Vulva und Schwanz herausgeschnitten. Die offenen Wunden werden nicht versorgt. Dieses sogenannte Mulesing ist in Deutschland verboten, in Australien aber noch immer gängige Praxis. Ein normales Schaf muss übrigens gar nicht geschoren werden. Es hat genau so viel Wolle, wie es braucht, um nicht zu frieren. Die Schur ist für die Tiere purer Stress, da man versucht, in möglichst kurzer Zeit möglichst viele Schafe zu scheren. Dabei fallen die ängstlichen Tiere oft in eine Art Schockstarre. Durch die Eile werden ihnen außerdem oft große Schnittwunden zugefügt, die nicht versorgt werden. Produzieren die Schafe irgendwann nicht mehr genug Wolle, verkauft man sie zur Schlachtung. Allein aus Australien werden jährlich etwa vier Millionen Schafe auf überfüllten Containerschiffen in die ganze Welt verschifft – häufig ohne ausreichend Nahrung und Wasser. Zahlreiche Tiere überleben diese Fahrten nicht. Die Bilanz anderer tierischer Fasern wie Kaschmir und Mohair von Ziegen und Wolle von Alpakas fällt leider ähnlich schlecht aus.

Trotz der drastischen Auswirkungen, die unsere Kleidung auf die Umwelt, die Tiere und die Menschen hat, die sie für uns herstellen, besitzt sie bei uns keinen besonders hohen Stellenwert. Viele Klamotten landen einfach ungetragen auf dem Müll oder in der Altkleidersammlung. Eine Studie von Greenpeace fand heraus, dass jeder Achte seine Schuhe weniger als ein Jahr lang trägt und kaum jemand seine Kleidung repariert. Die Hälfte der Deutschen hat noch nie etwas zum Schneider gebracht. Und mehr als die Hälfte der 18- bis 29-Jährigen war noch nie bei einem Schuster. Unsere Einstellung zu Kleidung muss sich also ändern.

Meine Lösung

Wenn man sich ein bisschen mit den Problemen auseinandersetzt, die durch die Kleidungsindustrie verursacht werden, kommt man erst mal zu dem Schluss, dass man eigentlich gar nichts mehr kaufen darf. Das war dann auch mein erster Impuls bei dieser Challenge, die ich diesmal nicht nur einen Monat, sondern das ganze Buchprojekt über durchhalten wollte. Ich überlegte, mir einfach ein Jahr lang keine Klamotten mehr zu kaufen. Die Fülle an Dingen in meinem Kleiderschrank hätte das garantiert zugelassen. Dann dachte ich aber, dass das nur eine Übergangslösung sein kann, denn für immer werde ich das wohl kaum durchhalten. Es musste also eine dauerhafte Lösung her. Bei der Recherche stieß ich auf ein Zitat der Modedesignerin Vivienne Westwood: »Buy less, choose well, make it last.« Das klingt sinnvoll in meinen Ohren, denn ein großes Problem sind ja nicht nur die Materialien, sondern auch der übermäßige Konsum und die vielen Teile im Kleiderschrank, die man dann doch nicht anzieht. Ich beschloss also, zwei Dinge zu tun. Erstens wollte ich den Rat der Designerin beherzigen und nur noch ein Teil pro Monat kaufen. Damit meine ich Kleidung, Schuhe und Taschen. Unterwäsche und Strümpfe wollte ich erst mal von dieser Regel ausnehmen, aber natürlich auch hier meinen Konsum reduzieren. Und zweitens sollten die Dinge, die ich kaufe, möglichst umweltfreundlich, nachhaltig und fair produziert sein. Für mich war das eine große Herausforderung. Ich habe meinen Entschluss bei Instagram gepostet und darauf ganz unterschiedliche Reaktionen bekommen. Für viele war es völlig undenkbar, nur zwölf Teile im Jahr zu kaufen, andere fanden es überhaupt nicht schwer. Ich glaube allerdings, dass niemand seinen Konsum wirklich kennt. Man zählt ja nicht bei allem, was man sich kauft, mit. Ich bin mir sicher, dass es den meisten durchaus schwerfallen würde, ihren Konsum so einzuschränken. Ich kann euch an dieser Stelle schon mal sagen, dass es mich am Anfang richtig fertiggemacht hat.

Wie sollte ich mein Projekt angehen? Ich überlegte, wie viele Klamotten ich bisher gekauft hatte. Die Deutschen kaufen im Durchschnitt 40 bis 70 Teile im Jahr. Frauen mehr als Männer. Das schien mir im ersten Moment ziemlich viel, aber wenn man Socken, Unterwäsche, Strumpfhosen und Schuhe mitrechnet, komme ich wahrscheinlich auf eine ähnliche Menge. Bei mir kommt noch hinzu, dass ich im Fernsehen meine eigenen Klamotten trage. Daher habe ich mir oft gleich noch mehr Kleidung gekauft – manches, was ich hauptsächlich im Fernsehen trage, weil es im virtuellen Studio gut aussieht, und manches, was mir einfach privat gefällt. Außerdem muss ich zugeben, dass Mode für mich zeitweise fast so etwas wie ein Hobby war. Ich habe Modezeitschriften gelesen, bin Modebloggern bei Instagram gefolgt und habe versucht, mich möglichst modisch zu kleiden. Dabei habe ich eine Mischung aus teuren und günstigen Klamotten gekauft. Für Mäntel, Schuhe, Taschen und Winterpullis habe ich deutlich mehr ausgegeben, da ich die Sachen lange tragen wollte und daher auf die Qualität geachtet habe. Bei den anderen Sachen ging es mir eher darum, etwas Modisches zu finden, das nicht allzu teuer war. Diese Sachen gingen dann häufig sehr schnell kaputt.

Laut Soziologen ist Einkaufen mittlerweile für viele Menschen zum liebsten Zeitvertreib geworden. Sie begründen das damit, dass Familie, Vereine und Kirche an Bedeutung verloren haben und die Menschen neue »Hobbys« suchen, die ihnen Bestätigung und Identität geben. Viele finden diese Dinge im Konsum. So ähnlich war es auch bei mir. Ich arbeite extrem viel und habe keine Zeit, zum Beispiel in einem Verein zu bestimmten Terminen Sport zu machen. Wenn andere Menschen abends im Chor singen, moderiere ich. Shoppen ist dank des Internets aber zu jeder Zeit möglich und so lag ich manchmal nachts, wenn ich nicht schlafen konnte, im Bett und bestellte über das Internet Klamotten. Dank PayPal ist es mittlerweile ja unfassbar einfach, Geld auszugeben. Und man bekommt auch noch Lob dafür. Denn wenn man bei Social Media sein neues Outfit postet, kann man immer mit Likes und lobenden Kommentaren rechnen. Es war also ganz klar – ich musste raus aus dieser Kaufmaschinerie.

Glücklicherweise hatte ich kurz vor dem Start dieses Buchprojekts auch noch ein Schlüsselerlebnis. Ich stand bei Zara und es war Sale. Ich durchforstete den Laden, in dem es aussah als hätte eine Bombe eingeschlagen. Ein Teil der Kleidung hing zusammengequetscht an den Stangen. Ein anderer, genauso großer Teil lag einfach auf dem Boden. Ich guckte von einer Treppe aus nach unten und sah, wie Frauen mit ihren

Schuhen einfach auf den Klamotten herumtrampelten. Ich war erschüttert, denn mir wurde bewusst, dass diese Sachen für sie keinerlei Wert hatten. Niemand kümmerte sich darum, sie wieder aufzuhängen, weder die Mitarbeiter noch die Kunden. Ich fragte mich, was wohl mit all den Sachen passiert, die niemand kauft. Ich beschloss, das später zu recherchieren, kaufte mir aber erst mal zwei lange Kleider für jeweils 19 Euro. Zu Hause angekommen stellte ich fest, dass eines der Kleider zwei Löcher hatte. Ich musste es also zum Schneider bringen, was den Preis des Kleides um 10 Euro erhöhte. Zwei Löcher zunähen lassen, kostet also die Hälfte eines ganzen Kleides. Dann versuchte ich herauszufinden, was mit unverkaufter Ware geschieht, und landete schnell bei Reportagen eines dänischen Fernsehsenders und des ZDF-Formats Frontal 21. Demnach werden große Teile der Kollektionen einfach verbrannt. Darauf angesprochen, geben die Unternehmen an, sie würden nur Kleidung verbrennen, die mit Wasser in Kontakt gekommen sei oder zu viele Schadstoffe enthalte. Doch selbst, wenn das stimmt, ist das natürlich trotzdem ein absoluter Umwelt-GAU, schließlich wurden die Sachen mit viel Energieaufwand produziert, nur um verbrannt zu werden, wobei auch noch eine große Menge von CO_2 entsteht. Ein anderer Teil der Kleider wird in Länder gespendet, in denen die Marke keine Filialen hat. So wird verhindert, dass der Wert der Produkte sinkt. Denn wenn bekannt würde, dass eine Marke ihre Kleidung in einem Land verschenkt, in dem andere dafür zahlen, würden die Zahler sich das nächste Mal natürlich zweimal überlegen, für diese Klamotten Geld auszugeben. Besonders krass ist dieses System bei Luxusmarken. 2018 wurde bekannt, dass Burberry im vergangenen Geschäftsjahr Luxuskleidung und Taschen im Wert von 32 Millionen Euro vernichtet hat. Das rechtfertigte das Unternehmen mit der Begründung, auf diese Weise ein Überangebot und Produktfälschungen verhindern zu wollen. Heißt: Wenn mehr Burberry-Produkte auf dem Markt sind, als Nachfrage danach besteht, sinkt ihr Wert. Also haben sie sie lieber verbrannt. Unfassbar, wenn man bedenkt, dass es Menschen auf der Welt gibt, die nichts zu essen und kaum etwas anzuziehen haben. Nachdem diese skandalöse Geschäftspraktik bekannt wurde, ruderte Burberry zurück und erklärte, zukünftig unverkaufte Ware weiter zu verwerten, zu spenden oder zu recyceln. Tragisch, dass so etwas erst beschlossen wird, wenn der Verbraucher davon erfährt. Leider weiß man nicht, welche anderen Marken ihre überschüssigen Produkte weiterhin auf diese Weise entsorgen. Denn grundsätzlich ist ein solches Vorgehen nicht verboten. Jeder kann mit seiner Ware machen, was er möchte. Ein Grund mehr für mich, in Zukunft nicht mehr bei diesem absurden Modezirkus mitzumachen.

Als Erstes bestellte ich alle Newsletter von Modemarken ab, um erst gar nicht in Versuchung zu kommen, auf deren Homepage zu schauen. Als Zweites durchforstete ich mein Instagram und deabonnierte alle Menschen und Marken, die mich zum Kaufen animieren. Außerdem hörte ich auf, zum Zeitvertreib in die Stadt oder ins Einkaufszentrum zu gehen. Ich muss zugeben, dass die ersten Wochen für mich extrem hart waren. Wenn ich nach der Arbeit noch Zeit hatte, überkam mich häufig die Lust, doch noch mal kurz in der Innenstadt vorbeizuschauen. Ich stellte mit Erschrecken fest, dass Kaufen für mich eine Art Belohnung war. Auch zu Hause musste ich mich die ersten Wochen durchaus zusammenreißen, um nichts online zu shoppen. Leider erwischte ich mich nach etwa drei oder vier Wochen dabei, wie ich unzählige Dinge für meinen Hund kaufte. Ich ersetzte mein eigenes Shoppingerlebnis durch das meines Hundes. Leinen! Halsbänder! Nachdem ich das bemerkt hatte, stellte ich auch das übermäßige Einkaufen für meinen Hund ein.

Als der erste Monat vorbei war, wollte ich mein erstes Kleidungsstück kaufen. Also informierte ich mich über alternative Stoffe. Ich hoffte, etwas zu finden, das man ohne schlechtes Gewissen kaufen kann, und stieß auf Bio-Baumwolle. Bei ihrem Anbau dürfen keine Pestizide verwendet werden. Das ist gut für die Umwelt und für die Menschen, die die Baumwolle anbauen, weil sie dann keine schädlichen Pestizide einatmen müssen. Außerdem wird die Bio-Baumwolle im Wechsel mit anderen Pflanzen angebaut. Das schont den Boden. Allerdings verbraucht auch der Anbau von Bio-Baumwolle viel Wasser. Wer ein T-Shirt aus Bio-Baumwolle kauft, hat auch nicht unbedingt ein Bio-T-Shirt gekauft. Das liegt daran, dass das Label »Bio-Baumwolle« nur etwas über den Anbau der Baumwolle aussagt, aber nichts darüber, wie die Baumwolle verarbeitet wurde. Sprich: Das T-Shirt kann zum Beispiel trotzdem mit giftigen Farben gefärbt worden sein. Deshalb muss man auch hier wieder auf Siegel vertrauen.

Da gibt es zum einen das »GOTS-Siegel«. Es gewährt eine nachhaltige Herstellung von Textilien und zwar von der Gewinnung der Biofasern bis zur umwelt- und sozialverantwortlichen Fertigung. Dann gibt es das Siegel »Naturtextil IVN zertifiziert Best«. Der IVN – der Internationale Verband der Naturtextilwirtschaft – ist ein Zusammenschluss von über 100 Unternehmen aus allen Bereichen der Leder- und Textilwirtschaft, die gemeinsam für ökologisches und sozialverantwortliches Handeln in der Wirtschaft eintreten. Mit diesen beiden Labels bist du auf der sicheren Seite. Ein Siegel, das etwas in der Kritik steht, ist das der Fair Wear Foundation. Sie setzt sich für bessere Arbeitsbedingungen für die Arbeiterinnen und Arbeiter in der Textilindustrie ein. Die Mitglieder der Stiftung verpflichten sich allerdings nur dazu, auf die Umsetzung der Fair-Wear-Standards hinzuarbeiten. Das Siegel sagt also nichts darüber aus, inwieweit sie diese Standards schon umsetzen. Das kann man aber genau auf der Internetseite der Fair Wear Foundation nachlesen. Ein sehr weitverbreitetes Siegel ist das »Standard 100 by OEKO-TEX-Siegel«.

Der Name ist irreführend, da man wegen des Begriffes Oeko denken könnte, das Produkt sei ökologisch hergestellt. Ist es aber unter Umständen gar nicht. Denn das Siegel garantiert nur, dass in dem Endprodukt keine Schadstoffrückstände enthalten sind. Es sagt nichts über die Herstellung aus, bei der durchaus Pestizide zum Einsatz gekommen sein können. Ein Siegel, das sehr umfangreich prüft, ist das »Made in Green-Siegel«. Es hat seine Standards erhöht und zählt deshalb nun laut Greenpeace zu den strengsten Siegeln am Markt. Es gewährleistet, dass die Fabriken, in denen die Stoffe produziert werden, keine Chemikalien einsetzen und Umwelt- und Qualitätsmanagement betreiben. Auch für Arbeitssicherheit muss gesorgt sein.

Jetzt wusste ich also schon mal, auf welche Siegel ich achten konnte und dass Bio-Baumwolle eine gute Alternative ist. Polyesterkleidung versuche ich ja schon seit der Mikroplastik-Challenge zu vermeiden, aber auch Umweltschützer sind sich einig, dass es ganz ohne synthetische Stoffe nicht gehen wird. Denn allein durch Bio-Baumwolle und andere natürliche Fasern lässt sich der weltweite Bedarf nicht decken. Ich machte mich auf die Suche und stieß bei vielen Herstellern von umweltfreundlicher Kleidung auf neue Fasern, von denen ich bisher noch nie gehört hatte, wie zum Beispiel Modal, das meist aus Buchenholz gewonnen wird, oder Lyocell, das aus Eukalyptus- oder auch Buchenholz besteht. Beide gelten, obwohl sie aus natürlichen Materialien sind, als Chemiefasern, weil das Holz chemisch zu Zellulosebrei verarbeitet wird. Zwar sind auch dafür Anbauflächen nötig, aber weniger als für Baumwolle. Flachs, Hanf, Bananenpflanzen, Soja und Bambus eignen sich ebenfalls für den Zellulosebrei. Bei der Herstellung von Modal ist die Firma Lenzing aus Österreich laut vielen Naturtextilherstellern die beste Wahl. Sie bezieht ihr Holz aus nachweislich nachhaltig bewirtschafteten Buchenwäldern in Österreich, die nicht künstlich bewässert werden müssen, und produziert die Faser an ein- und demselben Standort. Die chemischen Prozesse bei der Herstellung von Modal laufen grundsätzlich in einem geschlossenen Kreislauf ab mit einer Rückgewinnungsrate von 95 Prozent. Dies gilt als sehr guter Wert, weshalb das Material mittlerweile von vielen Produzenten von umweltfreundlicher Kleidung verwendet wird.

Apropos umweltfreundliche Kleidung. Ich hatte nach einem Monat Shoppingabstinenz große Lust, mal wieder shoppen zu gehen, und wollte die umweltfreundlichste Alternative zum Kaufen neuer Klamotten probieren: Secondhandkleidung zu kaufen. Die wurde ja eh schon hergestellt und sucht nun quasi – anstatt weggeworfen zu werden – nach einem neuen Besitzer. Aus ökologischer Sicht ist das eine wirklich tolle Sache. Ich kannte schon einige Secondhandläden, da ich dort in den vergangenen Jahren immer mal wieder Kleidung hingebracht hatte, die ich nicht mehr tragen wollte. Umgeguckt hatte ich mich aber nie. Häufig schreckte mich schon der muffige Geruch in den Läden ab. Jetzt wollte ich den Secondhandläden eine zweite Chance geben und besuchte insgesamt drei Stück in Frankfurt. Ich ging mit dem festen Entschluss hin, etwas zu kaufen. Der erste Laden war – typisch für Frankfurt – mit Business-Klamotten bestückt. So was brauche ich eigentlich kaum. Trotzdem fand ich eine wunderschöne Bluse. Sie war wie neu und von einer bekannten, ziemlich teuren Marke. Im zweiten Secondhandladen hatte ich weniger Glück. Zwar fand ich auch hier einen Rock, der mir super gefiel, allerdings war er unfassbar teuer. Die Marke des Rockes sagte mir gar nichts, trotzdem kostete er 100 Euro. Ich fragte die Verkäuferin, wie sich der Preis zusammensetzt, und sie antwortete mir etwas angesäuert, dass ja sowohl die Besitzerin des Rockes als auch der Laden etwas an dem Rock verdienen müssten. Vom Verkaufspreis bekäme die Verkäuferin 40 Prozent und der Laden 60 Prozent. Ich rechnete das bei dem Rock einmal durch. Er hatte ursprünglich wahrscheinlich 200 Euro gekostet. Nun kostete er, obwohl er aussah wie neu, 50 Prozent weniger. Die Besitzerin des Rockes bekam für ihren 200-Euro-Rock also nur noch 40 Euro, der Laden, der natürlich Miete und Mitarbeiter bezahlen muss, 60 Euro. Die Rechnung leuchtete mir ein, allerdings glaube ich, dass Secondhand unter diesen Bedingungen kaum funktionieren kann. Schließlich sind im Sale auch viele nagelneue Sachen um 50 Prozent reduziert. Abgesehen davon, dass es bei billigen Herstellern einen neuen Rock schon ab 19 Euro zu kaufen gibt. Warum sollte ich also in einen Secondhandladen gehen, wenn die Sachen dort gar nicht deutlich günstiger sind? Im dritten Laden wurde ich dann noch mal fündig, obwohl für meinen Geschmack auch dieses Teil viel zu teuer war. Ich entdeckte ein Kleid von einer meiner Lieblingsmarken, einer Berliner Designerin, von der ich schon einige Stücke besitze. Es gefiel mir richtig gut und ich wusste, dass ich es lange tragen würde. Also gab ich ganze 100 Euro für ein gebrauchtes Kleid aus. In der Umkleidekabine kam ich mit einer Frau ins Gespräch, die offensichtlich häufiger hier einkaufte. Sie erzählte mir, dass Secondhand für sie eine Art Lebenseinstellung sei. Ihr ginge es nicht unbedingt um den Preis, sondern eher um das Gefühl, etwas Gutes zu tun und dabei noch ein wenig Geld zu sparen. Ich halte Secondhandläden durchaus für eine gute, unterstützenswerte Sache. Aus wirtschaftlicher Sicht lohnen sie sich allerdings nicht so richtig. Aber es gibt ja noch andere Möglichkeiten, um gebrauchte Kleidung zu kaufen.

Nachdem ich meine ersten beiden Monatskäufe mit der Bluse und dem Kleid schon erledigt hatte, musste ich bis zum dritten Monat warten, um einen Mädchenflohmarkt zu besuchen. Dieser wird, wie der Name schon sagt, hauptsächlich von jungen Frauen besucht und es werden modische Kleidungsstücke verkauft. Die Chance, dort etwas zu finden, ist also höher als bei einem normalen Flohmarkt, auf dem es auch Möbel, Krimskrams, Männer- und Kindersachen gibt. Bei so einem Mädchenflohmarkt hatte ich schon mal selbst Kleidung verkauft, war aber noch nie als Besucherin dort gewesen. Ich war überwältigt von den vielen gut erhaltenen Markenklamotten, die die etwa 50 Mädels mitgebracht hatten. Lustigerweise wurde ich dann ausgerechnet am Stand einer entfernten Bekannten fündig. Ihr Ex-Freund hatte ihr eine Wollmütze von Eintracht Frankfurt geschenkt, die sie nie angezogen hatte, da sie im Gegensatz zu mir kein Fan ist. Sie bot mir die Mütze für unglaubliche zwei Euro an und ich schlug superglücklich zu. Seitdem trage ich sie immer im Stadion. Von einer Freundin bekam ich dann auch noch den Tipp, mir die Website Kleiderkreisel anzugucken. Hier können Privatpersonen ihre gebrauchte Kleidung tauschen oder verkaufen. Der Vorteil: Die Preise sind deutlich niedriger als bei anderen, vergleichbaren Seiten, da die Besitzer der Kleidung die Sachen direkt anbieten, also kein Zwischenhändler mitverdient. Allerdings wird der Kleiderkreisel hauptsächlich von Jugendlichen und jungen Studenten genutzt und ich finde, das merkt man dem Angebot auch an. Für mich war da jedenfalls nichts dabei. Glücklicherweise – denn ich musste sowieso bis zum nächsten Monat warten, um mein viertes Teil zu kaufen.

Das war der Monat, in dem ich mit meinem Freund im Urlaub war. In unserem Ferienort gab es ein Outlet-Center, in dem viele Luxusmarken ihre Produkte stark reduziert anboten. Ich gebe zu, dass das keine besonders umweltfreundliche Art des Einkaufens ist. Man könnte es sich damit schönreden, dass die Sachen ja eh schon produziert sind und man sie nur vor dem Verbrennungstod rettet. Allerdings sind die meisten Luxusmarken nicht dafür bekannt, auf umweltfreundliche Stoffe und gute Arbeitsbedingungen zu achten. Trotzdem freute ich mich unfassbar auf dieses Shoppingerlebnis. Ich hatte mir mein Kleidungsstück für diesen Monat extra bis zuletzt aufgespart. Ich stöberte also durch die Läden und es passierte das Unfassbare: Ich wollte nichts haben. Zwar gefielen mir etliche Taschen ganz gut und ich probierte einen wunderschönen pinken Mantel an, aber trotzdem fehlte irgendwie dieses »Haben-wollen-Gefühl«. Mein Freund war völlig verdutzt und meinte, ich solle mir doch etwas gönnen. Aber offensichtlich hatte sich inzwischen meine Einstellung verändert. Ich überlegte, ob ich irgendwas davon wirklich brauchte, und stellte fest, dass ich das alles schon in einer anderen Form oder Farbe hatte. Wir verließen den Laden also ohne Beute. Zurück im Hotel wurden wir von den anderen Gästen gefragt, ob wir doch nicht im Outlet gewesen seien, schließlich hätten wir keine Tüten dabei. Also berichtete ich ihnen von meinem Buchprojekt und meiner neuen Art einzukaufen. Ich erntete erst viel Lob und dann passierte das, was meistens passiert, wenn ich jemandem davon erzähle: Sie rechtfertigen sich, ohne dass ich sie in irgendeiner Weise angegriffen hatte, für ihr eigenes Verhalten. Dabei gab es vor allem zwei unterschiedliche Argumente. Die einen behaupteten, dass sie ja sowieso total wenig kaufen würden. Wenn man dann allerdings genauer nachfragte, stellte sich heraus, dass es gar nicht so wenig war. Die anderen erklärten, dass sie für jedes Teil, das sie sich kauften, ein anderes aussortierten. Je nachdem, wie streitlustig ich mich gerade fühle, frage ich in einem solchen Fall nach, was daran denn so positiv sei. Hier entsteht dann oft eine kurze Pause, denn außer dem Nutzen, dass der Kleiderschrank nicht überquillt, gibt es keinen.

Ich merkte also, wie meine Lust zu shoppen immer geringer wurde. Außerdem realisierte ich, dass ich eigentlich gar nichts brauchte. Ich hatte für jeden Anlass etwas anzuziehen und das Einzige, was dafürsprach, etwas zu kaufen, war der Drang nach etwas Neuem und danach, immer die aktuelle

Mode zu tragen. Allerdings hatte ich in dieser Hinsicht in den vergangenen Jahren auch schon eine ernüchternde Erfahrung gemacht. Ich hatte mir nämlich lange eine Tasche einer bestimmten teuren Marke gewünscht. Als ich nach meinem ersten Moderationsjob zum ersten Mal einen ordentlichen Betrag auf meinem Konto hatte, gönnte ich sie mir endlich. Das Glück war groß. Ich benutze die Tasche auch heute, sieben Jahre später, noch regelmäßig und man sieht ihr das Alter überhaupt nicht an. Eine sehr gute Investition also. Eigentlich dachte ich danach, mein Verlangen nach Taschen dieser Marke müsse nun gestillt sein. Doch das Gegenteil war der Fall. Nach etwa einem Jahr träumte ich von der nächsten Tasche und mein Freund, der mir einfach gerne eine Freude macht, kaufte sie mir. Auch mit dieser Tasche bin ich immer noch glücklich. Trotzdem verblasste auch hier die anfängliche Begeisterung bald und der Wunsch nach etwas Neuem war schnell zurück. Den gleichen Effekt kann man übrigens bei reichen Menschen beobachten. Die müssten ja eigentlich mit dem vielen Geld, das sie haben, glücklich sein. Schaut man sich aber mal an, wie die Stars so leben, oder unterhält man sich mit wohlhabenden Menschen in seinem Bekanntenkreis, stellt man fest: Auch sie wollen immer mehr. Sie vergleichen sich mit noch reicheren Leuten und haben auf einmal zwei statt nur einem Auto, obwohl man ja definitiv immer nur eins fahren kann. Am besten ist es also, man gerät erst gar nicht in diese Spirale, in der einem nichts genug ist.

Einen kurzen Rückfall hatte ich jedoch beinahe. Ich sah auf Instagram eine Kollegin mit Overknee-Stiefeln, die in diesem Herbst furchtbar angesagt waren. Auf einmal verspürte ich das dringende Bedürfnis, auch welche zu besitzen, und, schwups, hatte ich zwei zur Auswahl im Warenkorb. Ich atmete zweimal tief durch und überlegte. Ich ging alle meine eigenen Argumente gegen das ständige Kaufen neuer Klamotten im Kopf noch mal durch, guckte noch mal, aus welchen Materialien die Schuhe waren (hauptsächlich Polyester), und machte das Handy aus. Ich blieb stark und vermisse die Schuhe auch nicht.

Als es dann auf den Winter zuging, brauchte ich allerdings eine neue Jeans. Jeans sind wohl das umweltschädlichste Kleidungsstück der Welt. Denn erst mal braucht man dafür Baumwolle die, wie wir schon wissen, jede Menge Probleme mit sich bringt. Bei Jeans kommen aber noch einige weitere dazu, denn damit sie wie richtig coole ausgewaschene, bereits getragene Stücke aussehen, werden sie erst mal blau gefärbt und mit Chemikalien behandelt. Diese müssen in mehreren Waschgängen wieder herausgewaschen werden. Das verunreinigte, zum Teil sogar giftige Wasser wird in vielen Produktionsländern direkt in die Flüsse geleitet, da es dort keine Kläranlagen gibt. Der Großteil der Jeans wird in China in der Stadt Xintang gefertigt, die als Denim-Metropole gilt. Egal von welcher Marke eure Jeans sind, die Wahrscheinlichkeit, dass sie aus Xintang kommt, ist sehr hoch. 260 bis 300 Millionen Jeans – die Angaben schwanken – werden pro Jahr dort hergestellt. Die Menschen, die in den Färbereien arbeiten, erkennt man an ihren blauen Händen und Unterarmen. Die Farbe lässt sich nämlich nicht mehr abwaschen. Auch der Fluss, der durch die Stadt führt, ist regelmäßig denimblau gefärbt. So geraten Chemikalien in die Umwelt. Wer in Xintang keine blauen Arme hat, hat dafür womöglich eine Staublunge. Denn damit die Jeans möglichst »used«, also gebraucht, aussehen, bestrahlen die Mitarbeiter sie mit Sandkörnern, die so fein sind, dass sie sogar durch Gesichtsmasken eingeatmet werden und sich in der Lunge ablagern. Das kann langfristig zur Krankheit Staublunge führen, die nicht heilbar ist. In der Türkei ist diese Methode seit 2009 verboten, in China allerdings nicht.

Ich begab mich im Internet auf die Suche nach einer fair hergestellten, umweltfreundlichen Jeans und war überrascht über die Fülle an Angeboten. Es gibt mittlerweile sehr viele Marken, die genau darauf achten, wo und unter welchen Bedingungen ihre Kleidung hergestellt wird. Die meisten machen das auf ihrer Website transparent. Das heißt, man kann genau nachvollziehen, wo die (Bio-)Baumwolle herkommt, wo die Jeans gefertigt werden und mit welchen Techniken. Interessanterweise werden die fair hergestellten Jeans, die ich gefunden habe, alle nicht in China produziert, sondern zum Beispiel in Tunesien oder der Türkei. Ich entschied mich für eine Skinny Jeans in Dunkelblau von einer Marke, bei der man die Jeans nicht nur kaufen, sondern auch leasen kann. Dafür zahlt man einmalig 29 Euro Grundgebühr und kann dann bis zu drei Jeans pro Jahr leasen. Das kostet pro Jeans 7,50 Euro im Monat. Insgesamt kostet die Hose dann also 119 Euro. Least man eine zweite Hose, kostet die nur noch 90 Euro. Vom Preis her fand ich das vollkommen in Ordnung. Natürlich ist er nicht mit dem einer Discounter-Jeans vergleichbar, aber dafür kann man sich sicher sein, etwas Gutes gekauft zu haben. Und eine Markenjeans, die womöglich ebenfalls in China unter menschenverachtenden und umweltschädlichen Bedingungen hergestellt wurde, kostet auch gerne mal 150 Euro. Ich war also zufrieden. Trotzdem fragte ich mich natürlich erst mal, was der Sinn des Leasings war. Die Idee dahinter ist die Folgende: Wie ich ja am Anfang des Kapitels schon erwähnt habe, liegen viele unserer Kleidungsstücke einfach ungenutzt im Schrank oder werden in den Altkleidercontainer oder einfach auf den Müll geworfen. Das soll durch das Leasen verhindert werden. Denn am Ende des Jahres hat man entweder die Möglichkeit, die Jeans zu behalten und keinen Monatsbeitrag mehr zu zahlen, oder sie zurückzuschicken. Wählt man die zweite Möglichkeit, kann man sich eine neue Hose aussuchen und zahlt dafür weiter 7,50 Euro im Monat. Weil die Grundgebühr entfällt, sinkt der Preis der zweiten neuen Hose also auf 90 Euro. Dadurch vergammeln keine ungetragenen Hosen zu Hause im Schrank, sondern werden – je nach Gebrauchsspuren – entweder gebraucht weiterverkauft oder zu Fabriken in Spanien oder Italien geschickt. Dort werden sie geschreddert und mit neuer biologischer Baumwolle gemischt, um daraus ein Garn für neue Produkte zu gewinnen. Ich fand die Idee grandios. Außerdem bietet die Jeansfirma einen kostenlosen Reparaturservice an. Geht die Hose innerhalb des ersten Jahres kaputt, kann man sie kostenlos reparieren lassen. Obwohl es technisch schwierig ist, versucht die Firma, den Anteil an recycelten Materialien in den Hosen stetig zu erhöhen, um immer weniger Bio-Baumwolle benutzen zu müssen.

Jetzt musste die online gekaufte Jeans nur noch passen. Auf der Website wurde mir empfohlen, meine Lieblingsjeans an bestimmten Stellen auszumessen und mit den Maßen der Jeans, die ich kaufen wollte, zu vergleichen. Ich fand so schnell die – hoffentlich – passende Größe und war extrem gespannt auf meine neue Jeans. Außerdem war ich auf die Verpackung gespannt, denn ich fragte mich, wie umweltfreundlich Onlineshopping eigentlich ist. Unter normalen Umständen wäre ich für einen Jeanskauf in die Stadt gefahren, was je nach Transportmittel viel oder wenig CO_2 in die Luft geblasen hätte. So wurde nun extra ein Paket für mich von den Niederlanden nach Deutschland geschickt. Doch auch wenn ich die Jeans in einem Laden gekauft hätte, hätte sie natürlich erst mal irgendwie dorthin kommen müssen. Allerdings wäre sie dann mit mehreren anderen Jeans – leider alle einzeln in Plastiktüten verpackt – in einem größeren Paket geliefert worden, was weniger CO_2 produziert hätte. Onlineshopping ist also, je nachdem mit was man es vergleicht und wie man sonst zum Einkaufen fährt, etwas umweltschädlicher. Wenn ihr es möglichst umweltfreundlich gestalten wollt, dann achtet darauf, nichts zu bestellen, von dem ihr schon im Vorfeld wisst, dass ihr einen Teil davon zurückschicken werdet. Nehmt also nicht Schuhe in Größe 39 und zusätzlich welche in 39,5, sondern überlegt vorher genau, messt eure Füße aus und fragt gegebenenfalls beim Hersteller nach, wie der Schuh ausfällt. So vermeidet ihr eine Rücksendung. Bestellt lieber mehrere Sachen auf einmal, anstatt jeden Tag etwas einzeln zu bestellen. Das spart Fahrten und Verpackungsmaterial. Wählt den Standardversand und nicht den Expressversand. Bei diesem wird oft eine zusätzliche Autofahrt fällig, beim Standardversand wartet der Anbieter dagegen, bis das Auto voller ist, um zu euch zu fahren. Und dann kommt es natürlich noch darauf an, wie der Onlineshop die Sachen verpackt. Shops, die umweltfreundliche Kleidung verkaufen, achten oft auch auf ihre Verpackungen. Sie benutzen gebrauchte Kartons einfach mehrmals, verwenden recyceltes Papier für ihre Adressschilder und schicken die Rechnung per Mail, statt sie in die Sendung zu legen. Außerdem stecken sie die Kleidung nicht in Plastiktüten, sondern legen sie einfach unverpackt ins Paket.

Bei meiner geleasten Jeans lernte ich eine neue Art der Verpackung kennen. Die Jeans kam in einem sogenannten Re-Pack, der aussah wie ein großer gelber Umschlag und aus recyceltem Plastik bestand. Er wirkte schon relativ abgenutzt. Den RePack verwendet man entweder für seine Rücksendung. Dann bekommt ihn der Onlinehändler zurück und kann ihn für den nächsten Kunden benutzen. Oder man steckt ihn – wenn man die Kleidung behalten möchte – einfach zusammengefaltet in den nächsten Briefkasten und schickt ihn an den Hersteller zurück. Der sitzt allerdings in Finnland und die Verpackung wird mit dem Flugzeug zu ihm transportiert. Daher bin ich mir nicht ganz sicher, ob das wirklich so sinnvoll ist. Laut RePack werden durch diese neuartige Art der Verpackung 80 Prozent CO_2-Emissionen eingespart. Grundsätzlich finde ich die Idee toll. Wenn man das mal größer denkt und sich vorstellt, dass ganz viele Onlineshops das RePack-

System verwenden, dann könnte man den Umschlag auch einfach behalten und in die nächste Rücksendung legen. Oder zumindest mehrere leere RePacks auf einmal zurücksenden. Damit der Verbraucher den Umschlag auch wirklich zurücksendet und ihn nicht einfach in den Müll wirft, bekommt er per Mail einen 10-Prozent-Gutschein für seinen nächsten Online-Einkauf bei einem RePack-Nutzer, sobald der leere Umschlag wieder beim Hersteller eingetroffen ist.

Und jetzt natürlich die große Frage: Wie war die Jeans? Ich fand sie perfekt! Durch das vorherige Ausmessen hatte ich genau die richtige Größe ausgesucht. Außerdem waren die Passformen auf der Homepage so gut beschrieben, dass ich mich auch für das richtige Modell entschieden hatte. Es war eng geschnitten und hatte einen etwas höheren Bund. Bemerkenswert fand ich auch, dass extra kein Leder- bzw. Kunstlederpatch oben am Bund verwendet worden war. Stattdessen war die Marke aufgedruckt. Wenn man bedenkt, wie viele Hosen man bei einem normalen Jeanskauf anprobiert, bis man eine passende gefunden hat, war ich restlos begeistert.

Bei meiner Suche nach coolen umweltfreundlichen Jeans entdeckte ich sehr viele tolle Marken, die wunderschöne, stylische und gleichzeitig umweltfreundliche und nachhaltige Mode herstellen. Ich fand aber auch heraus, dass es Marken gibt, die ihre Ökosiegel gar nicht offen kommunizieren. Sie haben sie zwar und produzieren fair und umweltfreundlich, hängen das aber mit Absicht nicht an die große Glocke. Der Grund dafür ist absurd, vielleicht aber auch nachvollziehbar: Ökokleidung hat bei vielen Menschen keinen besonders guten Ruf. Viele verbinden damit hässliche, unförmige Hanfkleidung, aber keine stylischen Produkte. Das brachte mich auf eine Idee. Eine gute Bekannte von mir ist Modefotografin. Ich fragte sie, ob sie Lust auf ein Modeshooting mit umweltfreundlicher Kleidung hätte. Sie war sofort begeistert, genau wie eine Make-up-Artistin, die ich von der Arbeit kenne. Also planten wir eine Fotostrecke, die zeigen sollte, dass umweltfreundliche Mode auch stylisch sein kann. Ich suchte weiter im Internet nach toller Ökomode und schrieb die Firmen an, ob sie mir Kleidung leihen würden. Sechs von zehn Firmen waren gleich dabei und so bekam ich sechs große Pakete mit Klamotten geschickt. Die waren übrigens alle auf umweltfreundliche Art verpackt. Alle Versender hatten alte Kartons benutzt, die aussahen, als wären sie schon einmal um die ganze Welt gereist. Keine einzige Marke hatte die Kleidungsstücke in Plastik eingewickelt. Als Füllmenge wurde entweder gar nichts verwendet, weil das Paket extra in einer Größe gewählt worden war, die das nicht nötig machte. Oder es wurden alte Zeitungspapiere benutzt. Auch von den Klamotten war ich richtig begeistert. Sie bestanden entweder aus Lyocell, Modal oder Bio-Baumwolle. Keine der Marken hatte tierische Produkte verarbeitet. Und auch die Schnitte waren modern und sahen toll aus. Ich hatte zum Beispiel einen roségoldenen Rucksack, rote Samt-Boots, die in Portugal gefertigt worden waren, einen Overall mit Libellenprint und eine Daunenjacke ohne Daunen. Stattdessen war sie zu 100 Prozent aus recycelten Fischernetzen hergestellt und mit recyceltem Polyester gefüttert. Ich war überglücklich, denn ich merkte, dass umweltfreundliche Kleidung richtig cool sein kann. Eine der Marken wird wohl meine neue Lieblingsmarke werden. Von ihr bekam ich die Musterstücke der kommenden Sommerkollektion. Ich probierte die Sachen an und jedes einzelne Teil passte perfekt und gefiel mir so gut, dass ich am liebsten alles behalten hätte. Leider musste ich die Sachen aber nach dem Fotoshooting zurückschicken und kaufen kann ich sie erst nächstes Frühjahr. Dann werde ich allerdings zuschlagen, was bedeutet, dass ich einige Monate vorher nichts kaufen darf. Ich will das Projekt ja am liebsten für immer durchziehen und nicht nur für das eine Jahr. Das Ergebnis des Fotoshootings könnt ihr euch übrigens in den

Innenklappen dieses Buches anschauen. Ich bin gespannt, was ihr dazu sagt.

Das Besondere an den Marken, die ich ausgewählt habe, ist neben ihrem Bemühen um Umweltschutz und Nachhaltigkeit auch, dass sie alle genau wissen, wie und wo ihre Kleidung hergestellt wird. Was so selbstverständlich klingt, ist es leider nicht. Viele große Konzerne haben keine Ahnung, wo ihre Textilien herkommen. Das liegt daran, dass die Lieferkette nicht transparent ist beziehungsweise das Unternehmen gar nicht an diesem Wissen interessiert ist. Ein Beispiel ist der Textildiscounter KIK. Als im Jahr 2013 eine Textilfabrik in Bangladesch einstürzte und mehr als 1100 Arbeiter dabei starben, gab KIK an, seit dem Jahr 2008 keine direkten Geschäftsbeziehungen mehr mit der Fabrik zu unterhalten. Die Betonung liegt hierbei auf dem Wort direkt. Denn in den Trümmern der Fabrik wurden massenhaft Textilien der KIK-Eigenmarke OK gefunden. KIK hatte zu der Zeit mehr als 200 Lieferanten, die Kleidung für den Discounter importierten. Diese arbeiteten mit Subunternehmen zusammen, die die Kleidung von anderen Firmen nähen ließen und die Rohstoffe von wieder anderen Firmen bezogen. So entstand ein Geflecht von unzähligen Firmen, über die man nur schwer den Überblick behalten konnte. Das soll keine Entschuldigung sein, denn als Großkonzern trägt man besondere Verantwortung und sollte meiner Meinung nach wissen, woher man seine Kleidung bezieht. Die kleinen Firmen, die ich ausgesucht habe, tun das. Sie besuchen die Fabriken, in denen gefertigt wird, regelmäßig und kennen die Umstände, unter denen die Produkte hergestellt werden. Auf den Websites kann man genau nachvollziehen, welche Fabrik was wo produziert. Sie alle haben meist mehrere Ökosiegel, die die Firmen auch kontrollieren.

Allerdings sind diese umweltfreundlichen Marken natürlich nicht billig. Sie sind im Preis mit mittelteurer normaler

Markenmode zu vergleichen. Nun muss ich zugeben, dass ich nicht im Durchschnitt liege. Ich verdiene als Moderatorin recht gut und kann es mir daher leisten, diese eher teuren Klamotten zu kaufen. Vor allem, seitdem ich meinen Konsum auf nur ein Teil pro Monat beschränkt habe. Denn ein Blick auf mein Konto sagte mir nach einigen Monaten, dass ich nicht nur fairer und umweltfreundlicher gelebt hatte, sondern auch kostengünstiger. Ich kaufte deutlich weniger und durch die Secondhand- und Flohmarktmode auch günstiger. Aber es gibt noch eine weitere Möglichkeit, sich mit coolen Klamotten einzudecken, die sogar gar nichts kostet – eine Klamottentauschparty. Ich war schon vor einigen Jahren per Zufall in eine hineingeraten. Eine Kollegin hatte vorgeschlagen, dass an einem Freitag einfach alle Mitarbeiterinnen, die Lust dazu haben, ihre ungetragene Kleidung mitbringen. Die häuften wir in unserem Büro zu mehreren kleinen Klamottenbergen auf und dann ging das große Suchen los. Ich war im Vorfeld sehr skeptisch gewesen, denn eigentlich fand ich, dass alle meine Kolleginnen einen unterschiedlichen Stil hatten. Ich dachte also nicht, dass viele fündig werden würden. Aber das Gegenteil war der Fall. Jede wühlte sich durch die Sachen der anderen Frauen und fand in den Bergen mindestens ein Teil, das ihr gefiel. Ich staubte einen Rock ab. Seitdem ist die Freude jedes Mal groß, wenn einem eine Kollegin mit einem Teil der anderen auf dem Flur entgegenkommt. Jetzt organisierte ich so eine Party also für meine Freundinnen. Alle hatten erst mal ihre Zweifel. Die eine meinte, sie sei doch so klein, die andere, sie sei doch so groß. Eine dritte hatte Angst, dass ihre Klamotten niemand haben wollen würde, weil sie einen ganz anderen Stil habe. Ich beruhigte alle, denn es gibt genug Teile, die großen und kleinen Frauen gleichermaßen stehen und die man ganz neu kombinieren kann, außerdem durfte man ja auch Schmuck, Taschen und andere Accessoires mitbringen. Damit niemand seine Sachen wieder mit nach Hause nehmen musste, vereinbarten wir, dass ich die übrig gebliebenen Klamotten in den Secondhandladen bringen und den Rest spenden würde. Auch die Einkünfte aus dem Secondhandverkauf wollte ich spenden. Bei mir angekommen musste jeder seine Klamotten aufteilen: alle Hosen auf den Sessel, alle Oberteile auf die Couch, alle Schuhe in den Flur, alle Taschen auf den Esstisch und so weiter. So entstehen mehrere Kleidungshaufen. Danach entscheidet das Los, wer sich als Erstes einen Berg aussuchen darf, wer als Zweites und so weiter. Wer keine Lust hat, Lose vorzubereiten, kann die Reihenfolge auch einfach nach dem Alter festlegen. Dadurch verhindert man, dass sich besonders forsche Freundinnen zuerst über die Sachen hermachen und schüchterne zu kurz kommen. Man kann auch ausmachen, dass jeder sich von jedem Berg erst mal nur ein Teil nehmen darf, damit für alle etwas übrig bleibt. Wenn nach der ersten Runde noch genug Kleidungsstücke da sind, kann man sich ein zweites Teil nehmen und so weiter. Natürlich wird es bei dieser Art des Kleidertauschs nie hundertprozentig gerecht zugehen. Wer mit genauso vielen Teilen im gleichen Wert nach Hause gehen möchte, wie er gekommen ist, ist bei einer Tauschparty falsch. Man muss sich im Vorhinein darüber klar sein, dass es darum geht, die eigenen Sachen unters Volk zu bringen. Also sollte man keine Kleidungsstücke mitnehmen, die man lieber in den Secondhandladen gebracht hätte oder an denen man noch furchtbar hängt. Das führt womöglich zu Streit. Bei uns lief aber alles gesittet ab. Ich sah in viele strahlende Gesichter und lustigerweise fanden genau die kleinen und großen Mädels besonders viele Klamotten. Keine Ahnung, wie das kam.

Am Ende blieben etwa 25 Teile übrig und ich versuchte zuerst, sie in einen Secondhandladen zu bringen. Für den war das meiste davon allerdings nicht hochwertig genug, da es keine Markenklamotten waren. Die Dame im Laden empfahl mir, die Sachen in einen Altkleidercontainer zu werfen. Das erschien mir aber vollkommen absurd, da sie noch sehr gut erhalten waren und ich schon öfter gelesen hatte, dass die Kleidung in einigen der Container gar nicht – wie außen draufsteht – Bedürftigen gegeben, sondern einfach weiterverkauft wird. Der Betreiber des Containers steckt das Geld dann einfach in die eigene Tasche. Ich recherchierte dazu und fand heraus, dass es extrem viele verschiedene Anbieter von Altkleidercontainern gibt und diese sehr unterschiedlich arbeiten. Leider kann ich euch deswegen gar nicht pauschal sagen, welche gut und welche schlecht sind, da es regional große Unterschiede gibt. Ihr könnt allerdings selbst recherchieren. Ich fand in meiner Stadt zum Beispiel einen Container vom Roten Kreuz. Das gab auf seiner Homepage an, fünf Prozent der Kleidung zu behalten, um sie im Katastrophenfall an Bedürftige ausgeben zu können. Den größeren Teil, meist beschädigte und nicht mehr tragbare Textilien, verkauft das Rote Kreuz an eine Verwertungsgesellschaft. Diese macht daraus zum Beispiel Fußmatten, Autositzbezüge oder Putzlappen. Mit dem auf diese Weise verdienten Geld finanziert das Rote Kreuz seine Arbeit. Andere Altkleidersammler verkaufen die gut erhaltene Secondhandkleidung weltweit in ärmere Länder.

Der Altkleidercontainer kam für unsere Sachen also nicht infrage, denn dass womöglich Putzlappen daraus gemacht werden, wollte ich vermeiden. Ich schaute die Klamotten noch mal durch und entschied mich, die besten davon für die nächste Tauschparty zu behalten. Den Rest gab ich an eine bedürftige Familie in der Nachbarschaft meiner Oma. Falls ihr niemand Bedürftigen kennt, dann könnt ihr eure Kleider auch gemeinnützigen Einrichtungen wie zum Beispiel Kleiderkammern der Kirche oder der Tafel spenden. Dort können sich ärmere Menschen dann wie in einem Laden Sachen aussuchen, die ihnen gefallen. Durch all diese Möglichkeiten macht ihr mit der Kleidung, die bisher in eurem Schrank im Winterschlaf lag, noch jemanden glücklich.

Zum Schluss dieses Kapitels muss ich euch noch von einem Tiefschlag berichten. Ich hatte im Verlauf dieses Jahres eine richtig grauenvolle Woche. Ich war gesundheitlich angeschlagen, hatte zusätzlich eine heftige Augenlidentzündung, die mit der Zeit immer nur schlimmer wurde, und dann bekam ich auch noch beruflich eine doofe Nachricht. Ich saß auf dem Sofa, war furchtbar unglücklich und wollte etwas tun, das mich schnell aufmuntern würde. Also rief ich meine beste Freundin an, erzählte ihr von meinem Unglück und schwups waren wir im nächsten Einkaufszentrum. Ich beschloss, mir trotz des Buchprojekts etwas Unsinniges zu kaufen. Zwar nur ein Teil, denn das hatte ich in dem Monat noch offen, aber ohne über die Folgen für die Umwelt nachzudenken. Ich wollte schnelles Glück. Ich fand ein wunderschönes grünes Oberteil einer deutschen Marke, die ich früher schon häufiger gekauft hatte. Zu Hause angekommen überkam mich ein schlechtes Gewissen. Ich checkte den eingenähten Schnipsel, auf dem stand, welche Materialien verwendet worden waren, und stellte fest, dass mein Oberteil aus Lyocell war. Außerdem war es in Portugal gefertigt worden. Ich checkte die Website der Marke und fand heraus, dass sie sich intensiv mit den Lieferketten und ihren Materialien auseinandersetzt. Es wurde zwar keine Bio-Baumwolle benutzt und es fehlten Siegel für Nachhaltigkeit, trotzdem war das für mich ein Zeichen, dass immer mehr Unternehmen ihre Verantwortung erkannt haben. Leider gibt es aber auch weiterhin noch genug Marken, die einfach nur versuchen, möglichst billig zu produzieren. Daher hoffe ich, euch inspiriert zu haben, weniger zu kaufen und bei dem, was ihr kauft, genauer hinzuschauen.

Fazit

Trotz des kleinen Ausrutschers habe ich mein Konsumverhalten nachhaltig verändert. Ich habe in dem Jahr nur zehn neue Teile gekauft – für mich eine kleine Revolution meines Fashion-Verhaltens. Ich habe festgestellt, dass der Drang, etwas Neues zu kaufen, abnimmt, wenn man ihm mal eine Zeit lang widersteht, und dass es viele alternative Möglichkeiten gibt, an »neue« Kleidung zu kommen. Secondhand-Shopping und Tauschpartys integriere ich mittlerweile mit Freude in meinen Alltag. Und: Ich habe trotz meines Shoppingverzichts immer wieder Lob für meine Outfits bekommen. Da ich keine neuen Teile hatte, musste ich die alten neu kombinieren oder Sachen ausgraben, die ich jahrelang nicht getragen hatte. Bemerkt hat das niemand. Nur ich an meinem steigenden Kontostand.

Das könnte die Politik tun

Eines der größten Probleme bei unserer Kleidung ist das Mikroplastik, das durchs Waschen von Polyestertextilien ins Abwasser und damit in die Meere gerät. Deswegen fordern Umweltverbände, dass Waschmaschinenhersteller verpflichtet werden, Filtersysteme zu entwickeln und serienmäßig einzubauen. Ein großer Schritt wären außerdem internationale Standards in der Kleidungsproduktion. Tierschutz, Umweltschutz und angemessene Arbeitsbedingungen für Arbeiterinnen und Arbeiter müssten sichergestellt werden. Das könnte erreicht werden, indem in der EU nur noch Textilien eingeführt werden dürfen, die bestimmte Mindeststandards erfüllen, und die Hersteller verpflichtet werden, ihre Lieferketten offenzulegen. Zudem müsste die Forschung zu alternativen umweltfreundlichen Materialien für Kleidung gefördert werden.

Meine Tipps für einen nachhaltigen Kleiderschrank

- Einfach weniger kaufen
- Kaputte Kleidung reparieren
- Neue Kleidung mit Umwelt- und Fair-Trade-Siegeln kaufen
- Umweltfreundliche Materialien bevorzugen
- Kleidung tauschen
- Secondhandkleidung kaufen
- Kleidung weniger und kälter waschen

Monat 5

Die Palmöl-Challenge

Wie vermeide ich den Stoff, der fast überall enthalten ist?

Das Problem

Ein Orang-Utan sitzt mit seinem Baby auf dem letzten noch verbliebenen Baum inmitten von Nichts. Alle Bäume um ihn herum wurden gefällt. Jetzt ist auch seiner dran. Ein Mann mit Kettensäge macht sich am Stamm zu schaffen. Vom Urwald bleibt nichts übrig – der Lebensraum des Orang-Utans ist komplett zerstört. Mit diesen Bildern machte die Umweltschutzorganisation Greenpeace im Jahr 2010 darauf aufmerksam, dass die Firma Nestlé für ihre Produkte, wie zum Beispiel KitKat, Palmöl verwendet, für dessen Produktion Regenwälder gerodet werden. Der Spot wurde Millionen Mal angeklickt. Mehr und mehr Menschen wissen mittlerweile um das Problem mit dem Palmöl. Trotzdem steckt es immer noch in jedem zweiten Produkt, das man im Supermarkt kaufen kann. Nur die wenigsten achten darauf, Produkte ohne Palmöl zu kaufen.

Palmöl ist für die Lebensmittelindustrie die perfekte Zutat. In Schokocremes wie Nutella sorgt es zum Beispiel dafür, dass der Aufstrich bei Raumtemperatur fest, aber geschmeidig bleibt und sich gut auf dem Brot verteilen lässt. Laut vieler Hersteller besitzt kein anderes Öl diese Eigenschaften und ist zugleich so günstig. Deswegen wird es in den meisten Süßigkeiten verwendet, aber auch in Waschmittel, Tiefkühlpizza und Kosmetik. Und mittlerweile hat es sogar den Weg in unser Auto gefunden. Grund dafür ist ein Gesetz der Europäischen Union, die sogenannte EU-Biokraftstoffquote. Danach müssen die Mineralölkonzerne dem Diesel sieben Prozent Bioanteile beimischen. Das könnten Rapsöl, Sojaöl oder Sonnenblumenöl sein – alles Öle aus Pflanzen, die hier in Deutschland angebaut werden können. Da Palmöl aber die günstigste Variante ist, steigt dessen Anteil im Diesel immer mehr an. Das Absurde daran ist, dass die Biokraftstoffquote eigentlich die Umwelt schonen sollte. Die Idee der EU-Politiker war, Dieselkraftstoff durch die Zugabe von Pflanzenöl umweltfreundlicher zu machen, denn je mehr Öl aus nachwachsendem Rohstoff zugefügt wird, desto weniger Rohöl – ein endliches Gut – muss verwendet werden. Der Schuss ging allerdings nach hinten los. Aus folgendem Grund: Palmölpflanzen wachsen am besten im tropischen Klima in der Nähe des Äquators. Um die Palmen massenhaft anbauen zu können, braucht es große Flächen. Also werden in den Anbaugebieten – hauptsächlich Länder in Südostasien wie Indonesien und Malaysia – seit Jahren große Waldgebiete gerodet. Das ist ein riesiges Problem für die Umwelt, denn Regenwälder stabilisieren das Erdklima, indem sie der Atmosphäre CO_2 entziehen und stattdessen Sauerstoff abgeben. Sie schlucken pro Jahr mehrere Milliarden Tonnen CO_2 und dämpfen dadurch den Klimawandel. Wird Regenwald abgeholzt, gelangen große Mengen CO_2, die vorher in den Wäldern gebunden waren, in die Atmosphäre. In Indonesien wurde mittlerweile so viel Urwald gerodet, dass das Land den drittgrößten CO_2-Ausstoß der Welt hat. Laut der Kreditanstalt für Wiederaufbau geht dort jedes Jahr eine Fläche an Regenwald verloren, die so groß ist wie das Bundesland Hessen. Häufig wird der Wald nicht einfach nur abgeholzt, sondern abgebrannt. Der Boden dort besteht zu großen Teilen aus torfhaltiger Erde, die für die landwirtschaftliche Nutzung trockengelegt werden muss. Bei der langsamen, schwelenden Verbrennung der Torfböden wird bis zu zehnmal mehr klimaschädliches Methangas frei als bei anderen Böden. Und Methan ist für das Klima noch gefährlicher als CO_2.

Doch die Rodung schadet nicht nur dem Klima, sondern auch den einheimischen Menschen und Tieren. Die Bevölkerung – Naturvölker, die schon immer in den Regenwäldern gelebt haben – wird einfach vertrieben, den Tieren wird ihr Lebensraum genommen. Laut der Roten Liste der Weltnaturschutzunion IUCN gilt sowohl der Borneo-Orang-Utan als auch der Sumatra-Orang-Utan als vom Aussterben bedroht. Von Letzterem gibt es laut IUCN nur noch 14 600 Exemplare. Noch schlechter steht es um den Sumatra-Tiger, dessen Restpopulation die IUCN auf etwa 370 Tiere schätzt. Tendenz abnehmend.

Zudem müssen die laut WWF fast zwei Millionen Tonnen Palmöl, die Deutschland jedes Jahr verbraucht, ja auch irgendwie hierhergebracht werden. Die Treibhausgase, die durch den Transport entstehen, muss man also bei der negativen Umweltbilanz des Palmöls mitberücksichtigen.

Die Regierungen in Indonesien und Malaysia interessiert diese Problematik herzlich wenig. Denn mit dem Verkauf des Palmöls verdienen die Länder viel Geld. Und es wird wahrscheinlich immer mehr werden, da in den vergangenen zehn Jahren die Nachfrage nach Palmöl kontinuierlich gestiegen ist. Bis 2030 will Indonesien seine Anbaufläche noch mal verdoppeln. Natürlich könnte man für den Anbau von Ölpalmen auch einfach Brachflächen nutzen, auf denen kein Regenwald steht. Doch diese Flächen müssen stärker gedüngt werden und das ist teuer. Außerdem lässt sich mit dem Verkauf des bei der Rodung gewonnenen Regenwaldholzes auch gleich noch das nötige Startkapital für die Plantagen erwirtschaften.

Wegen all dieser Probleme hat der WWF im Jahr 2004 übrigens eine Organisation ins Leben gerufen, die ein Siegel für nachhaltiges Palmöl vergibt. Zu den Mitgliedern des RSPO (Roundtable of Sustainable Palm Oil) zählen hauptsächlich Bauern, Händler und Produzenten von Palmöl, die sich verpflichtet haben, festgelegte Mindeststandards zu erfüllen. Umweltschutzorganisationen wie Greenpeace und Rettet den Regenwald e.V. halten diese Mindeststandards allerdings für nicht ausreichend. So dürfen Unternehmen, die das RSPO-Siegel tragen, zum Beispiel keine besonders schützenswerten Wälder für neue Plantagen roden. Der Anbau auf torfhaltigen Böden, die dann extrem viel Methangas abgeben, bleibt aber weiterhin erlaubt. Fraglich ist auch, wer entscheidet, welche Wälder »besonders« schützenswert sind und welche nicht? Auch hochgiftige Pestizide wie Glyphosat dürfen weiter eingesetzt werden. Das RSPO-Siegel, das mittlerweile ein Fünftel aller Palmölprodukte tragen, scheint also nicht die Lösung zu sein und bleibt hochumstritten.

Der beste Weg wäre, einfach auf möglichst viele Produkte, die Palmöl enthalten, zu verzichten.

Meine Lösung

O Mann! Unfassbar, in wie vielen Produkten dieses blöde Palmöl steckt. Das war mein Gedanke, als ich mich zum ersten Mal mit dem Thema beschäftigt habe. Im Rahmen einer Sondersendung für die Kindernachrichten *logo!* habe ich eine Woche lang auf Palmöl verzichtet und dafür erst mal alle Produkte mit Palmöl zusammengesucht, die ich zu Hause hatte. Es waren immerhin 35 Stück. Hier ein Auszug: meine Gesichtscreme und mein Shampoo, die Abschminkpads, die ich damals noch jeden Tag benutzt habe, mein Lieblingsmüsli, der Schokobrotaufstrich, den fast jeder zu Hause hat, alle Kekse, Salzbrezeln, Margarine, Rasiergel, Lippencreme und mein Waschmittel. In all diesen Produkten ist Palmöl. Das herauszufinden war übrigens teilweise gar nicht so einfach. Eindeutig gekennzeichnet ist Palmöl, oft auch Palmfett genannt, nur auf Lebensmitteln, da hier die Hersteller dazu verpflichtet sind, alle Inhaltsstoffe des Produkts anzugeben. Bei Kosmetika ist das nicht der Fall. Trotzdem taucht Palmöl auch dort immer wieder auf der Liste der Inhaltsstoffe auf, allerdings häufig unter anderem Namen. Es gibt unzählige Synonyme, hinter denen sich das Öl verbergen kann. Hier mal einige Beispiele: Sodium Laureth Sulfate, Lauryl Glucoside, Fettsäureglycerid, Elaeis guineensis oder Magnesiumstearate. Wie man sieht, haben all diese Namen überhaupt nichts gemeinsam, und deswegen ist es fast unmöglich, die endlose Liste der unterschiedlichen Bezeichnungen auswendig zu lernen. Mit der Liste in den Supermarkt zu gehen, hat bei mir leider auch nicht funktioniert. Ich habe es beim Kauf einer Creme versucht, dann aber entnervt aufgegeben, bevor ich alle 20 Inhaltsstoffe auf der Verpackung mit den Namen auf meiner Liste abgeglichen hatte, und die Creme zurück ins Regal gestellt.

Was sollte ich also tun? Ich googelte und fand heraus, dass es eine App gibt, die die Inhaltsstoffe fast aller Supermarktprodukte gespeichert und in Kategorien unterteilt hat. Sie heißt »CodeCheck« und ist kostenlos. Laut den Entwicklern erkennt die App insgesamt über 27 Millionen Produkte. Ich probierte die App aus und hatte direkt ein Problem: In meinem Lieblingssupermarkt ist der Handyempfang schlecht, die App funktioniert aber nur mit Internet. Also benutzte ich sie erst mal nur zu Hause und stellte fest – die App ist eine echte Bereicherung. Sie teilt alle Inhaltsstoffe der Produkte in »nicht empfehlenswert«, »weniger empfehlenswert« und »empfehlenswert« ein. Möchte man genauer wissen, wieso ein Inhaltsstoff als nicht empfehlenswert gelistet ist, klickt man darauf und bekommt mehr Infos darüber. Hier mal zwei Beispiele: Besonders entsetzt war ich von den Inhaltsstoffen meines Shampoos. Es ist ein furchtbar teures Shampoo, von dessen Qualität ich immer sehr überzeugt war, auch weil die Marke damit wirbt, nur natürliche Inhaltsstoffe zu verwenden, für die Produktion ausschließlich Windenergie zu nutzen und keine Tierversuche zu machen. Die App zeigte bei meinem Shampoo allerdings drei bedenkliche Inhaltsstoffe an, einer davon Potassium Stearate, das aus der Ölpalme gewonnen wird. Mein Lieblingsshampoo enthält also Palmöl. Die anderen beiden sehr bedenklichen Inhaltsstoffe waren *Methylchloroisothiazolinone* (ist laut der App ein Konservierungsstoff, der Reizungs- und Allergiepotenzial hat und gesundheitsschädlich sein kann) und *Methylisothiazolinone* (auch ein Konservierungsstoff, der das Immunsystem stören kann und Asthma- und Allergiepotenzial hat). Das war ein schwerer Schlag für mich, da ich meine Haare liebe und mit dem Shampoo sehr zufrieden war. Nun musste ich mir ein neues suchen.

Das zweite Beispiel war mein Schokobrotaufstrich. Auch hier zeigte die App Palmöl an, allerdings in der Kategorie empfehlenswert. Der Hersteller befindet sich im grünen Bereich der Greenpeace Company Scorecard, mit der die Umweltschutzorganisation 14 internationale Firmen hinsichtlich ihres Umgangs mit Palmöl bewertet. So wurde beispielsweise geprüft, ob die Produzenten ihr Palmöl zur Plantage zurückverfolgen können. Das ist wichtig, da viele Firmen das Palmöl über verschiedene Zwischenfirmen beziehen und dadurch oft gar nicht mehr wissen, woher das Palmöl eigentlich ursprünglich stammt. Außerdem überprüft Greenpeace, ob sich die Zulieferer an die Vorgaben zum Waldschutz halten und wie mit Zulieferern verfahren wird, die weiterhin Wälder zerstören. PepsiCo, Colgate-Palmolive und Johnson & Johnson schnitten bei der Company Scorecard im Vergleich am schlechtesten ab. Nur ein einziger der überprüften Hersteller, nämlich Ferrero, kann annähernd 100 Prozent des Palmöls bis zur Plantage zurückverfolgen. Allerdings veröffentlicht kein Unternehmen komplette Listen der Zulieferer oder macht transparent, von wem es aufgrund von Verstößen kein Palmöl mehr bezieht. Für mich heißt das: Diese Schokocreme wird – trotz der recht guten Bewertung von Greenpeace – nicht mehr gekauft. Denn es ist ja toll, wenn Ferrero weiß, woher das Palmöl stammt, aber wenn dann doch die Zulieferer nicht genannt werden, finde ich das problematisch. Und ohne Palmöl ist immer besser als mit, auch wenn man dank Greenpeace weiß, woher es kommt.

Auch viele andere Produkte standen bei mir auf der Abschussliste. Meine Gesichtscreme beispielsweise und meine Sonnencreme. Da mussten nun Alternativen her. Da ich seit der Plastik-Challenge sowieso deutlich weniger Produkte benutze und ja hauptsächlich auf feste Seifen umgestiegen bin, die alle kein Palmöl enthalten, musste ich nicht allzu viele Kosmetikprodukte ersetzen. Klar war, dass alles, was ich ab jetzt kaufen würde, zertifizierte Naturkosmetik sein sollte. Denn nachdem ich gesehen hatte, wie viele bedenkliche Inhaltsstoffe normale Kosmetik enthält, habe ich beschlossen, das einerseits nicht mehr zu unterstützen und andererseits auch meiner Haut nicht mehr anzutun. Naturprodukte zu finden, ist mittlerweile recht einfach, da sogar die großen Drogerieketten Naturkosmetik anbieten. Es gibt sie von günstig bis teuer, wobei die günstige Naturkosmetik preislich nicht mit der günstigsten normalen Kosmetik mithalten kann. Will heißen: Es gibt keine Duschgels oder Shampoos für unter zwei Euro. Das finde ich aber okay, wenn ich mir dafür sicher sein kann, dass die Inhaltsstoffe verträglich und umweltschonend sind. Woher weiß ich nun aber, was echte Naturkosmetik ist und was nicht? Bei meinem Shampoo war das ja offensichtlich ein Reinfall. Ich recherchierte und stellte fest, dass Naturkosmetik kein geschützter Begriff ist. Jeder darf seine Produkte so nennen, auch wenn sie Erdöl oder Palmöl aus brandgerodeten Plantagen enthalten.

Allerdings gibt es einen guten Anhaltspunkt, um zwischen echter und falscher Naturkosmetik zu unterscheiden: Echte Naturkosmetik trägt meist ein Siegel. Was mich persönlich ja furchtbar nervt an solchen Siegeln, ist, dass sich die Hersteller nicht auf ein einzelnes, verbindliches Siegel einigen können. Schon allein für Naturkosmetik existieren zig unterschiedliche Varianten, dazu kommen noch verschiedene andere für Lebensmittel und wieder andere für Möbel und so weiter. Der Verbraucher muss also ständig nachgucken, welches Siegel für was steht und auf welches er sich verlassen kann. Bei meiner Recherche stieß ich auch hier auf eine praktische App. Der Naturschutzbund NABU hat den »Siegel-Check« entwickelt. Man muss nur das Label auf einer Verpackung fotografieren, dann zeigt die App Informationen zu der jeweiligen Kennzeichnung an und gibt eine Einschätzung zur Umweltverträglichkeit ab. Sehr praktisch also. Trotzdem will ich euch jetzt noch kurz die wichtigsten Siegel für Naturkosmetik nennen. Da ist zum einen das BDIH-Siegel. Es ist das bekannteste und am weitesten verbreitete Ökosiegel für kontrollierte Naturkosmetik in Deutschland. Eingeführt wurde es im Jahr 2001 vom Bundesverband der Industrie- und Handelsunternehmen für Arzneimittel, Reformwaren, Nahrungsergänzungsmittel und kosmetische Mittel (BDIH). Dann gibt es noch das ECOCERT-Siegel. Dahinter steckt Europas größter Kontroll- und Zertifizierungsverband im Bereich Umwelt. Zudem haben sich die führenden deutschen Naturkosmetikunternehmen zusammengetan und die Interessengemeinschaft NATRUE gegründet, die im Jahr 2008 für das international gültige NATRUE-Label einen verbindlichen Anforderungskatalog für Natur- und Biokosmetika erarbeitet hat.

Jetzt hieß es ausprobieren. Ich sage euch, die richtigen Produkte zu finden, dauerte ungeheuer lang und ist gar nicht so einfach. Ich habe zum Beispiel gleich zu Beginn eine zertifizierte Naturkosmetik-Körpercreme gekauft. Die zog allerdings überhaupt nicht ein, sondern legte sich auf die Haut wie Bienenwachs. Das war total unangenehm und ich wollte mich nach dem Eincremen überhaupt nicht mehr anziehen, weil ich das Gefühl hatte, die ganze Creme damit an die Innenseite meiner Jeans zu schmieren. Ich stand also vor der Wahl: trotzdem weiter benutzen oder wegwerfen? Zweiteres kommt für mich normalerweise nicht infrage, dazu bin ich wohl einfach zu sparsam erzogen worden. Also habe ich sie weiterbenutzt und still vor mich hin gelitten. Ewig hielt ich das allerdings auch wieder nicht aus und so habe ich mir dann doch eine etwas teurere Creme geleistet, die super einzieht, toll riecht und auch noch in einer Glasflasche verpackt ist. Jetzt gammelt leider die andere Creme in einer Schublade herum und wird wahrscheinlich erst wieder zum Einsatz kommen, wenn die andere leer ist und ich es nicht schaffe, rechtzeitig Nachschub zu kaufen.

Auch mit meiner Schminke hatte ich Probleme. Palmöl befindet sich in viel mehr dieser Produkte, als ich anfangs angenommen hatte. Eine Schwierigkeit beim Palmöl-Check war hier allerdings, dass ich die ganzen Verpackungen von Wimperntusche, Make-up, Concealer und Co. schon lange weggeschmissen hatte und damit auch die nötigen Codes zum Scannen. Zum Glück gibt es CodeCheck auch als Desktop-Version für den PC – man muss einfach nur die Namen der Produkte eingeben und bekommt sofort die Ergebnisse geliefert. So fand ich heraus, dass auch in meiner Wimperntusche, meinem Puder und meiner Lidschatten-Palette Palmöl war. Auch hier musste ich also ganz genau hinschauen und die Produkte schließlich austauschen.

Im Drogeriemarkt scannte ich alle vorhandenen Mascaras – auch die von zertifizierten Naturkosmetikmarken. Das Ergebnis war ernüchternd. Ich fand keine einzige. Selbst die Naturkosmetik-Wimperntuschen enthielten alle Palmöl. Zwar nachhaltiges Bio-Palmöl, aber eben Palmöl. Einen Tag lief ich deswegen ohne Wimperntusche herum, was für mich als blonde Frau mit quasi nicht sichtbaren Wimpern eine ganz schöne optische Veränderung bedeutet. Erst in einem Bioladen wurde ich fündig. Richtig zufrieden bin ich mit der Mascara allerdings immer noch nicht. Denn eine Mascara ohne Palmöl zu finden, die dichte Wimpern zaubert, sie verlängert und nicht krümelt, ist quasi unmöglich. Meine Wimpern sind dank des Palmölverzichts also leider etwas weniger hübsch als bisher, doch die Umwelt ist mir diese Einschränkung wert.

Nach und nach habe ich alle Produkte umgestellt – bis auf das Shampoo. Ich habe ein Naturkosmetik-Shampoo ausprobiert und hatte danach Haare wie Stroh. Das Ergebnis war ähnlich wie nach dem Versuch mit den festen Seifenshampoos. Ich war mit beiden Alternativen sehr unzufrieden. Was also tun? Eigentlich sagte mir mein Gehirn, dass ich trotzdem die Naturkosmetik benutzen sollte. Da mein Gehirn morgens aber offensichtlich eher dem Bauch die Entscheidungen überlässt, geht mein Griff dann doch nach wie vor zu meinem alten Shampoo. Ich kann mich einfach nicht dazu durchringen, ganz auf diese für mich deutlich schlechteren Produkte umzusteigen. An diesem Punkt würde mich jetzt wirklich eure Meinung interessieren. Findet ihr, so eine Umstellung geht nur ganz oder gar nicht? Oder darf man auch mal eine Ausnahme machen? Schreibt mir gerne – und vielleicht habt ihr ja auch einen tollen Shampoo-Tipp für mich.

Nun zu den Lebensmitteln, die ich bei mir zu Hause gefunden hatte. Ehrlich gesagt waren fast alle Produkte, die Palmöl enthielten, auch nicht sonderlich gesund. Denn Palmöl findet sich hauptsächlich in Fertiggerichten, Süßigkeiten und Knabberzeug. Diese Dinge von meinem Speiseplan zu verbannen, wäre also auf jeden Fall ein Gewinn. Seit der Plastik-Challenge kaufe ich sowieso kaum noch Fertigprodukte, nur eine Pizza war noch von der Zeit davor übrig geblieben. Diese Herausforderung fiel mir also nicht besonders schwer. Komplett auf Süßigkeiten und Knabberkram zu verzichten, war da schon härter, also musste ich nach Alternativen suchen. Ich ging in einen Supermarkt, in dem ich Handyempfang hatte, und benutzte die App. Der Einkauf dauerte zwar ungefähr dreimal so lange wie sonst, war aber sehr ergiebig. Im Grunde gibt es zu jedem Produkt mit Palmöl eine Alternative ohne. Die Auswahl ist dann allerdings nicht mehr so groß. Ich fand Bio-Fertigsuppen im Glas, Bio-Schokolade und Kekse. Statt Margarine kaufte ich Butter. Bei meiner geliebten Schokocreme gab es nach langem Suchen auch mehrere Ersatzprodukte ohne Palmöl. Trotzdem wollte ich erst einmal ausprobieren, Schokocreme selber zu machen. Schließlich ist das die definitiv gesündere Alternative, da man so ganz genau weiß, was für Zutaten in der Creme drinstecken. Ich fand im Internet mehrere Rezepte und suchte mir eins davon aus. Das Ergebnis war eine Katastrophe. Als ich die Creme am Morgen aus dem Kühlschrank holte, konnte ich mit dem Messer nicht einen Millimeter in die Creme hineinstechen. Ich wartete eine halbe Stunde, aber die Creme wurde nicht flüssiger. Also meißelte ich einige Stücke der Schokomasse ab und verteilte sie so gut es ging auf dem Brot. Als ich den ersten Bissen nahm, zog sich mein ganzer Mund augenblicklich zusammen. Die Creme schmeckte bitter und blieb am Gaumen hängen, so trocken war sie. Das Rezept war ein absoluter Reinfall. Ein neues musste her. Und das verrate ich euch auch direkt, denn das Ergebnis schmeckt genial. Man nimmt 400 Gramm Bio-Haselnüsse und röstet sie etwa 10 Minuten lang im Ofen. Dann entfernt man grob die Haut der Nüsse und zerkleinert sie anschließend nach und nach in einem Mixer, bis eine Haselnusspaste entsteht. Die Paste vermischt man mit sieben Esslöffeln Sonnenblumenöl, fünf Esslöffeln Bio-Kakaopulver, einem Teelöffel Bio-Bourbonvanillepulver und acht Esslöffeln Agavendicksaft (oder Zucker oder Honig). Zum Schluss gibt man noch eine Prise Salz hinzu und fertig ist die Schokocreme. Man füllt sie in ein großes Glas und hat einen megaleckeren, relativ gesunden (sieht man mal vom Zucker ab) Brotaufstrich, der sich mehrere Wochen im Kühlschrank hält.

Was die Fertigprodukte und ihre Alternativen betrifft, bin ich übrigens sehr skeptisch. Ich weiß, dass viele Leute kaum Zeit haben, um zu kochen. Da ist eine Tiefkühlpizza, die man nur auspacken und in den Ofen schieben muss, natürlich sehr praktisch. Die Versuchung ist groß, die Pizza mit Palmöl einfach durch eine ohne Palmöl zu ersetzen. Allerdings sind viele Alternativen zu Palmöl auch nicht viel besser. Soja oder Kokospalmen zum Beispiel sind längst nicht so ertragreich wie Ölpalmen. Würden mehr dieser Pflanzen angebaut, bräuchte man also noch mehr Fläche als für die Ölpalmenplantagen. Dadurch würden die CO_2-Emissionen steigen.

Der WWF hat das Ganze mal durchgerechnet: Wird ein Mix aus Kokos-, Soja-, Sonnenblumen- und Rapsöl als Ersatz für Palmöl verwendet, bräuchten wir rund 1,4 Millionen Hektar mehr Anbaufläche, weil keine andere Pflanze so hohe Erträge wie die Ölpalme erzielt. Das kann also nicht die Lösung sein. Eine ähnliche Rechnung hat der WWF auch mit ausschließlich in Deutschland angebautem Raps aufgestellt. Das Ergebnis: Eine Million Tonnen Palmöl könnte zwar grundsätzlich durch Rapsöl ersetzt werden, allerdings bräuchten wir in Deutschland dafür zusätzliche Anbauflächen von 730 000 Hektar. Und diese Fläche ist auch bei uns nicht frei verfügbar. Das Fazit des WWF lautet deshalb: Man muss den Anbau von Ölpflanzen umwelt- und sozial verträglicher gestalten und den Verbrauch so weit wie möglich reduzieren.

Ich finde es daher die beste und einfach auch gesündeste Alternative, möglichst ganz auf Fertigprodukte zu verzichten. Ich habe mir angewöhnt, lieber ab und zu in die Pizzeria zu gehen oder mir zu Hause selber eine Pizza zu backen, anstatt die doppelt verpackte Pizza aus der Tiefkühltruhe zu essen, die dann oft auch noch massig Zucker und andere ungesunde Zutaten enthält.

Eine weitere Herausforderung beim Verzicht auf Palmöl war es für mich, weniger Fleisch zu essen. Denn acht Prozent des in Deutschland verbrauchten Palmöls stecken in den Futtermitteln für die Fleischproduktion. Für mich war diese Ernährungsumstellung wirklich hart. Ich versuchte erst mal, nur jeden zweiten Tag Fleisch zu essen, und schon das war schwierig. Sowohl im Restaurant als auch am heimischen Herd landete bei mir zum Abendessen eigentlich immer Fleisch auf dem Teller. Ich hatte bisher stets vermieden, mir die schlimmen Filme über Massentierhaltung anzugucken, doch im Laufe der Recherche für dieses Buch ist mir mehr und mehr klar geworden, dass übermäßiger Fleischkonsum schlecht für alle ist. Für die Tiere, für die Umwelt und auch für meine Gesundheit. Daher esse ich mittlerweile deutlich weniger Fleisch. Und das spart auch Palmöl ein. Was für eine große Veränderung meiner Gewohnheiten das eigentlich bedeutet, wurde mir erst bei einem Besuch in meinem Lieblingsrestaurant relativ am Ende des palmölfreien Monats bewusst. Ich war mit einer Freundin da und wollte gerne vegetarisch essen, stellte beim Blick auf die Karte aber fest, dass es kein Hauptgericht ohne Fleisch gab. Ich war so verwundert, denn vorher war mir das nie aufgefallen. Ich hatte einfach komplett selbstverständlich immer eins der vielen Fleischgerichte bestellt und die fehlenden vegetarischen Alternativen gar nicht bemerkt. Sehr zur Verwunderung der Bedienung nahm ich dann zwei Vorspeisen.

So, und jetzt zum Abschluss noch der absolute Horror:

Kekse, jegliches Schoko-Naschzeug und alle Schokoriegel – im Grunde fast das komplette Süßigkeitenregal im Supermarkt – enthalten Palmöl und fallen damit weg. Ich bin zwar keine Super-Naschkatze, die jeden Abend auf der Couch eine Tafel Schokolade verdrückt, in regelmäßigen Abständen überkommt aber auch mich die Lust auf Süßes – und dafür muss vorgesorgt sein. Zum Glück fand ich im Biosupermarkt palmölfreie Schokolade und auch Kekse ohne Palmöl. Die Auswahl ist begrenzt, aber immerhin. Kekse kann man natürlich auch selber machen, genauso wie Mini-Pralinen. Wie das geht? Ihr raspelt drei Tafeln palmölfreie Schoki (am besten aus dem Unverpackt-Laden). Dann schlagt ihr 100 Gramm Butter mit einem Rührgerät schaumig und vermischt die Masse mit 100 Gramm Puderzucker. In die Zucker-Butter-Mischung kommt noch ein Teelöffel Kakaopulver, dann die Schokoraspeln. Alles verrühren und ab in den Kühlschrank. Wenn die Masse kalt ist, könnt ihr mit einem Löffel kleine Teigmengen davon abstechen und in den Händen zu Kugeln formen. Die lassen sich noch verfeinern, indem man sie in Krokant, gehackten Nüssen oder Puderzucker wälzt. Fertig sind die selbst gemachten, palmölfreien Pralinen. Sie eignen sich übrigens auch super als Geschenk!

Fazit

Auf Palmöl zu verzichten, ist mit langer Recherchearbeit verbunden. Bis man erst mal alle Produkte im eigenen Haushalt entdeckt hat, vergeht bestimmt eine Woche. Dann dauert es, Alternativen zu finden. Man muss ganz schön herumprobieren, um jedes Produkt passend zu ersetzen. Bei Lebensmitteln ist die Alternative dann auch häufig teurer, bei Kosmetik nicht unbedingt. Weniger Fleisch zu essen und mehr mit frischen Zutaten selbst zu kochen, erfordert Engagement und kostet

Zeit. Dafür wird man mit leckerem und gesundem Essen belohnt.

Das könnte die Politik tun

Ein großer Teil des Palmöls wird in der Produktion von »Bio«-Sprit verbraucht. Ein Problem, das wegen der EU-Verordnung nur international gelöst werden kann. Das EU-Parlament hat die EU-Kommission im April 2017 mit einer Resolution dazu aufgefordert, die Beimischung von Palmöl in Kraftstoffe bis zum Jahr 2020 zu verbieten. Die Umweltorganisation WWF plädiert dafür, statt Palmöl altes Fett aus den unzähligen Fritteusen der großen Fast-Food-Ketten zu verwenden. Darüber hinaus wäre es natürlich sinnvoll, den öffentlichen Nahverkehr zu fördern, damit mehr Leute mit Bus und Bahn fahren, und die Forschung zum Thema umweltfreundlichere Autos voranzutreiben.

Seit Jahren besteht außerdem die Forderung von Foodwatch (ein Verein, der sich für mehr Transparenz und höhere Qualitätsstandards im Lebensmittelbereich einsetzt) nach der sogenannten Lebensmittelampel. Auf allen Lebensmitteln soll damit verpflichtend kenntlich gemacht werden, wie viel Fett und Zucker das jeweilige Produkt enthält und ob es gesund – die Lebensmittelampel zeigt grün – oder ungesund – die Lebensmittelampel zeigt rot – ist. So würden Verbraucher zum Beispiel bei einer vermeintlich gesunden Gemüse-Tiefkühlpizza sofort erkennen, dass diese viel Fett und sogar Zucker enthält, und damit möglicherweise in ihrer Kaufentscheidung beeinflusst werden. Im Idealfall könnte die Lebensmittelampel also nicht nur dazu beitragen, dass Menschen sich gesünder ernähren, sondern auch helfen, die Palmölproduktion zu verringern und Verpackungsmüll zu vermeiden. Ärzteverbände und Krankenkassen haben sich schon für eine solche Kennzeichnung ausgesprochen. Als die EU-Verordnung zur Lebensmittelkennzeichnung ausgehandelt wurde, haben sich die europäischen Politiker jedoch dem massiven Lobbydruck der Lebensmittelindustrie gebeugt und gegen die Lebensmittelampel entschieden.

Meine Anti-Palmöl-Tipps

- Mithilfe einer App wie z. B. »CodeCheck« Produkte mit Palmöl identifizieren
- Palmölprodukte durch Produkte ohne Palmöl ersetzen
- Zertifizierte Naturkosmetik benutzen
- Weniger Fleisch essen
- Keinen Biodiesel tanken
- Weniger Fertigprodukte und Süßigkeiten kaufen
- Mehr mit frischen Zutaten kochen

Monat 6

Die Essens-Challenge

Wie kann ich mich möglichst umweltfreundlich ernähren?

Das Problem

Was mich bei der Arbeit an diesem Buch am meisten zum Nachdenken gebracht hat, ist die Tatsache, dass wir Menschen uns für so richtig schlau gehalten haben. Wir dachten, es sei ein Gewinn, ein vorgefertigtes Gericht einfach in den Ofen schieben zu können und, schwupps, eine vollwertige Mahlzeit zu bekommen. Wir dachten, dass es modern und fortschrittlich sei, alles an einem Ort zu kaufen. Schließlich müssen wir dann nicht mehr zum heimischen Metzger, zum Bäcker und zum Bauern um die Ecke, sondern nur noch in einen großen Supermarkt, wo es zu jeder Jahreszeit alle Lebensmittel dieser Welt gibt. Doch alles hat seinen Preis, und den Preis, den wir jetzt für unsere bequeme Art einzukaufen zahlen, ist der Klimawandel. Rindfleisch kommt aus Argentinien. Bananen aus Kolumbien. Im Winter gibt es neuseeländische Erdbeeren. Bei Tiefkühlpizza weiß niemand mehr, aus welchen Teilen der Welt die einzelnen Zutaten eigentlich stammen und was das Kleingedruckte auf der Packung überhaupt bedeutet. Viele essen so gut wie jeden Tag billiges

Fleisch statt einmal in der Woche einen Sonntagsbraten. Wir züchten Lebensmittel in beheizten Gewächshäusern, verschiffen oder fliegen sie um die halbe Welt, um sie dann monatelang in Kühlhäusern zu lagern. Und dann werden in Deutschland pro Jahr 800 000 Tonnen dieser Lebensmittel ungeöffnet in den Müll geworfen. Es ist absurd.

Wer einen SUV fährt, wird sofort als Umweltsünder verurteilt. Wer regelmäßig morgens Eier mit Speck, mittags Rinderfilet und abends ein Schinkenbrot isst, wird vielleicht dick, gilt aber nicht als Umweltschuft. Denn wir übersehen oft, dass unsere Lebensmittel Klimakiller sind. Dabei verursachen sie laut Bundesumweltministerium 15 Prozent der Treibhausgasemissionen in Deutschland. Zum Vergleich: Der Anteil der Klimagase, die durch den Verkehr entstehen, ist nur etwas höher; er liegt bei 18 Prozent.

Bei der Klimabilanz eines Nahrungsmittels werden der Anbau, die Herstellung, die Verpackung, die Lagerung, der Transport und die Weiterverarbeitung im Haushalt mitberücksichtigt. 2016 stammten rund 59 Prozent der gesamten Methanemissionen und 80 Prozent der Stickstoffemissionen in Deutschland aus der Landwirtschaft. Das Schlimme an diesen beiden Gasen ist, dass sie für das Klima deutlich schädlicher sind als CO_2. Eine Tonne Stickstoff hat dieselbe Wirkung auf das Klima wie 310 Tonnen Kohlendioxid.

Stickstoff wird als Dünger eingesetzt, denn er ist grundsätzlich wichtig für das Wachstum der Pflanzen, allerdings wird deutlich zu viel Dünger auf den Feldern ausgebracht. Man unterscheidet zwischen künstlichem Dünger und natürlichem wie zum Beispiel Gülle, die aus Urin und Kot von Nutztieren besteht. Die Verwendung von Gülle ist aus Umweltsicht erst mal eine gute Sache, weil es ja sehr wirtschaftlich ist, den Kot von Tieren weiterzuverwenden. Doch da wir einfach unfassbar viele Tiere in der Tiermast haben, fallen derart große Mengen davon an, dass das Verhältnis von Gülle zu Boden kippt. Jede zweite auf den Feldern ausgebrachte Tonne Stickstoff wird nicht von den Pflanzen aufgenommen, sondern vom Regen ausgewaschen oder vom Wind weggeweht. Im Laufe der Zeit wird der überschüssige Stickstoff in Nitrat umgewandelt und kann im Grundwasser und in der Folge auch im Trinkwasser sowie in Flüssen, Seen und im Meer landen. Dort regen die Nitrate das Wachstum von Mikroalgen an, die viel Sauerstoff verbrauchen. Dadurch bleibt nicht mehr genug für Fische, Muscheln und Würmer übrig und sie sterben.

Die Nitratwerte im deutschen Grundwasser gehören zu den höchsten in der gesamten Europäischen Union. 2016 hatte die EU genug von der Situation und verklagte Deutschland deswegen. Im Sommer 2018 gab der Europäische Gerichtshof dann seine Entscheidung bekannt und erklärte, Deutschland habe gegen die europäischen Nitratrichtlinien verstoßen. Falls sich die Lage nicht ändert, muss Deutschland mit Strafzahlungen rechnen. Dieses strenge Vorgehen rührt daher, dass Nitrate in Verdacht stehen, gesundheitsschädlich für den Menschen zu sein. Nitrat kann theoretisch im Körper zu Nitrit und Nitrosaminen umgewandelt werden. Beide Verbindungen gelten als krebserregend. Sorgen muss man sich vorerst aber trotzdem keine machen, denn die Wasserversorger sind verpflichtet, darauf zu achten, dass der Anteil des Nitrats nicht über den gesetzlichen Höchstwerten liegt. Sie müssen das Wasser dafür teilweise aufbereiten und das kostet Geld. Steigt der Nitratwert also weiter an, könnte es sein, dass Trinkwasser teurer wird.

Das zweite Problem der Landwirtschaft neben dem Stickstoff ist das klimaschädliche Methangas, für das hauptsächlich Rinder und Milchkühe verantwortlich sind. Nach Berechnungen der Welternährungsorganisation FAO belasten die rund 1,5 Milliarden Rinder und Kühe, die weltweit gehalten werden, das Klima mit gewaltigen Mengen an Treibhausgasen. Rund 37 Prozent der weltweit entstehenden Menge Methan stammen laut Umweltbundesamt direkt oder indirekt aus der Viehhaltung. Damit verursacht die Rinderhaltung zehn Prozent aller menschengemachten Treibhausgase. Das ist doppelt so viel, wie durch den weltweiten Flugverkehr anfällt.

Früher standen Rinder auf der Weide, wo sie Gras fraßen. Heute werden sie in riesigen Ställen gehalten und mit Kraftfutter gemästet, damit sie in möglichst kurzer Zeit schlachtreif sind. Um die dafür erforderlichen Mengen an Futter anzubauen, wird die Hälfte der deutschen Agrarfläche benötigt. Laut Greenpeace werden pro Kilogramm Rindfleisch außerdem 15 000 Liter Wasser verbraucht. Zudem sind die Transportwege von Rindfleisch meist sehr lang. In Deutschland ist zum Beispiel Rindfleisch aus Argentinien äußerst beliebt. Und die Rinder rülpsen. Das klingt jetzt absurd, doch bei der Verdauung der Tiere entsteht in ihrem Magen Methan. Jedes einzelne Rind stößt täglich etwa 150 bis 250 Liter Methan aus. Wenn man bedenkt, wie viele der Tiere es weltweit gibt, dann kommt man auf eine unfassbare Menge an Methan. Rindfleisch ist also besonders klimaschädlich. Aber das gilt natürlich auch für alle anderen tierischen Produkte wie Milch und Joghurt. Denn auch Milchkühe müssen gefüttert werden und auch sie stoßen Methan aus. Andere Fleischsorten sind zwar nicht ganz so klimaschädlich, aber auch sie haben eine schlechte CO_2-Bilanz.

Jetzt kann man sich natürlich fragen, ob wir dieses ganze Fleisch überhaupt brauchen. Die Deutschen haben einen überdurchschnittlich hohen Fleisch- und Wurstkonsum. Er übersteigt deutlich das von der Deutschen Gesellschaft für Ernährung empfohlene Maß von 600 Gramm pro Woche. Das liegt vor allem an den Männern, denn sie vertilgen fast doppelt so viel. Allein um ihrer Gesundheit willen wäre es für die Verbraucher also gut, weniger Fleisch zu essen. Außerdem könnten sie so auch dafür sorgen, dass weniger Kühe,

Schweine und Hühner gehalten und geschlachtet werden. Wenn wir alle zusätzlich den Verzehr anderer tierischer Produkte wie Käse, Milch und Quark reduzieren würden, ließen sich große Mengen an Treibhausgasen einsparen.

Leider waren das aber noch nicht alle Probleme, denen man begegnet, wenn man sich Gedanken über umweltfreundliche Ernährung macht. Denn nicht nur Methan und Stickstoff schaden der Umwelt, sondern natürlich auch CO_2, das durch die langen Transportwege entsteht, die viele Lebensmittel zu uns, also dem Endverbraucher, zurücklegen. Einen großen Unterschied macht dabei die Wahl des Transportmittels. Eine Untersuchung des Instituts für alternative und nachhaltige Ernährung hat ergeben, dass Ware aus dem Flugzeug das meiste CO_2 produziert. Ein Kilogramm Lebensmittel erzeugt auf 1000 Kilometern Flugstrecke ein Kilogramm CO_2. Wird dasselbe Lebensmittel mit dem LKW transportiert, fallen 200 Gramm CO_2 an, bei derselben Menge und Strecke mit der Bahn 80 Gramm und mit dem Schiff 35 Gramm. Es lohnt sich also zu gucken, wie die Lebensmittel transportiert wurden. Das ist jedoch gar nicht so einfach, denn im Supermarkt kann man zwar zumindest bei Obst und Gemüse schnell erkennen, wo das Produkt herkommt – neben dem Preis steht auch immer das Herkunftsland auf dem Etikett –, das Transportmittel wird aber nicht genannt.

Auch Zahlen gibt es dazu recht wenige. Im Jahr 2008 veröffentlichten die Verbraucherzentralen eine Studie, die allerdings nur Lebensmittel berücksichtigt, die über einen deutschen Flughafen nach Deutschland kamen. Das heißt Flugware, die zum Beispiel nach Amsterdam geflogen und von dort mit dem LKW zu uns gefahren wurde, ist darin nicht enthalten. Dieser Studie zufolge steht Fisch mengenmäßig an erster Stelle der Lebensmittelgruppen, die per Luftfracht nach Deutschland kommen. Etwa 17 300 Tonnen wurden davon 2008 eingeflogen, darunter vor allem frischer Fisch aus afrikanischen Ländern, Sri Lanka und von den Malediven, lebende Hummer aus Kanada, frische Filets vom Rotbarsch und Goldbarsch aus Island. An zweiter und dritter Stelle folgten Gemüse und Obst mit etwa 12 800 beziehungsweise 10 600 Tonnen. Das waren Bohnen aus Ägypten, Kenia und Thailand, Spargel aus Peru, Papayas, Guaven und Mangos aus Pakistan, Brasilien und Thailand, Ananas aus verschiedenen afrikanischen Ländern, Erdbeeren aus Ägypten, Israel und Südafrika. Bananen kamen übrigens nur zu 0,01 Prozent mit dem Flugzeug.

Ärgerlich ist, dass man sich auch auf Bezeichnungen wie »Nordseekrabben aus Deutschland« nicht wirklich verlassen kann, denn diese werden häufig zur Verarbeitung ins Ausland transportiert. Da die Krabben von Hand gepult, also von ihrer Schale befreit werden müssen, nutzen viele Hersteller die billigeren Arbeitskräfte in Ländern wie Marokko. Nach dem Pulen werden die Krabben dann wieder nach Deutschland gebracht und hier als deutsche Krabben verkauft.

Und es gibt noch zwei weitere Probleme, die auch für Lebensmittel aus Deutschland gelten: die Zucht im beheizten Gewächshaus und die Lagerung im Kühlhaus. Vor wenigen Jahren sorgte eine Studie für Aufsehen, der zufolge Äpfel aus dem weit entfernten Neuseeland oder Chile zu manchen Zeiten im Jahr klimafreundlicher sind als die aus Deutschland. Ein Forschungsteam des Heidelberger Instituts für Energie- und Umweltforschung hatte ausgerechnet, dass ein Apfel, der im März in Neuseeland gepflückt und dann vier Wochen mit dem Schiff nach Deutschland gefahren wird, unter bestimmten Umständen besser für die Umwelt ist als der regionale Apfel. Denn dieser wurde im Oktober gepflückt und dann monatelang in einem Kühlhaus mit Wasser besprüht, damit er im April noch knackig und frisch schmeckt. Der Energieverbrauch für das Kühlhaus kann höher sein als der für die Schifffahrt.

Genauso absurd sieht die Klimabilanz von Obst und Gemüse aus, das wir in Deutschland zur falschen Zeit, also außerhalb der Saison ernten. Denn wer im Januar regionale Tomaten essen will, muss welche aus dem beheizten Gewächshaus kaufen, und diese Tomaten produzieren pro Kilogramm rund 9,3 Kilogramm CO_2, weil das Heizen sehr viel Energie verbraucht. Während ihrer normalen Erntezeit im Sommer entstehen nur rund 85 Gramm CO_2.

So, und nun zum letzten Problem bei den Lebensmitteln: Pestizide. In der Landwirtschaft werden viele Mittel versprüht, die Tiere, Unkraut oder Pilze von den Nutzpflanzen abhalten sollen. Diese sind häufig chemisch hergestellt und in zu hoher Menge sogar giftig. Sie landen auf fast allen unseren Feldern, sind kaum abbaubar und schaden damit über lange Zeit hinweg Tieren und Pflanzen. Im Jahr 2018 hat die EU zum Beispiel den Einsatz von Neonikotinoiden verboten, weil sie für das Bienensterben mitverantwortlich sind. Bis es zu diesem Verbot kam, dauerte es Jahre, und auch jetzt glauben Umweltschützer, dass die Landwirte einfach auf ein neues, ähnlich schädliches Mittel umsteigen werden. Ein anderes Beispiel ist der meistverkaufte Unkrautvernichter der Welt, Glyphosat. Er gilt als krebserregend, ist aber wegen des großen Drucks seitens der Agrarlobby immer noch nicht von der EU verboten worden. Auf den Lebensmitteln finden sich dann häufig Rückstände dieser Insekten-, Pilz-, und Unkrautvernichter. Zwar liegen alle Spuren unter den gesetzlichen Grenzwerten für die einzelnen Stoffe, doch wie sich die Chemikalien alle zusammen als Cocktail auf den Körper auswirken, ist weitgehend unerforscht.

Eine Lösung sind Bio-Lebensmittel, denn Bioware kommt mit wenig Dünger auf weitgehend pflanzlicher oder tierischer Basis aus. Außerdem kann man sich sicher sein, dass es den Tieren auf Biohöfen besser geht. Die Tiere haben mehr Platz, dürfen im Herdenverband leben und bekommen natürliches Futter, das keine Antibiotika oder Wachstumshormone enthält. Ein Nachteil der Biolandwirtschaft ist aber, dass die Erträge deutlich geringer sind als in konventioneller Landwirtschaft. Weil es weniger gedüngt wird, fällt biologisch erzeugtes Obst und Gemüse oft kleiner aus und ist unregelmäßiger gewachsen. Zudem verbraucht die biologische Landwirtschaft deutlich mehr Platz, weil zum Beispiel die Tiere nicht so eng nebeneinanderstehen. Wenn man versuchen würde, alle Lebensmittel biologisch herzustellen, würde die gesamte Ackerfläche auf der Welt nicht ausreichen. Im Moment kommen laut Bund Ökologischer Lebensmittelwirtschaft in Deutschland nur fünf Prozent aller Lebensmittel aus biologischer Landwirtschaft. Bei Fleisch ist der Bioanteil noch geringer: 2016 lag er bei Geflügel bei 1,4 Prozent und bei Fleisch- und Wurstwaren sogar nur bei 1,2 Prozent.

Und jetzt hatte ich euch schon angekündigt, das sei das letzte Problem gewesen. Doch es gibt noch eines, das allerdings erst nach dem Kauf der Produkte auftritt. Weltweit wird laut Umweltbundesamt jährlich etwa ein Drittel aller Lebensmittel weggeworfen, während gleichzeitig etwa 800 Millionen Menschen unter Hunger leiden. Durch diese Lebensmittel, die gar nicht erst gegessen werden, entstehen mehr als 38 Millionen Tonnen Treibhausgase. Außerdem werden 43 000 Quadratkilometer landwirtschaftlicher Fläche genutzt und 216 Millionen Kubikmeter Wasser verbraucht. Das alles völlig umsonst. Auch wenn man sich nur die Zahlen in Deutschland ansieht, sind die Fakten erschütternd: Obwohl ja eigentlich niemand gerne Essen verschwendet, wird in deutschen Haushalten jedes achte Lebensmittel weggeworfen. So wandern jedes Jahr zwei vollgepackte Einkaufswagen mit einem Warenwert von 234 Euro in die Mülltonnen der Privathaushalte.

Aber nicht nur das. Viele Lebensmittel schaffen es erst gar nicht in den Laden. Die EU hat für die meisten Obst- und Gemüsesorten Normen entwickelt, das heißt, dass zum Beispiel Äpfel eine bestimmte Größe und Beschaffenheit haben müssen, um überhaupt im Supermarkt zu landen. Äpfel, die der Norm nicht entsprechen, werden aussortiert. Wenn der Erzeuger Glück hat, kann er sie trotzdem verkaufen und sie werden vielleicht in Apfelstrudel oder Ähnlichem weiterverarbeitet. Wenn er Pech hat, muss er die Äpfel wegwerfen. Damit das erst gar nicht passiert, werden mehr Pestizide eingesetzt, damit das Obst und Gemüse weniger Macken hat. Eine EU-Verordnung über die Krümmung von Gurken wurde schon vor einigen Jahren abgeschafft. Mittlerweile dürfen also auch krumme Gurken in den Handel. Allerdings sieht man dort trotzdem keine, denn die Supermärkte machen – Verordnung hin oder her – ihre eigenen Regeln. Wenn sie die Gurken nicht haben wollen, bleiben die Bauern auf ihnen sitzen. Laut Schätzungen des WWF werden pro Jahr rund 35 Prozent der Kartoffeln in Deutschland an irgendeiner Stelle der Prozesskette aussortiert. Der Grund sind oft nur oberflächliche Makel wie zum Beispiel schwarze Stellen an der Knolle oder Verformungen.

Bedenkt man also all diese Probleme, heißt das: Um möglichst umweltfreundlich zu essen, sollte man sich biologisch, regional, saisonal und fleischarm ernähren. Und möglichst wenige Lebensmittel verschwenden.

Meine Lösung

Fangen wir mal mit einer ehrlichen Einschätzung meiner Essgewohnheiten an. Morgens trinke ich meistens zu Hause einen Latte macchiato und frühstücke entweder ein Brot mit Wurst oder ein Müsli mit Obst, Kokosraspeln und griechischem Joghurt. Beim Obst esse ich am liebsten Bananen, im Sommer Erdbeeren, aber auch Mango, Kiwi oder Physalis. Zu

Mittag hole ich mir in der Kantine einen Salat mit Hähnchenbrust. Danach gibts einen Kaffee. Am späten Nachmittag überkommt mich dann meistens noch mal Hunger und ich esse wieder ein Brot, meistens mit Wurst. Abends wird gekocht oder essen gegangen. Dabei gibt es oft Fleisch. Ich liebe Kalbsschnitzel, Rinderfilet, Spaghetti Bolognese und Pizza mit Salami. Ich komme aus einer Familie, in der jeden Abend Brot mit Wurst gegessen wurde. Die hatte meine Mutter zwar beim Metzger gekauft, ob die viele Wurst aber grundsätzlich so gesund war, hatten wir uns nie gefragt. Wenn bei uns Mirácoli gekocht wurde, hat meine Mutter das Fertiggericht mit Hackfleisch »verfeinert«. In Linsensuppe schnippeln wir Frankfurter Würstchen hinein. Ihr seht also: Fleischverzicht kam mir bisher noch nie in den Sinn. Mittlerweile hat sich das bei mir und meiner Familie zwar etwas geändert – wir essen auch mal einfach nur Mozzarella mit Tomaten oder Nudeln mit Pesto –, trotzdem war mein Fleischkonsum extrem hoch. Das fiel mir aber tatsächlich erst auf, als ich die Essens-Challenge in Angriff nahm.

Bei der Frage nach den Bio-Lebensmitteln sah es schon etwas besser aus. Als ich noch in der Innenstadt von Frankfurt gewohnt habe, war ich oft in einem Biosupermarkt. In der kleineren Stadt, in der ich nun lebe, gibt es allerdings nur konventionelle Supermärkte. In denen greife ich bei vielen Produkten zu Bioware, allerdings nicht bei allen. Entweder, weil es sie nicht gibt, oder weil mir die anderen Produkte besser schmecken, zum Beispiel bei Joghurt. Wurst habe ich bisher meist beim Metzger gekauft, weil meine Eltern mir eingebläut haben, dass das besser ist, da man dann weiß, woher das Fleisch kommt. Wenn ich Fleisch im Supermarkt gekauft habe, dann meistens bio, obwohl das dort wirklich unfassbar teuer ist.

Was das Verschwenden angeht, sind mein Freund und ich Meister. Wir arbeiten beide sehr viel und unregelmäßig. Das heißt, dass einer mal Frühschicht hat und der andere Spätschicht, wir oft am Wochenende arbeiten und manchmal einer von uns mehrere Tage auf Dienstreise ist, um Reportagen fürs Fernsehen zu drehen. Das führt dazu, dass wir keinen festen Rhythmus beim Einkaufen haben. Meine Stiefschwester geht zum Beispiel jeden Samstag mit ihrem Mann auf den Markt, um Lebensmittel zu besorgen, und unter der Woche wird bei ihr abends immer gekocht. Das ist bei uns schwierig, da jede Woche anders ist. Deswegen gab es in unserem Kühlschrank bisher nur zwei Zustände: Entweder wir waren gerade einkaufen und der Kühlschrank quoll über vor Leckereien oder im Kühlschrank herrschte gähnende Leere und es vergammelten Reste darin, die wir nicht aufgegessen hatten. Mein Freund hat außerdem noch ein Mengenproblem beim Einkaufen. Er hat ständig Angst, er selbst oder unsere Gäste könnten verhungern, und kauft deshalb immer das Doppelte von dem, was wir eigentlich brauchen. Wenn ich ihm eine Nachricht schicke, dass er eine Milch, eine Gurke und etwas Käse besorgen soll, haben wir danach garantiert zwei Milch, zwei Gurken und eine so große Menge an Käse, dass wir eine Verköstigung von sechs hungrigen Franzosen durchführen könnten. Davon landete natürlich vieles im Müll. Wir brauchten also dringend ein System.

Auf Regionalität habe ich bisher nur geachtet, wenn ich vor der Wahl stand. Wenn es also Bioeier aus der Region gab und welche, auf denen nicht stand, woher sie kamen, habe ich mich für die regionalen Eier entschieden. Genauso bei Obst und Gemüse. Da es allerdings häufig gar keine regionale Alternative gibt, blieben diese Käufe eine absolute Ausnahme. Stattdessen habe ich, wie die meisten, ohne groß nachzudenken regelmäßig Kiwis aus Neuseeland, Tomaten aus Spanien und Bananen aus afrikanischen Ländern gekauft. Manchmal habe ich mir sogar eine der teuren Flug-Mangos gegönnt. Die schmecken fast so gut wie die Mangos, die ich mal in einem

Thailand-Urlaub gegessen habe. Sie werden erst gepflückt, wenn sie schon reif sind, und dann direkt nach Deutschland geflogen. Die Mango, die mit dem Schiff transportiert wird, wird unreif gepflückt und ist dann mehrere Wochen unterwegs. Kein Wunder, dass sie geschmacklich nicht ganz mithalten kann.

Bisher habe ich also ein paar Bioprodukte gekauft, mich aber weder fleischarm noch saisonal noch regional ernährt. Das musste jetzt alles anders werden. Auf gehts!

Was unseren Fleischkonsum anging, wollten mein Freund und ich an einem Strang ziehen. Wir überlegten erst, komplett darauf zu verzichten. Da wir aber beide Fleisch lieben und es ja auch einigermaßen »gutes« Fleisch gibt, also regionales Biofleisch, wollten wir versuchen, uns zumindest jeden zweiten Tag vegetarisch zu ernähren. Außerdem haben wir uns bemüht, möglichst wenig Reste wegzuwerfen. Ich kann euch schon mal eins vorab verraten: Unser Kühlschrank ist jetzt deutlich leerer, wird dafür aber regelmäßiger gefüllt, wir gehen so gut wie gar nicht mehr in klassische Supermärkte und wir leben unfassbar viel gesünder. Aber von vorne!

Als Erstes überlegte ich, wo man wohl am besten regional einkaufen kann, und dachte sofort an den samstäglichen Wochenmarkt. Ich hatte dort schon häufiger unverpackt eingekauft und war mir sicher, dass die Stände alle von Bauern aus der Region sind. Pustekuchen. Auf meine Nachfrage, welches Obst aus eigenem Anbau stammt, bekam ich am ersten Stand die Antwort: »Nur die Erdbeeren, aber die sind schon aus.« Ich war fassungslos, als ich erfuhr, dass die allermeisten der Produkte zugekauft waren und mir niemand am Stand sagen konnte, woher sie kamen. Am zweiten Stand war die Auswahl der regionalen Produkte etwas größer. Doch ein komplettes Gericht hätte ich mit den wenigen Lebensmitteln trotzdem nicht zustande gebracht. Dafür fand ich wunderschöne regionale Blumen. Ich hatte sie noch nie gesehen und habe leider auch ihren Namen vergessen. Sie waren von einem Stand, der nur Blumen verkauft, die gerade bei uns auf den Feldern wachsen. Eine super Sache, denn die normalen Schnittblumen, die es sonst zu kaufen gibt, kommen fast immer aus dem Ausland. Rosen zum Beispiel sind meist aus Kenia und werden mit dem Flugzeug zu uns gebracht. In vielen Regionen gibt es auch Felder, auf denen man Blumen selber pflücken kann. Da weiß man dann zu hundert Prozent, wo sie herkommen.

Immerhin habe ich regional produziertes Brot gefunden. Denn glücklicherweise gibt es bei uns um die Ecke einen kleinen Bäcker, der noch eine eigene Backstube hat und nicht Brötchen- und Brotrohlinge von einem Großhändler bezieht und diese nur aufbackt. Allerdings weiß ich natürlich auch hier nicht, woher das Mehl und die anderen Zutaten stammen.

Wir mussten also woanders einkaufen. Für Fleisch kam auch unser örtlicher Metzger nicht infrage. Erstens verwendet er kein Biofleisch und zweitens erklärte er mir auf Nachfrage, dass der Großteil der Produkte in seiner Auslage gar nicht von ihm hergestellt wird, sondern zugekauft ist. Einzig die Salami und der Schinken, an denen »hausgemacht« stand, waren von ihm. Der Rest waren im Grunde die gleichen Sachen, die es auch im Supermarkt gibt. Das hatte ich mir bisher eigentlich anders vorgestellt.

Ich suchte im Internet nach Bauernhöfen in der näheren Umgebung. Direkt im Nachbarort, etwa fünf Minuten von uns entfernt, gibt es einen Bioland-Bauernhof. Dem Verband für ökologischen Landbau »Bioland« gehören in Deutschland mehr als 7000 Landwirte, Imker, Gärtner und Winzer an, die sich selbst Richtlinien auferlegt haben, die weit über die gesetzlichen Mindeststandards für Bio-Lebensmittel hinausgehen. Von dem Bauernhof hatte ich auch schon gehört, war aber noch nie da gewesen. Nachdem ich die Öffnungszeiten gecheckt hatte, wusste ich auch warum. Um diese Zeit schlafe ich normalerweise noch. Der Laden des Bauernhofs hat montags und mittwochs geschlossen, dienstags von 7:30 bis 9:15 Uhr geöffnet, donnerstags von 7:30 bis 12:00 Uhr und abends von 18 bis 19 Uhr. Es geht ähnlich kompliziert weiter und obwohl ich jetzt schon wirklich oft da war, muss ich die Öffnungszeiten trotzdem jedes Mal vorher nachgucken.

Bei meinem ersten Besuch dort war ich auch gezwungen, mich in meine Zeit beim Yoga zurückzuversetzen. Es ging alles so langsam, dass ich meditieren musste, um nicht auszurasten. Man ist es gewohnt, im Supermarkt die Einkäufe in den Wagen zu packen, sich an der Kasse anzustellen und relativ schnell wieder draußen zu sein. Wenn es einem beim Bezahlen nicht schnell genug geht, kann man in manchen Geschäften sogar eine Klingel betätigen, damit eine weitere Kasse geöffnet wird. Hier war alles anders. Ich stand in einem winzig kleinen Laden, der vollgestopft war mit Waren und vor allem mit Kunden. Etwa sechs Leute waren vor mir dran und die Frau an der Kasse arbeitete mit einer Seelenruhe, als wäre der Laden leer. Mit jedem Kunden wurde auch noch eine Runde geplauscht. Ich war dafür zu ungeduldig und fragte, ob ich mir, bis ich dran war, mal kurz den Hof anschauen könnte. Die Antwort lautete Ja. Also lief ich raus in den Stall, an einem riesigen Traktor vorbei, zu den Kühen und Schweinen. So stelle ich mir ein glückliches Schweineleben vor. Drei Schweine hatten einen riesigen Stall für sich allein und wälzten sich glücklich in Matsch und Stroh. Gegenüber standen ein Kälbchen und mehrere Rinder. Ich bin zwar nur ein Laie, hatte aber das Gefühl, dass die Tiere hier gut aufgehoben waren. Essen wollte ich sie aber irgendwie trotzdem nicht, vor allem nachdem ich sah, dass alle Tiere Namen hatten und eine Kuh wie meine Mutter hieß.

Wieder im Hofladen erklärte mir die Landwirtin, dass die Rinder normalerweise den ganzen Sommer über auf der

Weide stehen, dass sie wegen des extrem heißen Wetters aber momentan im Stall gefüttert werden mussten, weil alle Wiesen vertrocknet waren. Sie erzählte mir auch, dass ihre Hühner im Freien in sogenannten Hühnermobilen direkt auf den Feldern hinter dem Hof leben. Diese Hühnermobile werden alle paar Wochen um ein paar Hundert Meter verschoben, damit die Hühner immer genug zu picken haben. Hier hatte ich also meine Lösung: Eier, Hühner-, Rind- und Schweinefleisch direkt vom Erzeuger. Sogar geschlachtet wird direkt auf dem Hof. So müssen die Tiere nicht, wie bei den meisten anderen Höfen, stundenlang in einem Transporter zum Schlachter gefahren werden.

Ich kaufte zwei Stück Rindfleisch und etwas Schinken. Außerdem gab es im Hofladen auch selbst gemachte Butter, Frischkäse und Quark. Ich schlug bei allem zu. In einer Ecke entdeckte ich dann noch eine große silberne Milchkanne, aus der man sich selbst Milch in eine mitgebrachte Glasflasche abfüllen konnte. Anders konnte man die Milch nicht kaufen. Ich erklärte der Frau an der Kasse, dass ich keine eigene Flasche dabeihatte und sie verkaufte mir eine leere Glasflasche. So zapfte ich meine erste Rohmilch. Rohmilch ist Milch, die quasi direkt aus dem Euter kommt. In den USA ist ihr Verkauf verboten, denn die Milch ist nicht pasteurisiert und kann deshalb Bakterien enthalten. Es gibt große Debatten darüber, ob man Rohmilch trinken sollte oder nicht. Studien belegen, dass Kinder, die regelmäßig Rohmilch trinken, seltener Allergien haben und grundsätzlich gesünder sind. Andererseits können geschwächte Personen durch mögliche Keime in der Milch krank werden. Ich fühlte mich stark genug und war neugierig auf die echte Bauernhofmilch.

In den nächsten Tagen probierten wir alles, was wir im Hofladen gekauft hatten, und stellten fest: Die tierischen Produkte schmeckten genau so: nach Tier. Ich kann das gar nicht anders beschreiben und hoffe, ihr wisst, was ich meine. Die

Milch roch ein bisschen nach Kuh, der Quark ebenso, und das Fleisch war im Geschmack einfach sehr intensiv. Am Anfang war das ungewohnt und tragischerweise fand ich es sogar etwas eklig. Ich schreibe tragischerweise, weil das ja eigentlich normal sein sollte, dass die Produkte so schmecken. In unseren Supermärkten ist nur alles so hocherhitzt, mit Zusatzstoffen versetzt und eingeschweißt, dass die Lebensmittel an Aroma verlieren. An diese Geschmacksexplosion musste ich mich also erst mal gewöhnen.

In dem Hofladen gab es auch Bioobst und -gemüse, das teilweise von anderen Höfen zugekauft war. Da man aber auch Bananen kaufen konnte und die definitiv nicht aus der Nähe von Frankfurt stammen, konnte ich mir dabei mit der Regionalität nicht so sicher sein. Deswegen versuchte ich es mit einem Saisonkalender. Den bekommt man im Internet beim Bundeszentrum für Ernährung und darauf steht, wann welches Obst und Gemüse in Deutschland geerntet wird. Ich stellte fest: Orangen, Zitronen, meine geliebten Avocados, Feigen, Grapefruits, Mangos und Melonen musste ich von nun an von meinem Speiseplan streichen. Sie alle wachsen so gut wie gar nicht in Deutschland und müssen das ganze Jahr über aus fernen Ländern importiert werden. Die meisten anderen Obstsorten, bis auf Äpfel und Birnen, gibt es nur im Sommer. Das erinnerte mich an Erzählungen meiner Oma von früher. Sie isst jeden Tag einen Apfel und findet die Vorstellung, einen ganzen Winter lang auf Orangen, Mandarinen und Bananen zu verzichten, überhaupt nicht komisch. Sie kennt das aus ihrer Jugend nicht anders.

Mit dem Saisonkalender einzukaufen macht allerdings wenig Spaß, denn das, was es im Supermarkt gibt, hat häufig keine Saison und das, was laut dem Saisonkalender angeblich gerade geerntet wird, hat der Supermarkt nicht. Mein Glück war, dass mein Essens-Challenge-Monat im Sommer lag, wo es in Deutschland zumindest Zwetschgen, Aprikosen und

Brombeeren gibt. Da ich mir aber vorgenommen hatte, meine Ernährung dauerhaft umzustellen, stehen mir ab jetzt harte Winter bevor.

Apropos Brombeeren. Von denen gab es im Moment auf den Feldern, auf denen ich mit meinem Hund immer Gassi gehe, unfassbar viele. Also schnappte ich mir vor der nächsten Gassi-Runde zwei große Tupperdosen und machte mich daran, Brombeeren zu sammeln. Ein sehr anstrengendes Unterfangen. Meine Hände waren blau, meine Arme und Beine zerkratzt und ich hatte einen Sonnenbrand, weil es unerwartet lange gedauert hat, die beiden Dosen vollzukriegen.

Zurück zu Hause beschloss ich, Marmelade aus den Beeren zu kochen – meine erste richtige Hausfrauentätigkeit. Beim Abwiegen stellte ich mit Erstaunen fest, dass ich in eineinhalb Stunden nur 1,2 Kilo Beeren gepflückt hatte. Das reicht gerade mal für zwölf minikleine Gläser. Aber egal. Im Internet fand ich ein Rezept für Brombeermarmelade. Dort stand, man müsse die Beeren erst waschen, mit Gelierzucker aufkochen, pürieren und dann in mit heißem Wasser ausgekochte Gläser füllen. Diese müsse man dann verschließen und auf den Kopf stellen. Das hatte ich bei meiner Oma so nie gesehen. Also rief ich sie an, um einerseits ein bisschen mit meiner Verwandlung zur perfekten Hausfrau anzugeben und sie andererseits um Rat zu fragen. Meine Oma sagte, das seien alles »Ferz«, also dummer Unfug. Man dürfe die Brombeeren keinesfalls waschen, Auskochen sei überflüssig, weil die Gläser ja wohl nicht schmutzig seien (»die sin doch net dreggisch«), und umgedreht hätte sie die Gläser auch noch nie. Ich hörte in Punkt eins und drei auf sie. Die Gläser kochte ich trotzdem aus. Man weiß ja nie. Mein Fazit: Es gibt nichts Einfacheres, als Marmelade zu kochen. Ich schwöre euch, jede Backmischung ist komplizierter. Man bringt Früchte und Gelierzucker zum Kochen, püriert das Ganze und füllt es in Gläser – fertig! Und die Marmelade schmeckt auch noch.

Eigentlich absurd, dass ich jemals für Marmelade von wer weiß woher Geld ausgegeben habe.

Einige Tage später waren wir auf einem zweiten Biobauernhof, der etwas weiter von uns entfernt liegt. Angeblich sollte es dort Obst und Gemüse aus eigenem Anbau geben. Leider stellte sich heraus, dass der Hof vor Kurzem erst den Besitzer gewechselt hatte und noch mitten in Wiederaufbau und Umstrukturierung steckte. Wir bekamen dort aber die Internetadresse einer neuen Initiative, die von zwei jungen Männern aus Frankfurt gegründet worden war. Ihre Idee: Biolandwirte versorgen Menschen in der Region wöchentlich mit ihren frisch geernteten Produkten. Alle, die mitmachen wollen, schließen sich zu einer sogenannten »Kooperative« zusammen – einer Genossenschaft gleichberechtigter Mitglieder, die ihre Ernährung selbst in die Hand nehmen. Klingt kompliziert, heißt im Endeffekt aber nur: Jeder bezahlt pro Monat einen bestimmten Betrag und bekommt dafür jede Woche eine Kiste mit Obst, Gemüse, Eiern und Brot von Biohöfen aus der unmittelbaren Nähe. Gibt es wenig zu ernten, kriegen alle wenig, gibt es viel, wird es unter allen aufgeteilt. Alles, was in der Kiste ist, ist also zu hundert Prozent bio, regional und saisonal. Ich hatte die Lösung all meiner Probleme gefunden. Ich musste keine Saisonkalender mehr wälzen, keine Verkäufer an Marktständen mit meinen Fragen nerven und hatte trotzdem jede Woche frische Produkte aus der Region in Bioqualität. Wir vereinbarten einen Probemonat, bevor die Kooperative überhaupt offiziell gegründet war, und fieberten dem Tag entgegen, an dem wir die erste Kiste abholen konnten.

In und um Frankfurt gibt es mehrere Abholorte. Unserer ist der Keller einer Lehrerin im Nachbarort. Sie bekommt die Kisten am Mittag geliefert und wir holen sie abends auf dem Weg von der Arbeit nach Hause ab. Die erste Kiste quoll über vor Tomaten. Die waren aber nicht nur rot und mittelgroß, wie die aus dem Supermarkt. Stattdessen gab es grüne, gelbe und rote Tomaten in allen Größen. Außerdem lagen zehn Eier in der Kiste, ein Salatkopf, Zwetschgen, Äpfel, Paprika, ein großer Kürbis, mehrere kleine Zucchini, Rote Beete, eine Chilischote, Zwiebeln und Kartoffeln. Wir beschlossen, aus einer riesigen gelben Tomate, dem Kopfsalat und der Paprika einen Salat zu machen. Die Tomate war schon ein bisschen angedetscht und weich, aber trotzdem süß und aromatisch. Das war ohne Übertreibung die beste Tomate, die ich jemals gegessen habe. Im Supermarkt wäre sie definitiv aussortiert worden und niemand hätte die Chance auf dieses Geschmackserlebnis gehabt. Wahrscheinlich war sie 24 Stunden zuvor noch auf dem Feld. Das kann einem bei einer Supermarkttomate aus den Niederlanden oder Spanien nicht passieren.

Grundsätzlich waren wir überaus glücklich mit der Kiste. Und auch jetzt, Monate später, bin ich noch begeistert. Nicht nur wegen des Geschmacks und der Qualität, sondern auch wegen der Überraschungsmomente. Schließlich weiß man nie, was man als Nächstes in der Kiste finden wird. Manchmal musste ich sogar im Internet nachgucken, was für ein Gemüse ich da vor mir hatte. Und weil jedes Mal etwas anderes in der Kiste liegt, aus dem man dann irgendetwas zaubern muss, kocht man plötzlich völlig andere Sachen. Früher habe ich zwar oft Salate gemacht, Gemüse aber wirklich selten. Nun machen mein Freund und ich Kürbissuppe, Kürbisspaghetti, Lauchsuppe, Rote-Beete-Salat, Rote-Beete-Auflauf, Wirsinggemüse, Gemüsereis, gefüllte Paprika und Krautsalat. Außer der Kürbissuppe hatte ich nichts davon jemals zuvor gekocht. Auch die Haltbarkeit der Lebensmittel hat mich überrascht. Ein Salat aus dem Supermarkt ist am nächsten Tag häufig welk. Die Salate aus der Kiste halten sich im untersten Fach meines Kühlschranks mehrere Tage. Genauso das Gemüse und Obst.

Mit dem Obst backe ich inzwischen übrigens häufig Hefekuchen und Crumble. Crumbles sind unglaublich einfach zuzubereiten. Man nimmt Obst und legt es in eine Auflaufform. Dann macht man aus Butter, Mehl und Zucker Streusel und streut sie über das Obst. Ab in den Ofen und fertig ist die leckere Nachspeise. Solche süßen Versuchungen hatte ich auch bitter nötig, denn Süßigkeiten sind so gut wie tabu, wenn man sich regional, saisonal und biologisch ernähren will. Wer weiß schon, woher die Zutaten von Gummibärchen stammen? Und der Kakao in der Schokolade kommt sicherlich nicht aus Deutschland. Also war auch hier Selbermachen angesagt.

Durch das viele Kochen veränderte sich unser Alltag. Wir gehen jetzt weniger häufig essen und ernähren uns sehr viel gesünder. Die Reste nehmen wir am nächsten Tag mit zur Arbeit und essen dadurch deutlich seltener in der Kantine. Eines Freitags lag auch ein Brot als Geschenk mit in der Kiste. Es war von einem Frankfurter Bäcker, der nur Mehl von regionalen Biobauern verwendet. Seitdem nehmen wir das Brot jedes Mal mit dazu, haben jetzt also auch beim Brot die Sicherheit, dass es wirklich hundertprozentig regional ist.

Solche Kisten gibt es übrigens nicht nur bei uns, sondern in so gut wie allen deutschen Großstädten, teilweise sogar von mehreren Anbietern. Bei manchen kann man sich aussuchen, was man in der Kiste haben möchte. Andere bieten auch tropische Früchte an – was ich persönliche unsinnig finde, aber das muss jeder für sich entscheiden.

Falls es bei euch nicht die Möglichkeit gibt, eine Kiste zu beziehen oder direkt beim Ökobauern einzukaufen, bleiben euch nur die Bioprodukte aus dem Supermarkt. Darauf greife ich auch ab und zu zurück, wenn der Inhalt der Kiste nicht reicht, weil wir Gäste bekommen, oder irgendetwas fehlt. Genauso wie für Naturkosmetik gibt es auch für Bio-Lebensmittel Siegel. Das EU-Bio-Siegel sieht zum Beispiel aus wie ein grünes Blatt aus EU-Sternen. Lebensmittel mit diesem

Siegel halten im Grunde nur den Bio-Mindeststandard ein. Andere Siegel, wie zum Beispiel die von Demeter, Naturland, Ecoland und Bioland, erfüllen oft strengere Kriterien.

Hier ein paar Beispiele: Der Bio-Mindeststandard lässt zu, dass das Aroma im Erdbeerjoghurt aus Schimmelpilzen gewonnen wird. Demeter und Naturland erlauben solche Zusatzstoffe nicht. In ihrem Erdbeerjoghurt muss der Fruchtgeschmack von echten Erdbeeren stammen. Die EU-Richtlinien erlauben es außerdem, dem Biofleisch Nitritpökelsalz beizumischen. Das macht die Wurst rosa und lässt sie frisch aussehen. Laut der Weltgesundheitsorganisation gilt Natriumnitrit, das in Nitritpökelsalz enthalten ist, in industriell verarbeitetem Fleisch als krebserregend. Demeter-Bauern ist das verboten. Einen besonders krassen Unterschied gibt es bei der Tierhaltung, weswegen bei mir nur noch Fruchtjoghurt von Demeter auf den Tisch kommt. Das EU-Bio-Siegel gestattet es den Landwirten nämlich, den Kälbern ein paar Wochen nach der Geburt die Hörner abzunehmen. Im EU-Ausland ist es sogar erlaubt, die Stelle wegzuätzen. Durch die fehlenden Hörner können die ausgewachsenen Tiere enger gehalten werden, ohne dass sie sich verletzen. Bei den Demeter-Bauern dürfen die Tiere ihre Hörner behalten und bekommen stattdessen einfach einen größeren Stall. Ferkeln werden fast immer die Schwänze abgeschnitten und die Zähne abgeschliffen. Im EU-Ausland werden sie ihnen sogar mit Zangen entfernt. Mir wird wirklich schlecht, während ich das schreibe. Es ist schlicht nicht zu glauben, dass das in Biobetrieben erlaubt ist. Wer Schweinefleisch der Anbauverbände Demeter, Naturland oder Bioland kauft, kann sich hingegen sicher sein, dass so etwas nicht passiert. Ich finde, allein diese Tatsache rechtfertigt den höheren Preis. Natürlich kann man auch einfach ganz auf Fleisch verzichten.

Bei der Recherche für mein umweltfreundlicheres Leben habe ich festgestellt, wie viele hilfreiche Apps es gibt, die einen beim Umweltschutz unterstützen. Einige davon habe ich euch ja schon vorgestellt. Nun kommt eine, die so richtig Spaß macht, denn mit ihr schont man nicht nur die Umwelt, sondern auch den Geldbeutel. Man kann sich vorstellen, wie viel Essen in Restaurants, Cafés und Supermärkten tagtäglich übrig bleibt. Zum Beispiel bei Running-Sushi-Restaurants, bei denen das Band bis zum Schluss gut gefüllt sein soll. Oder bei Bäckereien und Fischbrötchen-Schnellrestaurants. Man kommt da ja nicht um halb sieben abends rein und dann sagen sie: »Tut uns leid! Wir haben kein einziges Brötchen mehr!« Stattdessen liegt ihre Auslage bis zum Ende voll und diese Lebensmittel können natürlich auch nach Ladenschluss noch von jemandem gegessen werden. Die kostenlose App »Too Good To Go« macht sich das zunutze: Restaurants, Bäckereien und Supermärkte melden an die App, was für Speisen sie übrig haben. Die Nutzer der App können diese Sachen dann für weniger als die Hälfte des Preises online kaufen und mit einem Bon zu einer angegebenen Zeit, meist gegen Ende der Öffnungszeiten, abholen. Das sind mal belegte Bagels oder Wraps aus dem Café um die Ecke, Sushi vom All-you-can-eat-Büfett oder eine Frühstücksbox aus dem Hotel. So wird gutes Essen, das ansonsten sinnlos in den Müll gewandert wäre, gerettet, die Kunden bekommen etwas Leckeres zum reduzierten Preis und die Umwelt freut sich auch!

Ich probiere die App natürlich sofort aus und entdecke ein riesiges Angebot in meiner Nähe, unter anderem einen sehr edlen Bäcker, der französische Küchlein und die besten Croissants weit und breit macht. Ich entschied mich für eine Überraschungstüte für drei Euro, die ich zwischen 19:30 Uhr und 20:00 Uhr abholen konnte, und war sehr gespannt. Für drei Euro bekommt man bei diesem Bäcker normalerweise vielleicht eineinhalb Croissants. Es erwartete mich eine ziemlich große Tüte mit allen möglichen Leckereien, die ich niemals alle auf einmal hätte aufessen können. Ich fror einen Teil davon ein, den Rest gab es zum Abendessen und am nächsten Morgen zum Frühstück. Für mich und meinen Freund war es deutlich zu viel, aber für eine Familie, noch dazu eine mit wenig Geld, wäre es einfach perfekt gewesen. In den kommenden Wochen probierte ich noch verschiedene andere Angebote aus und auch da war mir die Menge meist zu groß. Einiges traf auch nicht meinen Geschmack. Außerdem waren die Angebote, die mich interessierten, häufig mit einer Abholzeit verbunden, zu der ich normalerweise noch auf der Arbeit bin. Trotzdem finde ich die Idee grandios und würde die App hungrigen Studenten und größeren Familien unbedingt empfehlen.

Dass diese Idee so gar nicht neu ist und sogar noch einem guten Zweck dienen kann, beweisen seit 25 Jahren die Tafeln. Das ist ein gemeinnütziger Verein, der mehr als 2000 Ausgabestellen hat und diese mit mehr als 60 000 freiwilligen Helfern betreibt. Sie sammeln überschüssige Lebensmittel aus Supermärkten und verteilen sie gegen einen geringen Beitrag an sozial Schwache.

Ein anderes tolles Unternehmen ist Querfeld. Es kauft krummes oder wegen anderer vermeintlicher Mängel aussortiertes Obst und Gemüse auf und beliefert damit Großkunden wie Kantinen und Catering-Services. So tun immer mehr Menschen und Firmen etwas gegen die Verschwendung von Lebensmitteln.

Das meiste Essen wird allerdings immer noch bei den Verbrauchern zu Hause weggeschmissen. Daran versuchten mein Freund und ich jetzt zu arbeiten und mithilfe folgender Tricks haben wir es auch einigermaßen hinbekommen: Erstens – deutlich weniger kaufen. Wenn wir früher vier Käsesorten und vier Wurstsorten gekauft haben, landete immer ein Teil davon im Müll, weil er nicht mehr gut war. Jetzt kaufen wir nur noch ein bis zwei Sorten. Diese Maßnahme klingt so simpel und einleuchtend, aber bisher hatten wir da nie groß drüber nachgedacht, sondern einfach alles gekauft, auf das wir Lust hatten. Zweitens – ein guter Kühlschrank. Ich bin absolut kein Fan davon, etwas wegzuwerfen, was noch funktioniert. Daher gilt dieser Tipp nur für Menschen, die umziehen oder deren Kühlschrank kaputtgeht oder wirklich schon uralt ist. Weil wir für unser neues Haus aber sowieso eine Küche brauchten, haben wir uns einen richtig tollen Kühlschrank geleistet, in dessen Gemüsefach Obst und Gemüse ewig frisch bleiben. Und drittens – ich versuche alles zu verwerten. Wenn die Äpfel aus der Kiste langsam weich werden, backe ich Kuchen daraus. Sogar aus Kürbis backe ich Kuchen. Und aus so gut wie allem kann man einen Eintopf oder eine Nudelpfanne machen. Und zur Not bekommt unser Hund Maja ein üppiges Abendessen.

Auch in diesem Monat gab es übrigens eine Sache, die ich nicht hundertprozentig durchziehen konnte. Kaffee ist mein Lebenselixier. Ich bin zwar kein richtiger Kaffee-Junkie, der jeden Tag fünf Tassen trinkt, aber meinen Kaffee morgens zu Hause und nachmittags auf der Arbeit brauche ich schon. Allerdings werden Kaffeebohnen ja leider nicht bei uns um die Ecke angebaut, sondern stammen hauptsächlich aus Ländern in Afrika, Südamerika und Asien. Was also tun? Ich habe drei Tage lang versucht, komplett auf Kaffee zu verzichten. Das machte mir aber richtig schlechte Laune. Da das Ziel dieses Buchprojekts jedoch war, so viel wie möglich für die Umwelt zu tun, ohne dabei die Laune zu verlieren, wollte ich zumindest meinen Morgenkaffee wiederhaben. Damit habe ich meinen Kaffeekonsum also zumindest um die Hälfte reduziert. Und gleichzeitig natürlich auch meinen Milchkonsum.

Dass Milch wegen der Kühe nicht so richtig umweltfreundlich ist, wissen wir ja schon. Zwar kam meine jetzt vom Bauernhof um die Ecke, aber auch die hessischen Kühe rülpsen Methan. Deswegen suchte ich nach einer Lösung. Eine einfache, weil fast überall verfügbare Alternative ist Sojamilch. Wie umweltschonend die ist, hängt allerdings stark von der Herkunft des Sojas ab, die man beim Hersteller erfragen muss. Wird das Soja aus Brasilien oder Kanada importiert, ist der Umweltvorteil dahin. Vor allem in Südamerika gibt es riesige Felder mit überwiegend gentechnisch verändertem Soja, das mit heftigen Pestiziden gespritzt wird. Sojamilch aus in Europa angebautem Soja hingegen ist im Vergleich zur Kuhmilch umweltfreundlicher.

Mandelmilch ist übrigens keine gute Alternative, da die Mandeln meist in Kalifornien auf großen Plantagen angebaut werden, die im heißen trockenen Klima dort ständig bewässert werden müssen. Um die Mandelbäume zu bestäuben, werden jährlich Milliarden von Bienen auf die Plantagen gebracht. Die Tiere sind den Pestiziden auf den Feldern ausgesetzt und stehen unter ständigem Stress durch die Transporte. So wird ihr Immunsystem geschwächt und sie sind anfälliger für Viren und Parasiten. Diese Art der Bienenhaltung gilt daher als Mitverursacher des Bienensterbens. Kommen die Mandeln aus Europa, sieht die Ökobilanz der Mandelmilch deutlich besser aus.

Die beste Alternative zu Kuhmilch ist Hafermilch – zumindest, wenn sie aus deutschem Hafer hergestellt ist. Ich habe bei uns im Supermarkt eine gefunden, die mir auch schmeckt. Leider gibt es sie nur im Tetra Pak, was eigentlich meinem Vorsatz, auf Plastik zu verzichten, widerspricht. Deswegen habe ich jetzt folgende Taktik entwickelt: Ich kaufe weiterhin die Bauernhofmilch in wiederverwendbaren Glasflaschen, habe aber immer ein bis zwei Tetra Paks Hafermilch zu Hause. Die hält sich deutlich länger als frische Kuhmilch und kommt immer dann zum Einsatz, wenn ich es mal nicht zum Bauern geschafft habe, oder es dort keine Milch gibt. Das passiert nämlich manchmal, weil eine Kuh zum Beispiel gerade weniger oder gar keine Milch gibt. So habe ich das Beste aus beiden Welten kombiniert.

Und zum Schluss noch die allerbeste Möglichkeit, regional, biologisch und saisonal zu essen: Man pflanzt den Kram einfach selber an. Wir hatten in diesem Frühjahr zu viel mit der Renovierung des Hauses zu tun, sodass wir den Garten noch nicht in Angriff nehmen konnten. Aber für nächstes Jahr ist ein kleiner Obst- und Gemüsegarten geplant. Wie cool muss es sein, sein eigenes Gemüse zu ernten? Ich freue mich schon sehr darauf und habe zumindest schon im Kleinen damit angefangen und viele Kräuter wie Schnittlauch, Petersilie, Rosmarin, Thymian und Pfefferminze gepflanzt. Die Pfefferminze wuchert regelrecht, obwohl sie nur einen dunklen Schattenplatz hinter dem Haus bekommen hat. Dank der Vorbesitzer des Hauses haben wir sogar Kiwis im Garten. Die haben wir auch schon geerntet, sie waren aber so sauer, dass man sie nicht essen konnte. Aber vielleicht wird es ja trotzdem irgendwann noch etwas mit dem eigenen Südfrüchteanbau.

Zum Abschluss dieses Kapitels möchte ich noch mit euch anstoßen. Und zwar mit einem Bio-Bier oder Bio-Wein. Gibt's nämlich beides und schmeckt genauso gut wie konventionelle Weine und Biere. Aber man weiß, dass der Hopfen und die Trauben ohne Pestizide gewachsen sind, und das ist gut für die Böden und für die durstigen Menschen.

Fazit

Ich bin unfassbar glücklich, dass ich mich mit umweltfreundlicher Ernährung beschäftigt habe, denn mein Leben ist dadurch sehr viel besser und gesünder geworden. Ich kaufe nicht mehr so viele, aber dafür hochwertigere Lebensmittel. Ich esse weniger Fleisch und weniger tierische Produkte. Und ich gebe noch nicht mal mehr Geld dafür aus, weil ich viel weniger wegwerfe. Außerdem gehe ich deutlich seltener in die Kantine. Das, was ich esse, schmeckt super, schont die Umwelt und ist besser für das Tierwohl. Nie habe ich eine klügere Entscheidung getroffen, als meine Essgewohnheiten umzustellen. Ich habe allerdings Glück, in einer Gegend zu wohnen, in der das relativ einfach möglich ist. Ich hoffe, das klappt bei euch auch und ihr habt Spaß daran, den ein oder anderen meiner Vorschläge umzusetzen.

Das könnte die Politik tun:

Wie lässt sich erreichen, dass Menschen weniger und bewusster Fleisch essen? Eine Kampagne des Bundesumweltministeriums könnte die Verbraucher über Massentierhaltung und CO_2-Ausstoß von tierischen Produkten aufklären. Das ist aber natürlich nicht im Interesse der Landwirte, die gegen eine solche Maßnahme vermutlich auf die Barrikaden gehen würden. Manche Experten raten dazu, die Preise für Fleisch zu erhöhen. Da Lebensmittel aber mittlerweile weltweit eingekauft werden, könnten die Supermärkte einfach auf günstigere Produkte aus dem Ausland zurückgreifen, was für noch weitere Transportwege sorgen würde und noch schlechter für das Klima wäre. Eine Anhebung des Mehrwertsteuersatzes von 7 auf 19 Prozent, zumindest für flugtransportierte Lebensmittel, könnte hier sinnvoll sein.

Am schnellsten umzusetzen wäre eine bessere Kennzeichnung der Produkte hinsichtlich ihrer Herkunft und ihrer CO_2-Bilanz. Dazu müsste der Begriff »regional« definiert werden, damit der Verbraucher sich darauf verlassen kann, dass regionale Lebensmittel wirklich keinen langen Weg zurückgelegt haben. Außerdem könnte man, ähnlich wie bei den Kalorien, die Angabe des CO_2-Ausstoßes auf dem Produkt verpflichtend vorschreiben. Dazu bräuchte man aber verbindliche Rechenwege, damit dieser Wert von niemandem geschönt werden kann. Das Schweizer Handelsunternehmen COOP hat in diesem Bereich einen ersten Vorstoß gemacht: Es kennzeichnet alle Lebensmittel, die mit dem Flugzeug in die Schweiz transportiert wurden.

Auch bei der Lebensmittelverschwendung ist nicht nur der Verbraucher gefragt, sondern auch die Politik. Ein Beispiel dafür sind die Handelsnormen, die es für viele Produkte gibt. Obst und Gemüse dürfen nicht zu klein oder zu krumm sein. Dadurch landen viele essbare Lebensmittel auf dem Müll.

Am wirkungsvollsten wäre es allerdings wohl, auf die Landwirte einzuwirken. Sie müssten sicherstellen, dass nicht zu viel klimaschädlicher Stickstoff auf die Felder gelangt, zum Beispiel indem sie regelmäßig die Werte im Boden messen und dann weniger und zielgenauer düngen.

Meine Tipps für umweltfreundliche Ernährung

- Sparsamer und strukturierter einkaufen
- Bio-Lebensmittel kaufen und dabei auf die Siegel achten
- Weniger Fleisch und tierische Produkte essen
- Saisonale und regionale Lebensmittel bevorzugen
- Keine eingeflogene Ware kaufen
- Direkt beim Erzeuger kaufen
- Weniger Kaffee trinken
- Reste verwerten
- Obst, Gemüse und Kräuter selbst anbauen

Monat 7

Die Reise-Challenge

Wie kann ich umweltverträglich Urlaub machen?

Das Problem

In den Urlaub zu fahren ist ja eins der schönsten Dinge, die es gibt. Wer viel arbeitet, ob im Job, in der Uni oder in der Schule, will auch mal ausspannen. Und das an einem möglichst schönen Ort. Viele dieser schönen Orte sind weit weg. Und irgendwie fühlt man sich ja gerade von der Ferne und dem Unbekannten, das den eigenen Horizont erweitert, besonders angezogen. Leider ist in den Urlaub zu fahren in den meisten Fällen eine schreckliche Umweltsünde. Ja, ich weiß, das kann einem ganz schön die Laune verderben.

Vor allem Fernreisen sind Klimakiller. Das größte Problem bei allen Fernreisen ist die Reise an sich, genauer gesagt der Flug. Das Umweltbundesamt hat im Sommer 2016 die Bürger dazu aufgefordert, auf Flugreisen möglichst zu verzichten. Denn Flugzeuge sind die – aus Umweltsicht – denkbar schlechtesten Fortbewegungsmittel. Ein Flugzeug stößt für jeden zurückgelegten Kilometer durchschnittlich 211 Gramm klimaschädliches Kohlendioxid pro Person aus – und damit deutlich mehr als ein Auto (142 Gramm) und mehr als fünfmal so viel wie die Bahn im Fernverkehr (41 Gramm). Fernreisen mit dem Flugzeug machen laut WWF nur drei Prozent aller Reisen aus, sie verursachen aber 17 Prozent der klimaschädlichen Emissionen im Tourismus. Insgesamt ist der Tourismus für fünf Prozent der weltweiten CO_2-Emissionen verantwortlich. Dabei kann es sich in Europa laut Zahlen von Eurostat jeder Dritte gar nicht leisten, in den Urlaub zu fahren. In vielen armen Teilen der Welt fährt gar niemand in den Urlaub. Wenn man das also bedenkt, dann sind fünf Prozent ganz schön viel. Und mit zunehmendem Wohlstand auf der Welt wird dieser Anteil noch steigen.

Aber auch die Wahl der Unterkunft hat Einfluss auf das Klima. Ein riesiger Hotelbunker mit überdimensionalem beheiztem Pool und Klimaanlagen in allen Zimmern ist deutlich umweltschädlicher als Campingurlaub oder der Aufenthalt in einer kleinen Finca. Man muss sich nur mal überlegen, was alleine die Hotels in Deutschland für einen Wäscheverbrauch haben. Laut dem Statistischen Bundesamt haben im Jahr 2017 in Deutschland fast 460 Millionen Menschen in Hotels übernachtet, viele davon nur für eine Nacht. Angenommen, alle diese Hotels waschen jeden Tag die Handtücher und die Bettwäsche, dann werden 460 Millionen Mal Wasser, Waschmittel und Energie verbraucht. Und das nur in Deutschland. In fast allen anderen Ländern der Welt wird ja auch noch Urlaub gemacht. Und jetzt stellt euch mal den Berg an Müll vor, der durch die kleinen Shampoo- und Duschgelproben entsteht, die es in teureren Hotels gibt oder die viele in der Drogerie kaufen, um sie mit in den Urlaub zu nehmen.

Besonders Skireisen – jetzt müssen alle Skiliebhaber ganz stark sein – sind alles andere als umweltfreundlich. Der WWF erklärt sogar, dass Skigebiete eine Katastrophe für die Umwelt sind. Zwar ist die Anreise meistens nicht so weit, dafür ist die Situation in den Skigebieten selbst für die Natur äußerst problematisch. Für den Bau von Skipisten wird hektarweise Wald gerodet, dann fahren Planierraupen über die Fläche und zerstören den Lebensraum von Pflanzen und Tieren. Der Boden wird auf diese Weise so fest, dass er kein Wasser mehr aufnehmen kann. Überschwemmungen, Geröll- und Schneelawinen sind die Folge. Doch dabei bleibt es nicht: Zubringerstraßen werden gebaut, Skilifte, Seilbahnen und Hotels. Der WWF spricht sich daher gegen den Bau neuer Skipisten aus. Doch das Absurdeste am Skitourismus ist wohl folgender Zusammenhang: Zum Skifahren braucht man Schnee. Von dem gibt es wegen des Klimawandels aber immer weniger und daher kommt immer häufiger Kunstschnee zum Einsatz. Um den herzustellen, braucht man unfassbar viel Energie und noch mehr Wasser. In vielen Skigebieten werden deshalb in großer Höhe extra Speicherseen angelegt. In den Alpen führen einige Flüsse laut WWF deswegen schon jetzt 70 Prozent weniger Wasser als früher. Außerdem ist der Kunstschnee dichter als normaler Schnee, weshalb weniger Sauerstoff an die Erde gelangt, was wiederum ein Problem für Pflanzen und Tiere ist. Durch die Schneekanonen schaden wir der Umwelt also noch mehr, um im Endeffekt dann noch weniger Schnee zu haben.

Meine Lösung

Am besten wäre es gewesen, in meinem umweltfreundlichen Jahr einfach gar nicht in den Urlaub zu fahren. Darüber zu schreiben ist aber relativ langweilig. Die Story über Balkonien ist ja schnell erzählt. Außerdem habe ich auch noch einen Freund, der zwar glücklicherweise bei vielen meiner umweltfreundlichen Taten mit mir an einem Strang zieht, den ich dann aber doch nicht um seinen wohlverdienten Urlaub bringen wollte. Klar war natürlich, dass wir nicht mit dem Flugzeug fliegen würden. Einzig beruflich konnte ich in diesem Jahr eine Flugreise nicht vermeiden. Für die Kindernachrichten logo! musste ich für zwei Reportagen nach Norwegen. Eine Anreise mit dem Zug, die mehrere Tage gedauert hätte, kam für mich nicht infrage. Schließlich ist mein Umweltschutzprojekt meine Privatsache und da sollte mein Arbeitgeber nicht drunter leiden müssen. Stattdessen habe ich versucht, einen Direktflug zu bekommen. Die sind nicht nur angenehmer, sondern auch umweltfreundlicher. Denn bei Start und Landung wird die meiste Energie aufgewendet und wenn man auf derselben Strecke nur jeweils einmal startet und landet, ist das umweltfreundlicher, als wenn man das jeweils zweimal tut. Außerdem ist die Strecke natürlich kürzer, denn meistens landet man ja nicht in einer Stadt zwischen, die genau auf dem Weg liegt, sondern fliegt stattdessen einen Umweg. Leider gab es zu den Daten, an denen die Drehs stattfinden sollten, überhaupt keine Direktflüge. Also flog ich über Oslo nach Bergen. Dieser Flug brachte meine CO_2-Bilanz ganz schön in die Miesen, denn ich hatte mit nur einem Hin- und Rückflug 712 kg CO_2 in die Luft geblasen. Eine Kompensation musste her. Dass es diese Möglichkeit gibt, weiß ich, seit ich vor zwei Jahren einen Umweltschutz-Blog für logo! gemacht habe. Das funktioniert folgendermaßen: Man sucht sich im Internet einen Anbieter zur CO_2-Kompensation – hinten im Anhang empfehle ich euch welche –, kauft sich ein CO_2-Zertifikat und mit dem Geld, das man dafür bezahlt, fördert der Anbieter Klimaschutzprojekte, die CO_2 reduzieren und damit einsparen. Weil das total kompliziert klingt, hier ein Beispiel: In vielen Teilen Indiens heizen die Menschen mit Holz. Das ist aus zweierlei Gründen schlecht für die Umwelt. Erstens gerät durch das Verbrennen von Holz tonnenweise CO_2 in die Luft. Zweitens werden dafür Mangrovenwälder gerodet, die eine natürliche Barriere gegen Unwetter bilden und helfen, die Küste vor dem Anstieg des Meeresspiegels zu schützen. Ein Klimaschutzprojekt vor Ort subventioniert nun den Kauf neuer, deutlich effizienterer Holzvergaseröfen. Das heißt, die Menschen kaufen die Öfen zwar selbst, aber zu einem viel niedrigeren Preis, den sie sich auch leisten können. Durch die neuen Öfen sparen sie etwa 50 Prozent Feuerholz ein und damit auch dementsprechend viel CO_2. Der Anbieter verrechnet diese Menge an eingespartem CO_2 mit der Menge an CO_2, die man laut dem Zertifikat kompensieren möchte. Über den Umweg eines Klimaschutzprojekts macht man damit also das zusätzlich verursachte CO_2 wieder wett. In meinem Fall kostete das für Hin- und Rückflug mit Zwischenstopp 24 Euro. Ziemlich günstig für ein reines Gewissen. Und genau da liegt das Problem. Natürlich klingt diese Lösung, als würde man sich freikaufen. Statt wirklich umweltbewusst zu handeln, bezahlt man einen gewissen Betrag und schon hat man seine Umweltsünden wiedergutgemacht. Viel besser wäre es, solche Projekte zu fördern und nicht zu fliegen.

Doch ich muss gestehen, sosehr mir die Umwelt auch am Herzen liegt – ich würde trotzdem gerne weiterhin reisen, da es einfach den Horizont erweitert und es in Deutschland nun mal keinen Strand mit Palmen gibt. Würde ab sofort niemand mehr in den Urlaub fahren, würden außerdem ganze Wirtschaftszweige sterben, ganze Länder, deren Einnahmen vom Tourismus abhängen, würden pleitegehen. Trotzdem bin ich der Meinung, dass man nicht viermal im Jahr für nur wenige Tage irgendwohin fliegen muss. Es reicht, einmal im Jahr oder alle zwei Jahre eine Fernreise zu unternehmen. Am Ende muss das aber natürlich jeder für sich selbst entscheiden. Ich schränke meine Flugreisen seit diesem Jahr ein und werde versuchen, dies auch weiterhin zu tun. Da ein Flug manchmal aber unvermeidbar ist und man ab und zu auch einfach Lust hat, ein fernes Land zu bereisen, halte ich das Kompensieren grundsätzlich für eine gute Sache. Ich mache das inzwischen bei jedem Flug. Auch weil das Fliegen in meinen Augen viel zu günstig ist. Wenn Flüge bei einigen Billigairlines unter 100 Euro kosten, es also teurer ist mit dem Auto oder dem Zug zu verreisen, steht das für mich in keinem Verhältnis.

Der erste Urlaub, der während meines umweltfreundlichen Jahres anstand, war der jährliche Wanderurlaub mit meinem Vater. Grundsätzlich ist Wandern ja schon mal umweltfreundlich, denn man braucht nur die Natur und seine Beine. Jetzt war nur noch die Frage, wohin wir fahren und wie wir wohnen wollten. Klar war, dass das Wandergebiet vielfältig sein musste, da mein Vater Präsident eines Wandervereins ist und sich mit kleinen Touren nicht zufriedengegeben hätte. Außerdem sollte das Gebiet nicht so weit entfernt liegen und ich wollte in einem Biohotel wohnen. Also begann ich meine Recherche. Schnell musste ich feststellen, dass sich zwar viele Biohotel nennen, wenn man genauer hinschaut, aber nur die wenigsten auch wirklich »bio« sind. Dazu später mehr. Ich entschied mich für ein Bio-Viersternehotel in Leogang in Österreich, das auch meinem Vater gefiel. Er fand es zwar ein bisschen zu chic und fragte mich im Scherz, ob er da am Abend einen Bio-Smoking tragen müsse, für mich war es aber genau richtig, da ich es im Urlaub gerne schön habe. Nun war die Frage der Anreise zu klären. Mein Vater hatte vor, umweltfreundlich mit der Bahn zu fahren. Und auch ich wollte eigentlich die Bahn nehmen, hatte dann aber Bedenken. Mein Hund Maja sollte mit in den Urlaub kommen und sie ist ein ziemlich großer Hund. Wer sie sich angucken will, kann das gerne auf meinem oder ihrem eigenen Instagram-Account tun. Ich musste also neben meinem eigenen Reisegepäck auch ihr Futter, ihre Kauknochen, ihr Schlafkissen, ihr Spielzeug und ihren Wanderrucksack (ja richtig gehört, sie sollte nämlich ihr Wasser selber tragen) mitnehmen. Da wir vor Ort auch ein wenig mobil sein wollten, kam für die Fahrt also nur ein Elektroauto infrage, das ich mir ausleihte. Die Strecke nach Leogang ist 560 Kilometer lang. Da mein Elektroauto vollgeladen höchstens 220 Kilometer weit kam, mit 80 Prozent Ladung nach dem Schnellladen aber nur maximal 170 Kilometer, musste ich eigentlich – um sicherzugehen, dass alles klappt – zwei Zwischenstopps mit etwa 30 Minuten Aufenthalt einplanen. Pausen dieser Länge wären aber sowieso notwendig gewesen. Maja muss ja Gassi gehen und ich auch mal einen Kaffee trinken und auf Toilette. Im Vorfeld guckte ich mir also im Internet mögliche Raststätten mit Schnellladestationen für Elektroautos an. Dabei stieß ich auf ein Problem: Während es am Ende meiner Strecke auf der A9 massig Ladestationen gab, weil diese Strecke eine Teststrecke für Elektromobilität von BMW, E.ON und Siemens ist, gab es am Anfang meiner Strecke auf der A3 deutlich weniger Ladestationen. Wobei man differenzieren muss – Ladestationen gibt es grundsätzlich mittlerweile überall viele. Die allermeisten davon sind aber keine Schnellladestationen, das heißt, sie laden das Auto mit deutlich weniger Power auf, ähnlich wie meine normale Steckdose zu Hause. Das ist zwar praktisch, wenn ich den Wagen über Nacht aufladen möchte, aber eine achtstündige Pause kommt auf einer Raststätte natürlich nicht infrage. Schnellladestationen, die den Wagen innerhalb weniger als einer halben Stunde aufladen, gab es am Anfang meiner Strecke nur sehr wenige. Daher musste ich meinen ersten Stopp schon sehr früh einlegen, und zwar auf der Raststätte Haidt Süd nach 167 Kilometern. Von dort kam ich dann keinesfalls mit nur noch einem weiteren Stopp nach Leogang. Das brachte also meine komplette Lade-Rhythmus-Planung durcheinander und es mussten drei Stopps eingeplant werden.

Mit einem etwas mulmigen Gefühl machte ich mich auf den Weg in den Urlaub. Da es meine erste lange Strecke mit dem Elektroauto war und ich noch nie woanders als an meiner Steckdose zu Hause aufgeladen hatte, war ich ein bisschen aufgeregt. Ich fuhr um neun Uhr los und wollte meinen Vater eine Stunde von unserem Ziel entfernt am Bahnhof in Kufstein abholen. Um 17 Uhr sollte sein Zug dort ankommen. Ich hatte also richtig viel Zeit eingeplant. Maja lag glücklich auf der Rückbank. Ich hatte am Anfang das Gefühl, dass sie sehr überrascht war, dass sich das Auto geräuschlos bewegt, aber daran hat sie sich schnell gewöhnt. Es war übrigens auch meine erste Urlaubsreise mit Hund. Alles also sehr spannend. Nach zwei Stunden, die Maja komplett verschlafen hatte, war die Raststätte Haidt Süd angeschrieben. Zu meiner Überraschung befand sich schon auf den Schildern auf der Autobahn ein Zeichen für die Elektroladestation. Darauf hatte ich vorher noch nie geachtet. Neben dem normalen Zeichen für eine Tankstelle (eine Zapfsäule) gab es noch ein ähnliches Zeichen: eine Zapfsäule, aus der ein Stecker kommt. Dieses Zeichen wies mir dann auch innerhalb der Raststätte den Weg. Denn die Elektroladestationen sind meist nicht in der Nähe der normalen Tankstelle, sondern abseits auf den Parkplätzen der Rastanlagen. Ich hatte Glück. Beide Parkplätze vor der Ladestation waren frei. Ich parkte so ein, wie es auf dem Boden eingezeichnet war, also vorwärts und leicht schräg. Dann sah ich mich mit dem ersten Problem konfrontiert: An der Ladestation hingen drei Stecker. Keiner war beschriftet. Ich hatte also keine Ahnung, welchen ich in mein Auto stecken sollte. Ich untersuchte erst mal alle drei ganz genau und erinnerte mich an die Beschreibung meines Autohändlers, der mir die beiden unterschiedlichen Stecker, die im Kofferraum des Autos sind, erklärt hatte. Mit ihnen kann man zu Hause an der Steckdose laden. Hier an der Tankstelle musste ich die an der Ladestation nehmen. Der größte von ihnen war eine Art Doppelstecker, von dem ich vermutete, dass er für das Schnellladen gedacht war. Jetzt stand ich allerdings vor dem nächsten Problem, denn das Kabel war viel zu kurz, um bis an meine Autosteckdose zu reichen, die sich, ähnlich wie die meisten Benzintanks, seitlich hinten am Auto befindet. Ich musste also umparken, hatte allerdings den Hund schon ausgeladen, der während meiner zehnminütigen Erkundung brav angeleint an der Ladestation gewartet hatte. Da ich Angst hatte, Maja zu überfahren, musste sie also zurück ins Auto, was sie gar nicht witzig fand. Wir waren ja noch nicht mal eine Mini-Gassi-Runde gelaufen. Und auch das Rückwärtseinparken an sich war gar nicht so einfach, weil ich das Auto erst mal entgegen der Einbahnstraße wenden musste. Wer auch immer diese Ladestation geplant hat, hat nicht unbedingt mitgedacht und sie nicht an die Gegebenheiten des Parkplatzes angepasst oder umgekehrt.

Das nächste Problem: Im Vorfeld hatte ich mir eine Art EC-Karte besorgt, mit der man angeblich an den E-Ladestationen bezahlen konnte. Ich versuchte, diese irgendwo an die Ladestation zu halten, fand allerdings keine Vorrichtung dafür. Es gab auch keine Beschreibung, wie man die Ladestation benutzen soll. Also rief ich bei meinem Autohändler an, der glücklicherweise sofort dranging. Er erklärte mir, dass ich mir eine App runterladen musste. Gott sei Dank habe ich massig Datenvolumen und es war auch guter Empfang. Sonst wäre an dieser Stelle der Urlaub schon verdorben gewesen. Ich öffnete die App, die sich sofort meinen Standort zog und mir die Ladestationen in der Umgebung anzeigte. Ich wählte die aus, vor der ich stand, steckte das Ladekabel ein, drückte auf Start und – juhu! Das Auto lud! Bis zu diesem Zeitpunkt waren allerdings schon etwa 20 Minuten vergangen. Jetzt mussten weitere 30 Minuten überbrückt werden. Es war wunderbares Wetter, also eigentlich eine super Gelegenheit, um mit dem Hund eine Runde zu drehen. Allerdings war diese bestimmte Raststätte, an der ich mich befand, leicht mit einer Müllhalde zu verwechseln. Ich habe nie einen schmutzigeren Ort in Deutschland gesehen. Es gab zwar viele Grünflächen und Bäume, aber überall waren Kleintierfallen ausgelegt. Offensichtlich gab es ein Problem mit Ratten. Das war auch nicht verwunderlich, denn man konnte keine zehn Quadratzentimeter finden, auf denen keine Abfälle oder Scherben lagen. Die Gassi-Runde glich also eher einem Spießrutenlauf. Länger aufhalten möchte man sich an so einem Ort definitiv nicht. Meine böse Vermutung ist ja, dass Absicht dahintersteckt, damit man sein Geld im Restaurant oder Café der Raststätte ausgibt, anstatt auf einer Bank im Grünen zu sitzen.

Mein erstes Aufladen war dann endlich abgeschlossen und meine Batterie wieder zu 80 Prozent voll. Warum die Batterie beim Schnellladen nicht zu 100 Prozent aufgeladen wird, hat technische Gründe. Vereinfacht kann man sagen, dass das Laden einer leeren Batterie schneller geht. Je voller die Batterie ist, umso länger dauert das Laden. Für die letzten 20 Prozent braucht die Batterie dementsprechend am längsten – zu lang, um auf einer Raststätte darauf zu warten. Nun wollte ich natürlich wissen, was der Spaß gekostet hat. Aber Fehlanzeige. Weder auf der Ladestation noch in der App wurde mir ein Betrag angezeigt. Die Kosten sieht man dann erst auf der Kreditkartenabrechnung. Je nachdem über welchen Anbieter man lädt, wird entweder die Zeit berechnet, die man an der Ladestation verbringt, oder die genaue Menge an Strom, die man geladen hat. Gerechter ist eigentlich Letzteres, denn wenn man einfach lange an der Ladestation steht, die Batterie aber eigentlich schon voll ist, zahlt man mehr, obwohl man gar nicht mehr Strom verbraucht hat. Die andere Abrechnungsweise hat allerdings den Vorteil, dass die Ladestationen nicht ständig besetzt sind, sondern alle nach dem Laden möglichst schnell wieder wegfahren.

Ich war also wieder auf der Autobahn. Übrigens bin ich nie schneller als 125 Kilometer pro Stunde gefahren, da ich den sogenannten Eco-Pro-Modus genutzt habe, der die Geschwindigkeit automatisch beschränkt. Dadurch wird weniger Strom verbraucht und die Reichweite erhöht sich. Normalerweise fahre ich, ehrlich gesagt, gerne schneller, was ja auf deutschen Autobahnen auch häufig erlaubt ist. Ich vermisste die Geschwindigkeit aber nicht. Im Gegenteil, ich hatte das Gefühl, ohne das Überholen auf der linken Spur entspannter unterwegs zu sein. Nebenbei bemerkt: Auch für Autos mit normalem Antrieb ist langsamer zu fahren umweltfreundlicher, da weniger Sprit verbraucht und somit weniger CO_2 ausgestoßen wird.

Mein nächster Zwischenstopp war die Raststätte Holledau. Inzwischen wusste ich ja schon, wie das Laden geht, stand jetzt aber vor einem anderen Problem. Ich parkte – schlauerweise direkt rückwärts – und zückte mein Handy. Dieses zeigte allerdings kein LTE und kein 3G an, sondern das böse E. Heißt: Ich hatte superschlechten Internetempfang. Ich öffnete die App und nach wenigen Sekunden brach mir der Angstschweiß aus. Die App schaffte es nicht, mich zu orten. Ich konnte also keine Ladestation auswählen und dementsprechend auch nicht laden. Ich bekam Herzrasen und wusste überhaupt nicht, was ich nun tun sollte. Ich entschied mich dazu, erst mal gar nichts zu tun und stattdessen eine Toilettenpause einzulegen. Zurück beim Auto versuchte ich es erneut und nach etwa drei Minuten Warten (das klingt wenig, aber starre mal drei Minuten hoffend auf dein Handy) fand die App meinen Standort und dadurch auch meine Ladestation. Ab diesem Zeitpunkt klappte alles wie am Schnürchen. Die Raststätte Holledau ist deutlich sauberer und befindet sich mitten im Grünen und so konnte ich eine ausgedehnte Gassi-Runde durch die Felder drehen. Maja war glücklich und ich auch. Auch die dritte Ladepause klappte gut. Allerdings war ich an diesem Punkt dann doch langsam von den langen Pausen genervt, weil ich merkte, dass mein Zeitplan nicht aufgegangen war. Wegen der Probleme an den ersten beiden Raststätten hatte ich viel Zeit verloren und musste meinem Vater mitteilen, dass ich etwa eine Stunde zu spät sein würde. Ich holte ihn also um 18 Uhr am Bahnhof ab und wir kamen um 19 Uhr am Biohotel an.

Hier wurden wir freundlich begrüßt. Das Hotel besitzt selbst ein Elektroauto und hat zwei Ladestationen. Mir wurde direkt angeboten, eine davon zu benutzen, und so konnte ich das Auto über Nacht wieder auf 100 Prozent aufladen. Wir brachten das Gepäck aufs Familienzimmer mit zwei Schlafzimmern und waren sofort begeistert. Wir hatten die Kategorie Biozimmer gewählt und deshalb war das Zimmer hauptsächlich aus Zirbenholz. Der Duft soll für guten Schlaf sorgen. Grundsätzlich werden in diesem Biohotel nur Naturmaterialien verwendet. Kopfkissen oder Vorhänge aus Polyester? Kunstledersessel? So was gibt es hier nicht. Alles ist aus Holz, Loden, Leinen oder Baumwolle. Unser erster Eindruck war schon mal sehr gut. Mit großem Hunger ging es dann ab ins hoteleigene Restaurant. Wir hatten die sogenannte Dreiviertelpension gebucht, also gab es für uns täglich Frühstück, Abendessen und einen Nachmittagssnack. Das Abendessen bestand jeden Abend aus einem Fünf-Gänge-Menü. Dabei konnte man zwischen zwei Menüabfolgen wählen: einer veganen und vegetarischen Variante und einer normalen. Das begeisterte mich sofort, denn ich finde, es erleichtert die Entscheidung für veganes und vegetarisches Essen enorm. Als Vegetarier muss man sich im Restaurant ja manchmal zwangsläufig wie ein anspruchsvoller Sonderling fühlen, wenn auf den Menükarten nur unten klein gedruckt steht: »Bitte fragen Sie uns nach einer vegetarischen Alternative.« Diese ist dann oft eine lieblose Variante der Fleisch- oder Fischgerichte. Hier konnte man sofort sehen, welche vegetarischen Gerichte es gab, und musste nicht extra nachfragen und somit das Gefühl haben, mehr Arbeit zu verursachen. Viele der vegetarischen Gerichte sprachen mich an und so wählte ich, bis auf einmal, immer etwas von der vegetarisch-veganen Karte. (Warum der Verzicht auf Fleisch der Umwelt hilft, erfahrt ihr im Ernährungskapitel.) Mein Vater entschied sich für die vegetarischen Vorspeisen und eine Hauptspeise mit Fleisch. Wir fanden beide unser Essen sehr lecker, bis auf eine Ausnahme: Veganer Nachtisch wird nicht meine Leibspeise, da ich den Geschmack von Soja in Süßspeisen einfach unangenehm finde. Sonst war aber alles grandios.

Das Essen in diesem Biohotel ist – bei dem Namen sollte das ja eigentlich eine Selbstverständlichkeit sein – zu 100 Prozent bio und zu einem Großteil regional. Das gilt auch für alle Getränke an der Hotelbar – der sogenannten Green Bar. Deswegen gibt es einige Getränke nur in abgewandelter Form, wie zum Beispiel Spritz, für den ein anderer, ähnlich schmeckender Likör verwendet wird, weil es keinen Bio-Aperol gibt. Der Spritz wird zwar leider nicht mit einem wiederverwendbaren Strohhalm serviert, dafür aber immerhin mit einem aus Papier. Weine gibt es nur aus Österreich von Biowinzern. Und auch alle alkoholfreien Getränke sind bio. Mit einer Ausnahme: Bio-Wasser gibt es ja nicht. Wer stilles Wasser bestellt, bekommt Leitungswasser, das in diesem Fall tolles Alpen-Quellwasser ist. Ehrlich gesagt komme ich beim Erzählen über dieses Hotel aus dem Schwärmen gar nicht mehr heraus, denn irgendwie ist hier alles durchdacht. Zum Beispiel bestellt man am Morgen beim Frühstück schon sein Abendessen. So wird nicht unnötig viel Essen vorbereitet, das dann am Ende weggeschmissen werden muss. Auch beim Frühstücks- und Nachmittagsbüfett wird auf Nachhaltigkeit geachtet. Wenn ein Kuchen oder ein Salat aus ist, dann wird er nicht nachgefüllt. Natürlich ist es sehr angenehm, wenn auch zehn Minuten vor Ende des Frühstücks noch alles verfügbar ist. Wenn man allerdings darüber nachdenkt, wie viele Lebensmittel in einem normalen Hotel tagtäglich weggeschmissen werden, kann man auch mal mit einer leeren Schüssel leben und muss sich dann eben mit dem begnügen, was noch übrig ist. Kleine Butter- oder Marmeladepäckchen gibt es hier natürlich auch nicht. Stattdessen ein großes Stück Biobutter, von der sich jeder ein Stück abschneiden kann, und selbst gemachte Marmelade. Der Tee wird lose in Porzellankännchen mit integriertem Filter serviert. Ein Frühstück mit so wenig Verpackungsmüll wie möglich.

Im Bad unseres Hotelzimmers fanden wir dementsprechend auch keine kleinen Plastik-Probiershampoos, sondern Naturkosmetik in großen Verpackungen zum Nachfüllen. Wie in den meisten Hotels gab es im Badezimmer einen kleinen Hinweis: »Sollten Sie neue Handtücher benötigen, legen Sie diese auf den Boden. Falls Sie sie noch weiter benutzen wollen, hängen Sie sie auf.« Ich habe die Erfahrung gemacht, dass kaum ein Hotel diesen Vorschlag auch ernst nimmt. In den meisten Fällen werden einfach alle Handtücher ausgetauscht, egal ob sie aufgehängt sind oder nicht. Hier war das anders. Mein Vater und ich haben unsere Handtücher die komplette Woche über benutzt. Sie wurden nicht ein Mal ausgetauscht. Würden alle Hotels und deren Gäste dies so handhaben, könnten Tonnen von CO_2, Wasser und Waschmittelrückständen eingespart werden, die bei der Reinigung der Millionen von Handtüchern pro Tag entstehen.

Als ich schon im Bett lag, gab es dann noch eine Überraschung für mich. Um 23 Uhr wird das WLAN bis zum nächsten Morgen um 7 Uhr ausgestellt. Da ich vor dem Schlafengehen gerne noch mal mit meinem Handy surfe, war ich erst ein bisschen sauer. Der Gedanke dahinter gefiel mir dann aber doch. Nachts soll man ja eigentlich schlafen und das natürlich so ungestört wie möglich. Und Strom spart das Ausschalten des WLANs für das komplette Hotel natürlich auch.

Am nächsten Tag stand unsere erste Wanderung auf dem Programm. Sechs Stunden und tausend Höhenmeter später kamen wir wieder im Hotel an und wollten in den Pool. In diesem Fall handelt es sich dabei um einen umweltfreundlichen Badeteich, in dem das Wasser nicht mit Chlor gereinigt wird, sondern auf natürliche Weise mit Mikroorganismen, die im Wurzelwerk von Seerosen und anderen Wasserpflanzen siedeln. Der meiner Meinung nach einzige Nachteil dieser Art von Pool: Er ist kalt. Erstens kostet das Heizen eines Pools natürlich unfassbar viel Energie und zweitens ist das Heizen eines Naturpools überhaupt nur bis zu einer gewissen Temperatur möglich, damit die Pflanzen und Tiere nicht sterben. Im Fall unseres Hotels war ein Großteil des Pools ungeheizt und ein kleinerer Teil durch die Restwärme der Sauna beheizt. Die Energie hierfür wurde über eine eigene Fotovoltaikanlage gewonnen, also über Solarzellen. Wir schwammen eine kurze Runde und gingen zurück aufs Zimmer, um uns fürs Abendessen fertig zu machen. Dabei fiel mir auf, dass das komplette Hotel mit Bewegungsmeldern ausgestattet ist. Die Flure sind also nicht, wie in den meisten Hotels, dauerhaft hell beleuchtet, sondern nur dann, wenn auch wirklich jemand da ist. Sehr umweltfreundlich. Grundsätzlich hatte ich an diesem Hotel nichts auszusetzen. Für Mitarbeiter, die nicht in der Nähe wohnen, gibt es sogar die Möglichkeit, in einem Mitarbeiterhaus in Fußnähe zu übernachten, damit sie keine lange Anreise haben. Durch all diese Maßnahmen wird dafür gesorgt, dass die Gäste des Hotels einen sehr kleinen CO_2-Fußabdruck von 8,75 kg CO_2 pro Gast und Übernachtung verursachen. Die Emission der Anreise ist dabei nicht inbegriffen, da die ja bei jedem Gast unterschiedlich ausfällt. In einem normalen Viersternehotel liegt der durchschnittliche CO_2-Fußabdruck laut Deutschem Hotel- und Gaststättenverband bei 21 kg CO_2 pro Gast und Übernachtung. In einem Fünfsternehotel sind es übrigens ganze 47,6 kg CO_2, weil hier zum Beispiel die Zimmer größer und luxuriöser sind und es immer ein großes beheiztes Schwimmbad gibt.

Nach einer Woche in diesem Biohotel kann ich sagen, dass ich rundum zufrieden war. Ich würde es immer wieder buchen. Ganz anders, als das zweite Biohotel, das ich ausprobiert habe. Der Urlaub dort war ein einziges Desaster. Dazu gleich mehr, doch vorher muss ich euch noch von meiner Heimfahrt berichten. Auch die trat ich natürlich mit meinem Elektroauto an. Das hatte ich während unseres Aufenthalts immer mal wieder an der Steckdose des Hotels geladen. Da die Besitzer ihren Gästen das gleiche Elektroauto-Modell zur Verfügung stellen, ging das problemlos. Am Abend vor unserer Abreise steckte ich das Auto allerdings an eine Ladestation einer anderen Elektroauto-Marke auf dem Parkplatz des Hotels. Die Lämpchen rund um die Ladesteckdose meines Autos leuchteten, als ich den Stecker einsteckte – normalerweise das Zeichen, dass die Batterie geladen wird. Mein großer Fehler war aber, dass ich das Display im Inneren nicht mehr überprüfte. Am nächsten Morgen gab es dann das böse Erwachen. Mein Auto war mit der Steckdose offensichtlich nicht kompatibel. Diese lädt nur Autos einer bestimmten Marke auf. Ich hatte deswegen also deutlich weniger Reichweite als geplant. Trotzdem war es genug, um auf der Rückfahrt nur zwei Stopps einlegen zu müssen, da dieses Mal die Ladestationen günstiger lagen. Mein erster Stopp war wieder die Raststätte Holledau, an der Maja so gerne Gassi gegangen war. Als ich eintraf, hatte ich zusätzlich zum schlechten Handyempfang, der mich diesmal allerdings nicht mehr aus der Fassung brachte, noch ein weiteres Problem: Einer der beiden Parkplätze vor der Ladestation war belegt von einem normalen Auto. Von diesem Problem hatte ich schon gehört. Normale Autos besetzen die Parkplätze und bemerken noch nicht mal, wie doof das für die Elektroauto-Besitzer ist. Auf dem Hinweg war mir das kein einziges Mal passiert, schließlich sind die Raststätten an einem Montagmittag deutlich leerer als an einem Sonntagnachmittag. Da es noch einen zweiten Parkplatz gab, dachte ich zuerst, dass das für mich kein Problem darstellen würde. Doch da hatte ich mich geirrt! Die Ladesäule befand sich nämlich genau in der Mitte der beiden

Parkplätze, meine Steckdose aber an der von der Ladesäule abgewandten Seite des Autos. Das Kabel des Steckers reichte nicht bis dahin. Ich konnte also nur den Parkplatz zum Laden gebrauchen, auf dem das normale Auto stand, und musste auf den Fahrer des Wagens warten, der glücklicherweise recht schnell kam. Ich guckte ihn ein bisschen böse an, aber er war sich offensichtlich keiner Schuld bewusst. Ich parkte um, lud auf und ging Gassi. An der zweiten Raststätte hatte ich ein weiteres Problem. Ich fand schlicht und ergreifend die Ladestation nicht. Es gab keine Schilder und die Raststätte war sehr unübersichtlich. Ich musste in der Tankstelle nachfragen und entdeckte die – glücklicherweise leere – Ladestation erst nach etwa zehn Minuten wirrer Irrfahrt. Kein Wunder, dass dort niemand geparkt hatte. Das ist der Vorteil einer Ladestation, die schwer zu finden ist. Sonst lief die Rückfahrt problemlos.

Im Großen und Ganzen bin ich sehr zufrieden mit der Umweltbilanz meines Wanderurlaubs. Besser wäre es zwar gewesen, mit der Bahn anzureisen, aber sonst habe ich der Umwelt, im Vergleich zu anderen Urlauben, wenig geschadet.

Kommen wir nun zur finanziellen Bilanz des Urlaubs. Das Hotel hat vier Sterne und das macht sich im Preis bemerkbar. Der Aufenthalt im Biohotel war allerdings nicht teurer als in einem normalen Hotel dieser Klasse. Das Laden des Elektroautos an den fünf Schnellladestationen hat mich insgesamt 56,40 Euro gekostet. Das Laden im Hotel war kostenlos. Das Laden zu Hause an der Haushaltssteckdose vor der Hinfahrt hat mich acht Euro gekostet. Wäre ich mit einem Kleinwagen gefahren, der Benzin tankt, hätte ich für die mehr als 1100 Kilometer Hin- und Rückfahrt wahrscheinlich etwa 80 Liter Benzin für rund 120 Euro gebraucht. Die Fahrt war also deutlich günstiger. Meine Abrechnung der Schnellladevorgänge hielt übrigens noch eine Überraschung für mich bereit. Sie erfolgte pro Minute Ladevorgang und ich hatte an einigen

Stationen viel länger geladen, als ich gemusst hätte. Da ich beim Gassigehen nicht auf die Uhr geschaut habe, war mein Auto einmal 51 Minuten an der Ladestation und einmal 45 Minuten. 35 Minuten hätten durchaus gereicht. Hätte ich besser darauf geachtet, wäre meine Rechnung deutlich geringer ausgefallen.

Nach meiner ersten tollen Erfahrung in einem Biohotel buchte ich für den Urlaub mit meinem Freund wieder eins. Diesmal in Kitzbühel. Vor unserer Abfahrt machten wir unser Haus urlaubsfertig. Das ist auch ein wichtiger Beitrag zum Umweltschutz, denn man muss ja nicht doppelt Energie verschwenden – zu Hause und im Urlaub. Wir stellten die Heizung deutlich niedriger (im Winter ist es gut, sie nicht ganz auszumachen, da die Energie, die man benötigt, um das komplette Haus wieder aufzuheizen, höher ist, als wenn man bei mäßiger Temperatur durchheizt) und zogen alle Stecker von Elektrogeräten, die wir ja eh nicht benutzen würden. Für die Anreise hatten wir uns ein Hybridauto geliehen. Was genau das ist, erkläre ich im Fortbewegungskapitel. Wir hatten also einen sehr geringen Benzinverbrauch von durchschnittlich drei Liter pro 100 Kilometer.

Das Biohotel in Kitzbühel war deutlich größer als das in Leogang. Grundsätzlich war es ein sehr schönes Hotel mit einem tollen Spa-Bereich, vielen Sportangeboten und leckerem Essen. Bio war hier aber außer dem Namen so gut wie gar nichts. Ich könnte eine ganze Seite mit dem füllen, was an dem Hotel alles nicht bio war, aber ich belasse es mal bei den Sachen, die mich am meisten geärgert haben: Ein vegetarisches Menü gab es nur auf Nachfrage. Die Schokocreme am Morgen war nicht bio, außerdem enthielt sie Palmöl und war in Miniportionen in Plastik eingepackt. Beim Brot gab es eine riesige Auswahl von etwa 20 unterschiedlichen Sorten, nur drei davon waren bio. Wieso nicht alle? Es gab Erdbeeren, obwohl die absolut keine Saison mehr hatten. Im Spa gab es das kostenlose Wasser in Pappbechern, die sich am Abend zu Hunderten im Mülleimer stapelten. Eines Abends hatte ich dann einen regelrechten Schock. Das Hotel nennt sich – wie ich erst später erfahren habe – Biohotel, weil es einerseits in biologischer Bauweise errichtet ist und andererseits einen angeschlossenen Biobauernhof hat, von dem auch einige der angebotenen Speisen stammen. Der Kuhstall des Biobauernhofs befindet sich auf dem Gelände des Hotels und man kann im Restaurant in der sogenannten Kuhstall-Stube sitzen, von der aus man direkt in den Kuhstall guckt. Leider hat mich der Anblick der Tiere furchtbar traurig gemacht, denn sie stehen in diesem Stall eng nebeneinander und sind am Kopf und am Schwanz angebunden, wodurch sie sich kaum bewegen können. Bevor ich die Speisekarte in die Hand nehmen konnte, musste ich recherchieren, wie das sein kann. Ich fand heraus: Der Deutsche Tierschutzbund kritisiert die Anbindehaltung stark. Denn die Tiere bewegen sich so über den gesamten Winter überhaupt nicht, sie können sich nicht drehen und noch nicht mal juckende Körperstellen ablecken. Der Tierschutzbund schreibt: »Tierfreundlicher sind Laufställe, in denen den Kühen ausreichend Platz angeboten wird, eingestreute Liegeboxen zur Verfügung stehen und Scheuerbürsten zur Fellpflege vorhanden sind. Günstig ist, wenn es neben der Sommerweide für die Wintermonate zusätzlich einen Außenauslauf gibt.« Das ist natürlich teurer, aber ein gut laufendes Hotel, das sich Bio-Hotel nennt, sollte seinen Kühen doch wohl den gleichen Luxus gönnen wie seinen Gästen. Ich habe an diesem Abend vegetarisch gegessen.

Das zweite Biohotel war also eine Enttäuschung und ich fragte mich, wieso es sich überhaupt Biohotel nennen darf. Die einfache Erklärung: Es gibt keine Regeln dafür, wer sich wann so nennen darf. Ich kann euch aber einige Tipps geben, worauf ihr bei der Buchung achten solltet. Echte Biohotels informieren auf ihrer Homepage genau darüber, was bei ihnen bio ist und was nicht. Gut 100 von ihnen haben sich in der Gruppe der Biohotels zusammengeschlossen und stellen sich regelmäßig unabhängigen Prüfern. Ich finde es etwas verwirrend, dass diese Gruppe »Biohotel« heißt, denn so könnte man denken, dass alle Hotels, die den Namen »Biohotel« tragen, zu dieser Gruppe gehören. Hier darüber zu schreiben, ist schon kompliziert genug. Daher mein Tipp: Geht auf die Seite biohotels.info. Dort findet ihr alle 100 zertifizierten Biohotels in sechs Ländern. Das in Kitzbühel gehört übrigens nicht dazu.

Obwohl ich in meinem umweltfreundlichen Jahr keine Fernreise gemacht habe, möchte ich euch trotzdem noch ein paar Tipps geben, was ihr auf solchen Reisen beachten könnt. Fahrt seltener und dafür länger in den Urlaub, dann spart ihr CO_2 bei der An- und Abreise ein. Esst frische und lokale Lebensmittel. Niemand braucht Frankfurter Würstchen in Thailand, amerikanische Cola auf einer Südseeinsel oder spanischen Wein in Südafrika. All diese Dinge müssen zu euch in den Urlaub transportiert werden und das kostet unfassbar viel CO_2. Außerdem sind sie im Gegensatz zu regionalen und frischen Produkten meist mehrfach verpackt. Benutzt die Handtücher im Hotel mehrmals. Zu Hause wäscht man sie auch nicht jeden Tag. Benutzt umweltfreundliche Sonnencreme, damit möglichst wenige Schadstoffe im Meer landen. Bucht am besten ein Hotel ohne Klimaanlage oder lasst sie ausgestellt. Lasst außerdem niemals Müll in der Natur zurück, vor allem nicht am Strand oder an Flüssen, damit er nicht ins Meer gelangt.

Eine andere Möglichkeit, im Urlaub etwas aktiv für den Umweltschutz zu tun, ist sich an der Aktion »2 Minute Beach Clean« zu beteiligen. Im Kapitel zu Mikroplastik habe ich sie ausführlich vorgestellt. Einfach zwei Minuten (gerne auch mehr) am Strand Müll einsammeln und entsorgen. So landet weniger Plastikmüll im Meer und das schont die Umwelt, die Tiere und damit auch uns selbst. Ihr werdet überrascht sein, wie viel Müll ihr findet, obwohl der Strand auf den ersten Blick vielleicht sauber aussieht.

Falls ihr nicht aufs Skifahren verzichten wollt, gibt es auch hier ein paar Tipps: Fahrt nicht mehrmals für ein Wochenende zum Skifahren, sondern lieber länger und dafür seltener. Bildet Fahrgemeinschaften oder reist mit öffentlichen Verkehrsmitteln. Meidet Skigebiete, in denen Schneekanonen eingesetzt werden. Respektiert die Natur und bleibt auf der Piste. So werden Pflanzen und Tiere zumindest außerhalb der Pisten nicht gestört.

Fazit

Ich hatte wunderschöne umweltfreundliche Urlaube und kann euch nur empfehlen, ein Biohotel zu buchen. Es war keinesfalls »öko« oder uncool dort, im Gegenteil. Bei der Buchung sollte man sich vorher allerdings genau informieren, wie bio das Hotel wirklich ist. Mit einem Elektroauto in den Urlaub zu fahren ist eine Herausforderung, der man sich, wenn man genug Zeit einplant, aber durchaus stellen kann. Zu zweit und ohne Hund wird das dann auch deutlich stressfreier. In diesem Jahr keine Fernreise mit dem Flugzeug zu machen, war völlig in Ordnung für mich. Ich weiß aber auch, dass ich das nicht immer durchhalten werde, da einer meiner größten Träume eine Reise nach Hawaii ist. Dann werde ich meinen Flug aber mit einem CO_2-Zertifikat kompensieren. Außerdem hoffe ich, dass ich euch überzeugen konnte, bei der Aktion »2 Minute Beach clean« mitzumachen. Wenn wir alle Strände sauberer zurücklassen, als wir sie bei unserer Ankunft vorgefunden haben, ist viel für Tiere und Natur getan.

Das könnte die Politik tun

Umweltschützer bezeichnen es als den größten Steuerskandal der Gegenwart: Kerosin ist – im Gegensatz zu Benzin, Diesel und Heizöl – von der Energiesteuer ausgenommen. Obwohl Autofahren also weniger klimaschädlich ist als Fliegen, wandert mehr als die Hälfte vom Preis eines jeden Liters Autobenzin in die Staatskasse, beim Diesel ist es etwas weniger als die Hälfte, beim Kerosin hingegen kein einziger Cent. Warum das so ist, kann einem niemand wirklich erklären. Deutsche Airlines begründen es damit, dass sie schon genug Steuern zahlen würden. Denn auf Flüge innerhalb Deutschlands wird Mehrwertsteuer erhoben. Für innereuropäische Flüge müssen die Airlines CO_2-Zertifikate kaufen. Und bei allen Flügen gibt es die Ticketsteuer, die jedoch der Kunde selbst zahlt und nicht die Airline. Was dabei auffällt: Gerade die internationalen Langstreckenflüge, die am meisten CO_2-Emissionen produzieren, sind davon ausgenommen. Auf sie fällt weder Mehrwertsteuer an noch müssen die Airlines für die CO_2-Emissionen Zertifikate kaufen. Umweltschützer finden das höchst problematisch. Sie fordern außerdem, dass die Ticketsteuer für Business- und First-Class-Flüge erhöht wird. Ihre Begründung: Die Passagiere haben in der Business- und First-Class mehr Platz im Flugzeug und sie können mehr Gepäck mitnehmen. Dadurch wird anteilig deutlich mehr Kerosin für sie verbraucht – es fallen also auch mehr CO_2-Emissionen an. Eine grundsätzliche Kerosinsteuer, die bei allen Flügen gilt, hätte auch noch einen weiteren Vorteil: Die Fluggesellschaften hätten einen großen Anreiz, Flugzeuge zu bauen, die weniger Kerosin verbrauchen und dadurch weniger CO_2 ausstoßen.

Meine Tipps zu nachhaltigem Reisen

- Zu Hause Stecker ziehen und Heizung runterdrehen
- Urlaub möglichst in der Nähe machen
- Seltener und dafür länger in den Urlaub fahren
- Anreise am besten mit öffentlichen Verkehrsmitteln
- Flugreisen möglichst vermeiden
- Innerhalb Deutschlands gar nicht fliegen
- Möglichst ohne Zwischenstopp fliegen
- Unvermeidbare Flüge anderweitig kompensieren
- Biohotels buchen
- Vor Ort lokales Essen und Getränke konsumieren
- Strände, Wälder etc. sauber halten
- »2 Minute Beach Clean« machen, also Müll aufsammeln – am Strand und generell in der Natur

Monat 8

Die Holz- und Papier-Challenge

Wie können wir den Wald retten?

Das Problem

Jeder von uns hat am Ende seines Lebens einige Bäume auf dem Gewissen. Die meisten von uns haben Möbel oder Böden aus Holz. Klar, dass dafür Bäume gefällt wurden. Aber auch in jeder Zeitung und in jedem Taschentuch steckt Holz. Täglich wird weltweit rund eine Million Tonnen Papier verbraucht – Tendenz steigend. Deutschland liegt dabei mal wieder an der Spitze und verbraucht laut WWF so viel Papier wie die Kontinente Afrika und Südamerika zusammen. Wir alle lesen Zeitungen und Zeitschriften, benutzen Geschenkpapier, kaufen in Pappe verpackte Waren, Küchentücher und Toilettenpapier. Und gerade von den beiden letztgenannten verbrauchen wir überdurchschnittlich viel. Laut Umweltbundesamt benutzt jeder Deutsche pro Jahr durchschnittlich 18 Kilogramm Hygienepapier, also Toilettenpapier, Servietten, Küchentücher und Taschentücher. Das ist mehr als viermal so viel wie der weltweite Durchschnitt. Allein vom Toilettenpapier verbrauchen wir pro Jahr drei Milliarden Rollen. Und obwohl wir Meister im Recycling sind – denn die meisten Deutschen sammeln brav ihr Altpapier in der dafür vorgesehenen Tonne –, wollen wir unser recyceltes Papier am Ende doch nicht wiederverwenden. Nur ein kleiner Teil des Hygienepapiers in unseren Supermärkten ist deshalb aus Recyclingpapier hergestellt. Wir wischen uns also im Grunde jeden Tag mit frisch gefällten Bäumen den Po ab. Das ist besonders tragisch, da Hygienepapier nur einmal verwendet wird. Das meiste davon wird mit dem Abwasser entsorgt und kann damit nicht recycelt werden. Das heißt, der Baum ist jahrzehntelang gewachsen, um dann einfach in der Kanalisation zu landen.

Das Holz für Hygienepapier, aber auch für normales Papier und Pappe stammt aus natürlichen Wäldern und Plantagen in Lateinamerika, Kanada, Südafrika, Russland und Asien, aber auch in Europa. Weltweit haben wir schon mehr als die Hälfte der Wälder vernichtet. Jedes Jahr gehen laut WWF weitere 13 Millionen Hektar Wald verloren, das ist eine Fläche von 35 Fußballfeldern pro Minute.

Für das bei uns äußerst beliebte Tropenholz werden sogar ganze Regenwälder abgeholzt. Denn Terrassenmöbel und Böden aus Mahagoni, Teak oder Palisander gelten in Europa als chic und besonders haltbar. Außerdem ist das Holz oft vergleichsweise billig, weil die Löhne in Asien, Afrika und Lateinamerika, wo es angebaut wird, deutlich niedriger sind als bei uns. Die Europäische Union hat herausgefunden, dass rund ein Fünftel des Tropenholzes, das in die EU-Länder eingeführt wird, aus unerlaubten Rodungen stammt. Die meisten dieser illegal gefällten Bäume sind jahrhundertealt. Aber es ist nicht nur das Abholzen selbst: Um an die Bäume zu gelangen, werden im Regenwald Straßen, große Lager und Sägewerke gebaut. Zur Schaffung dieser Infrastruktur muss noch mehr Wald abgeholzt werden und geht damit verloren. Auf der Insel Borneo, die zu Indonesien und Malaysia gehört, ist in den letzten 50 Jahren fast die Hälfte des Regenwaldes verschwunden.

Manche Holzfirmen geben an, genauso viele Bäume zu pflanzen, wie sie abholzen. Doch auch das ist keine Lösung, denn einen jahrhundertealten Wald kann man nicht einfach neu anpflanzen. Die alten Wälder bildeten den Lebensraum von unzähligen Pflanzen- und Tierarten, die ihrerseits wiederum Lebensraum und Futter für andere Tiere und Pflanzen waren. Dieses komplexe Ökosystem kann man, ist es einmal zerstört, nicht einfach zurückholen. Andere Firmen bauen ihr Holz auf großen Plantagen in Monokulturen an. Dort, wo früher Wald war, wächst nun nur noch eine einzige Baumart, die meist heftig mit Pestiziden behandelt wird. Andere Pflanzen und Tiere können unter diesen Bedingungen nicht überleben.

Vielleicht denkt ihr jetzt: Ich kaufe ja kein Tropenholz. Leider ist Tropenholz aber auch in vielen Dingen versteckt. Der WWF untersucht zum Beispiel in regelmäßigen Abständen Kinderbücher und findet darin immer wieder ein Fasergemisch, das mit hoher Wahrscheinlichkeit aus Tropenholz ist. Aber auch für viele andere alltägliche Dinge werden massenweise Bäume gefällt. Jedes Werbeblatt im Briefkasten, jede Papiertüte, auch das Buch, das du gerade in der Hand hältst – außer du liest mit dem E-Reader –, ist aus Holz gemacht.

Meine Lösung

Fangen wir mit dem Thema Papier an. Ich hatte mir vorgenommen, in diesem Monat gar kein Papier zu verbrauchen und den gesamten Rest des Jahres meinen Papierverbrauch deutlich zu verringern. Das klingt vielleicht ein bisschen radikal, denn eigentlich hatte ich bei diesem Buchprojekt ja die Idee, mein Leben zwar zu verändern, mich dabei aber nicht allzu sehr einzuschränken. Trotzdem wollte ich es versuchen, auch um herauszufinden, an welchen Stellen es einfach ist, auf Papier zu verzichten, und an welchen nicht. Schon in der Vergangenheit hatte ich beim Einkaufen immer mal wieder auf Recyclingpapier geachtet. Manchmal hatte ich es aber in der Eile vergessen und manchmal gab es in kleineren Supermärkten auch keines zur Auswahl. Das liegt an den Verbrauchern, denn die Märkte bestellen immer nur das, was sie auch verkaufen. Ich suchte nach Zahlen zu dem Thema und wurde bei Greenpeace fündig. Demnach steigt die Altpapierquote in Deutschland zwar grundsätzlich, der Anteil von Recyclingfasern bei Hygienepapier geht dagegen deutlich zurück. Im Jahr 2001 waren es noch 77 Prozent, im Jahr 2012 nur noch 51 Prozent. Woran liegt das wohl? Ich finde, es gibt keinen Unterschied zwischen dreilagigem Recycling-Toilettenpapier und normalem Toilettenpapier. Eine Kurzumfrage in meiner Familie ergab folgende Antwort: Meine Mutter und mein Freund kauften beide kein Recycling-Hygienepapier, weil sie einfach noch nie darüber nachgedacht hatten. Meine Mutter glaubte außerdem, Recyclingpapier sei das harte Toilettenpapier, das es früher in Schulen und anderen öffentlichen Gebäuden gab. Daran erinnere ich mich auch noch und das war wirklich schrecklich. Mit diesem Toilettenpapier hat das heutige Recyclingpapier aber überhaupt nichts mehr zu tun.

Wenn ihr nun auch überzeugt seid, in Zukunft nur noch Recyclingpapier benutzen zu wollen, dann könnt ihr auf das Siegel »Blauer Engel« achten, das man auf ganz vielen Produkten findet, auch auf Schreibheften und Druckerpapier. Das Siegel garantiert, dass die Papierfasern zu 100 Prozent aus Altpapier stammen und bei der Herstellung keine gefährlichen Chemikalien eingesetzt werden. Beim Kauf von Papier ist mir aufgefallen, dass auf fast allen Produkten »chlorfrei gebleicht« steht. Das ist zwar grundsätzlich eine gute Sache, weil die Gewässer auf diese Weise weniger verschmutzt werden, allerdings ist es mittlerweile in Deutschland Standard, chlorfrei zu bleichen. Es ist also keinesfalls ein Zeichen für ein besonders umweltfreundliches Papier. Eine noch schlimmere Mogelpackung ist die Bezeichnung »holzfrei«, die mittlerweile auf so gut wie jedem Papier steht. Sie hat leider gar nichts damit zu tun, dass für dieses Papier keine Bäume gefällt wurden. Eigentlich ist holzfreies Papier sogar noch schlechter für die Umwelt, da bei seiner Herstellung ein bestimmter Stoff, der im Holz vorkommt, herausgefiltert wird. Dadurch vergilbt das Papier weniger schnell. Bei dem Prozess werden viele Chemikalien benutzt, die die Umwelt belasten. Die Bezeichnung müsste also korrekt heißen: frei von einem bestimmten Stoff des Holzes.

Ich startete meine Challenge mit der Suche nach dem umweltfreundlichsten Toiletten- und Küchenpapier. Bei einer großen Drogeriekette entdeckte ich zwei verschiedene Recycling-Toilettenpapiere. Eines davon fand ich besonders toll, da sich der Hersteller auch Gedanken über die Verpackung gemacht hatte. Sie war zwar auch aus Plastik, die Rollen waren dafür aber besonders eng gewickelt, sodass mehr von ihnen in einer kleineren Verpackung Platz hatten. Das spart Plastik und gleichzeitig hat das Recycling-Toilettenpapier eine höhere Transportauslastung, das heißt, es müssen weniger Laster fahren, um es zu transportieren. Ich fragte mich, ob es auch unverpacktes Toilettenpapier gibt, und fand im Internet ein Recycling-Toilettenpapier, das man in einem 40-Rollen-Papierpaket kaufen kann. Es gilt als besonders umweltfreundlich und ist das weltweit erste und einzige Toilettenpapier, das das Gütezeichen »Cradle to Cradle« tragen darf. Cradle to Cradle heißt übersetzt »von der Wiege zur Wiege« und beinhaltet die Vision einer Zukunft ohne Müll. Ich werde später im Kapitel noch genauer darauf eingehen, da auch dieses Buch das Siegel trägt. Dieses Toilettenpapier entsteht außerdem vollständig CO_2-neutral, da der Hersteller in den Niederlanden ein Wärmekraftwerk auf seinem Firmengelände errichtet hat und seitdem seinen eigenen Strom produziert. Wenn man das Toilettenpapier bei einem Internethändler kauft, der auf die Umwelt achtet, dann lässt er das Toilettenpapier in seinem ursprünglichen Karton und schickt den weiter an den Kunden. So fällt nicht – wie im Supermarkt oder bei anderen Onlineshops – noch eine zusätzliche Verpackung an. Und ich stieß auf eine weitere Alternative. Ein Start-up aus Deutschland bietet Bambus-Toilettenpapier an, das in Papier verpackt ist. Bambus ist ein sehr schnell nachwachsender Rohstoff und die Firma gibt an, keine Pestizide zu verwenden und bei der Verarbeitung des Papiers nur sehr wenige Chemikalien. Allerdings wird der Bambus in China angebaut und das Toilettenpapier auch dort produziert. Laut dem Unternehmen wird das CO_2, das beim Transport mit Schiffen nach Europa entsteht, mit Zertifikaten kompensiert. Trotzdem sehen einige Umweltschützer das Bambus-Toilettenpapier kritisch. Ich finde die Idee dahinter toll und ziehe den Hut vor dem Start-up, das diesen Schritt gewagt hat. Allerdings bleibt für mich in Deutschland hergestelltes Recycling-Toilettenpapier die bessere Wahl.

Aber ich wollte in diesem Monat ja eigentlich ganz papierfrei leben, also brauchte ich eine Alternative zu Toilettenpapier. Die hatte ich schon einige Wochen zuvor zufällig bei Instagram gefunden. Eine Bekannte, der ich folge, hatte das Werbevideo einer Po-Spülung gepostet. Die Idee der Po-Spülung war so überzeugend und das Video so lustig, dass ich es in eine meiner Storys aufnahm. Daraufhin schrieben mich die Macher der Po-Spülung an und schickten mir das Produkt zu. Es kostet 19,99 Euro und ist das einzige Produkt im ganzen Buch, das ich geschenkt bekommen habe. In diesem Monat wollte ich das Ding nun also ausprobieren. Die Idee dahinter ist einfach: In vielen Nationen, zum Beispiel in Japan, ist es völlig normal, sich nach dem Toilettengang mit Wasser sauber zu machen. Viele Ärzte bestätigen, dass das die deutlich bessere Alternative ist, da Toilettenpapier die kleinen Fältchen rund um den After meist nicht gut genug reinigt und feuchtes Toilettenpapier oft Stoffe enthält, die zum einen umweltschädlich sind und zum anderen Allergien auslösen können. Die beste Möglichkeit ist demnach ein Bidet, also ein Sitzwaschbecken. Das ist allerdings teuer und nicht jeder hat die Möglichkeit, sich eins ins Bad zu bauen. An diesem Punkt setzt die mobile Po-Dusche an. Sie besteht aus einem kleinen Behälter, den man mit Wasser füllt, und einem Aufsatz, der ein bisschen aussieht wie ein Mini-Duschkopf. Drückt man den Behälter zusammen, spritzt ein Wasserstrahl aus dem Aufsatz, mit dem man sich dann reinigt. Danach trocknet man seinen Po einfach mit einem kleinen Handtuch ab. Spart Toilettenpapier und ist auch noch besonders hygienisch. Ich war beim Benutzen wirklich skeptisch, da ich die Vorstellung sehr komisch fand. Da man den Druck aber selbst bestimmen kann, spritzt nichts hin, wo es nicht hinsoll, und man kann zielgerichtet alles säubern. Ich finde die Po-Dusche also super und nutze sie regelmäßig.

Eine Möglichkeit, Toilettenpapier einzusparen, hatte ich damit also schon gefunden. Nun waren noch Küchentücher und Taschentücher dran. Bei den Küchentüchern setzte ich auf waschbare Schwämme und Tücher. Allerdings bin ich mir da nicht so sicher, ob das wirklich umweltfreundlicher ist, als einfach Recycling-Küchenpapier zu nehmen. Hat man in der Küche nämlich etwas aufzuwischen, zum Beispiel grobe Essensreste von der Herdplatte, dann muss das Tuch danach in die Wäsche. Dadurch werden Ressourcen verbraucht, und zwar wahrscheinlich mehr als für das eine Blatt Recyclingpapier. Für solche Fälle werde ich nach dem Monat also wohl wieder auf Küchentücher umsteigen. Die Taschentücher besorgte ich mir beim nächsten Besuch bei meiner Oma. Ich wusste, dass sie noch ganz viele bestickte Stofftaschentücher von früher hatte, und fragte sie, ob ich einige davon haben könnte. Glücklicher als mit dieser Bitte hätte ich meine Oma nicht machen können. Sie freute sich riesig, dass die Tücher nun noch mal zum Einsatz kommen. Und auch ich war nach dem Besuch regelrecht beglückt, nicht nur, weil ich meiner Oma eine Freude machen konnte, sondern auch weil die Tücher so hübsch sind, dass man sich fast gar nicht darin schnäuzen möchte. Was für eine super Möglichkeit sie sind, ins Gespräch zu kommen, habe ich euch ja schon im Plastikverzicht-Kapitel erzählt. Gewöhnungsbedürftig – und leider auch ein bisschen eklig – ist allerdings, dass sie so schnell eintrocknen und dann gleich gewaschen werden sollten. Und bisher habe ich auch noch nicht ausprobiert, wie praktikabel Stofftaschentücher sind, wenn man eine richtig fiese Erkältung hat. Im Alltag sind sie aber auf jeden Fall eine tolle Alternative zu Wegwerf-Taschentüchern.

Nun hätte ich diesen Monat eigentlich auch auf Zeitschriften verzichten müssen, auch auf die zwei, die ich abonniert hatte. Nach kurzer Recherche stellte ich jedoch fest, dass es eine davon als E-Paper gibt, und änderte mein Abonnement dementsprechend. Bei der anderen bestand diese Möglichkeit allerdings nicht, also bestellte ich sie ab. Es hatte mich sowieso schon lange genervt, dass sie immer noch zusätzlich in eine Plastikhülle eingepackt war. Ein Problem, dem ich noch nicht Herr geworden bin, ist die Werbung im Briefkasten. Wir haben zwar ein »Bitte keine Werbung«-Schild angebracht, das hält die Ausliefer aber nicht davon ab, trotzdem etwas einzuwerfen. Ansonsten stellte ich fest, dass ich privat so gut wie kein Papier verwende. Meine Korrespondenz läuft über Mail, ich schreibe keine Einkaufszettel und Notizen mache ich mir auf dem Handy.

Beruflich sieht das allerdings schon anders aus. Ich war zum Beispiel in diesem Monat für die Moderation einer Preisverleihung gebucht, für die ich mir normalerweise Moderationskarten geschrieben hätte. Das ging jetzt natürlich nicht, also entschied ich mich dafür, mit einem Tablet auf die Bühne zu gehen. Vorher war ich etwas aufgeregt, denn wenn man sich Karten geschrieben hat, kann eigentlich nichts mehr schiefgehen. Ein Tablet hingegen kann ausgehen, man kann im Text verrutschen oder aus Versehen die Datei schließen und sie dann auf die Schnelle nicht wiederfinden. Der Veranstalter war auch ein wenig verwundert über meine neue Art der Moderationskarten, ließ sich dann aber überzeugen, als ich sagte, dass ein Tablet doch viel moderner wirken würde. Alles klappte super und ich beschloss, in Zukunft noch mehr Veranstaltungen so zu moderieren. Denn das Praktische daran ist, dass man, anders als auf den Karten, auf dem Tablet sehr einfach und auch noch spontan Textänderungen vornehmen kann. Bei meinen Arbeitgebern war der Papierverzicht schwieriger. Hier lesen wir alle Moderationen von einem Teleprompter ab, der auf das Computerprogramm zugreift, in dem wir die Moderationen schreiben. Für den Fall, dass der Teleprompter ausfällt, drucken alle Moderatoren ihre Texte zur Sicherheit noch mal auf Papier aus. Da Teleprompter und Computer aber verbunden sind, ist es keine Lösung, mit einem Tablet einfach darauf zurückzugreifen. Ist der Text hier verschwunden, ist er es wahrscheinlich auch dort. Da ich nicht wollte, dass mein privates Buchprojekt womöglich negative Auswirkungen auf meine Arbeit hat, hielt ich mich weiterhin an die Regel, druckte aber doppelseitig aus. Ich sparte also immerhin die Hälfte des Papiers ein. Außerdem achtete ich darauf, nur Recyclingpapier zu verwenden, was meine beiden Arbeitgeber übrigens sowieso tun.

Auch für unseren Drucker zu Hause, der nur alle Schaltjahre mal benutzt wird, kaufte ich Recyclingpapier. Hier kann man wie beim Toilettenpapier auf den »Blauen Engel« achten. Wer noch umweltfreundlicheres Papier kaufen will, kann UWS-Papier nehmen. UWS-Papier wird im Gegensatz zu herkömmlichem Recyclingpapier ohne Deinking – also Druckfarbenentfernung – und Bleiche hergestellt. Das heißt, dass beim Recycling des alten Papiers die Druckerschwärze und die Farben nicht entfernt werden und es nicht gebleicht wird. Es hat dadurch einen leichten Grauschleier, ist dafür in der Ökobilanz aber jedem anderen Papier überlegen, weil Chemikalien eingespart werden. Allerdings habe ich es bisher nur im Internet und in einem großen Schreibwarenladen gefunden. Ein Siegel, dem man nicht vertrauen sollte, ist »Aqua Pro Natura«. Papier mit diesem Zeichen wird aus Bäumen hergestellt und nicht aus Altpapier. Auf dem Siegel ist zu lesen, dass der Zellstoff dafür nicht aus tropischen Regenwäldern kommt. Diese Formulierung ist irreführend, denn oft stammt er stattdessen von Plantagen aus schnell wachsenden Bäumen, für die der tropische Regenwald zuerst abgeholzt werden musste. In der Statistik gilt Holz aus diesen Wäldern aber als Plantagenholz und nicht als Tropenholz. Außerdem sind die Urwälder in Kanada oder Sibirien, die nicht unter die Bezeichnung tropischer Regenwald fallen, ökologisch genauso wertvoll und ebenso gefährdet. Ein weiteres Siegel ist das FSC-Siegel, das es in drei Varianten gibt. Die erste davon ist das umweltfreundliche FSC-Recycled-Siegel, das aussagt, dass 100 Prozent Altpapier verwendet wurden. Weitere Kriterien zur Umweltfreundlichkeit gibt es dabei aber nicht. Dann gibt es das deutlich schlechtere Siegel »FSC Mix«, das darauf hinweist, dass das Produkt zu mindestens 70 Prozent aus recyceltem Material besteht oder – und jetzt kommt der Pferdefuß – aus Holz, das aus nachhaltig bewirtschafteten Wäldern stammt. Das FSC-Mix-Siegel ist bei Papier also nicht zu empfehlen. Das dritte Siegel gilt hauptsächlich für Holzprodukte, wie zum Beispiel Möbel. Das FSC-100 %-Siegel bedeutet, dass der Wald, aus dem das Holz kommt, nachhaltig bewirtschaftet ist. Noch besser wäre es aber, ausschließlich langlebige Möbel und Holzprodukte aus heimischen Arten und naturnaher Waldwirtschaft zu kaufen – und natürlich keinesfalls aus Tropenholz. Jedes zweite Jahr eine neue günstige Gartenmöbel-Garnitur auf dem Balkon ist der falsche Weg. Deswegen werde ich in diesem Winter das erste Mal meine Gartenmöbel reinholen. So bleiben sie länger schön und gehen nicht so schnell kaputt.

Um tolles Recyclingpapier zu erhalten, müssen wir aber natürlich auch das Altpapier gut trennen. Bisher hatte ich einfach alles, was für mich nach Papier oder Pappe aussah, in die Papiertonne geworfen. Dabei dürfen einige Papiere gar nicht ins Altpapier. Dazu gehören zum Beispiel Kassenzettel, Fahrkarten, Kinotickets und imprägniertes Papier. Die beschichtete Pappverpackung von Tiefkühlerbsen oder der Pappkaffeebecher müssen also in den Restmüll.

Da ich ja im Moment sowieso kaum Kleidung shoppe, habe ich in diesem Monat auch nichts im Internet bestellt und somit keine Pappkartons geliefert bekommen. Ganz darauf verzichten werde ich in Zukunft nicht können, aber dann ist es wichtig, die Kartons ins Altpapier zu werfen, damit sie recycelt werden können. Am besten man bestellt aber wenig online oder bei Shops, die sich umweltfreundliche Alternativen zur normalen Versandbox ausgedacht haben.

Kommen wir nun zum, wie ich finde, spannendsten Teil dieses Kapitels. Du hast gerade eine echte Umweltsünde in der Hand: ein Buch, hergestellt aus Bäumen. Dieses Buch versucht allerdings, es besser zu machen, denn es ist »Cradle to Cradle«-zertifiziert. Die Idee zu »Cradle to Cradle« stammt von dem deutschen Chemiker Michael Braungart, der im Bereich Umweltforschung arbeitet, und dem US-amerikanischen Architekten William McDonough. Das von ihnen entwickelte Prinzip sieht vor, dass sich der Mensch vom Schädling zum Nützling wandelt. Es ist nicht auf Verzicht ausgelegt, sondern auf Verbesserung. Das heißt, die Lösung ist nicht, zum Beispiel keine Bücher mehr zu produzieren, sondern sie so zu produzieren, dass sie kein Problem mehr für die Umwelt darstellen. Alle Produkte, die »Cradle to Cradle«-zertifiziert sind, und das sind mittlerweile mehrere Hundert Stück, funktionieren in Stoffkreisläufen, sodass es keinen unnützen Abfall, sondern nur noch nützliche Rohstoffe gibt. Dafür müssen die Dinge so konzipiert sein, dass sie niemals zu Müll werden. Sie dürfen also keine Giftstoffe enthalten, keine Rohstoffe verbrauchen und keine fossilen Brennstoffe verheizen. Sie müssen komplett unschädlich sein für Mensch und Natur. Dieses Buch hier könntet ihr auf den Biomüll werfen und es wäre vollständig biologisch abbaubar, ohne giftige Stoffe in die Umwelt zu entlassen. Braungarts Vision ist eine Zukunft ohne Müll, in der man auch Dinge wie T-Shirts kompostiert. Fernseher und andere technische Geräte würde man nur ausleihen und wenn man sie nicht mehr will, an den Hersteller zurückgeben, damit der daraus neue Produkte fertigen kann. Dieses Buch wurde in einer familiengeführten Druckerei in Österreich produziert, die als erste weltweit »Cradle to Cradle«-zertifiziert ist. Das Betriebsgebäude wird im Winter mit der Abluft der Druckmaschinen beheizt und im Sommer mit Grundwasser, das durch die Wände geleitet wird, gekühlt. Die Druckerei benutzt mineralölfreie Druckfarben auf Pflanzenölbasis, die wasserlöslich und biologisch abbaubar sind. Außerdem lassen sie sich beim Recyceln besser deinken, also aus dem Papier entfernen. Es werden keine Grenzwerte für giftige Chemikalien eingehalten, sondern einfach keine benutzt. Dadurch verbessern »Cradle to Cradle«-Produkte im Recyclingprozess den Faserstoff, aus dem neues Papier entsteht, weil der Anteil gut wiederverwertbarer Stoffe durch sie steigt. Ein Buch auf diese Weise zu produzieren ist etwa doppelt so teuer wie die Herstellung eines normalen Buches. Das war es uns aber wert. Und auch wenn ihr es könntet – ich hoffe, ihr werft das Buch trotzdem nicht auf den Biomüll ☺.

Fazit

In vielen Fällen ist es ziemlich einfach, auf Papier zu verzichten. Lässt es sich mal doch nicht vermeiden, kann man leicht auf recyceltes Papier umsteigen. Ich würde nie mehr Papier oder Toilettenpapier aus frischem Holz kaufen. In vielen Fällen habe ich sogar Recyclingpapier benutzt, ohne es zu wissen, zum Beispiel auf der Arbeit. Meine Stofftaschentücher liebe ich sehr, allerdings ist es ein bisschen so wie mit normalen Taschentüchern: Wenn man eins braucht, hat man keins einstecken. Und dann bekommt man von den Kollegen oder Freunden natürlich ein normales Taschentuch. Also muss man da besser organisiert sein, damit man sein Stofftaschentuch dabeihat. Ausdrucken muss man die meisten Dokumente heute sowieso nicht mehr. Auch da lässt sich also recht einfach Papier einsparen.

Das könnte die Politik tun

Warum sollte noch irgendjemand Hygienepapier kaufen, das nicht aus recycelten Materialien besteht? Diese Frage habe ich mir nach meinem papierfreien Monat gestellt. Greenpeace zum Beispiel fordert den Einzelhandel auf, nur noch Recyclingpapier mit dem Umweltsiegel »Blauer Engel« zu verkaufen. Ich finde aber, man sollte sogar noch einen Schritt weitergehen und es gesetzlich vorschreiben, damit nicht noch mehr Wälder in die Kanalisation gespült werden. Zudem könnte man die Grenzwerte für Giftstoffe in Druckprodukten senken. Wie man am »Cradle to Cradle«-Prinzip sieht, lassen sich Bücher, Flyer und Broschüren sogar ganz ohne Chemikalien herstellen – wenn man denn möchte.

Meine Tipps zur Rettung der Bäume

- Möglichst in allen Bereichen Recyclingpapier benutzen
- UWS-Papier kaufen, das nicht gebleicht und deinked wurde
- Werbung, unnötige Broschüren und Zeitschriften abbestellen
- Papier doppelseitig bedrucken
- Intimreinigung mit Wasser ausprobieren
- Papiermüll richtig trennen und entsorgen
- Stofftaschentücher benutzen

Wie wird Papier recycelt?

Über 73 Prozent des Altpapiers wird in Deutschland wieder zu nutzbarem Papier verarbeitet. Dazu wird es im Recyclingwerk nach Papierarten sortiert. Kartonagen werden erst mal entfernt. Wegen ihrer braunen Farbe kann aus ihnen kein weißes Papier gemacht werden, dafür aber wieder braune Kartons oder Wellpappe. Das übrig gebliebene Papier wird in eine Art großes Sieb geworfen, um Fremdkörper wie zum Beispiel kleine Plastikstücke, Büroklammern oder Tackerklammern herauszufiltern. Viele Papiere sind geklebt, die meisten sind schwarz oder mit bunten Farben bedruckt. Diese Stoffe müssen wieder entfernt werden und das geschieht mit dem Deinking-Verfahren, auf Deutsch Druckfarbenentfernung. Dafür wird das übrig gebliebene Papier zerkleinert und mit Wasser in einen riesigen Bottich geschüttet. Ein Altpapierbrei entsteht. In mehreren Schritten wird der Brei mit Natronlaugen oder Tensiden versetzt, die die Farben von den Fasern lösen und sie herauswaschen. Diese Reste werden dann entweder verbrannt oder in der Betonindustrie genutzt. Die Chemikalien, die bei der Druckfarbenentfernung verwendet werden, gelten als weniger umweltschädlich als die Chemikalien, die bei der Herstellung von neuem Papier eingesetzt werden. Soll das Papier am Ende weiß sein, muss der Papierfaserbrei mit Sauerstoff oder Wasserstoffperoxid gebleicht werden. Dabei können Chemikalien ins Wasser geraten. Wer besonders umweltfreundliches Recyclingpapier haben will, kauft UWS-Papier, bei dem die letzten beiden Schritte einfach weggelassen werden. Aus dem gereinigten Faserstoff wird dann neues Papier, das entweder zu 100 Prozent aus Altpapier besteht oder dem, wenn die Qualität zu schlecht ist, frische Fasern hinzugefügt werden. Denn leider lässt sich Papier nicht beliebig oft recyceln. Nach ungefähr fünf bis sieben Recyclingvorgängen werden die einzelnen Papierfasern zu kurz und brüchig und sind nicht mehr stabil genug.

Es macht übrigens auch einen Unterschied, welche Art von Altpapier verwendet wird. Denn auch beim Recycling kann man – böse gesagt – schummeln. Manche Produkte, auf denen steht, dass sie recycelt sind, werden aus Pre-Consumer-Papier gewonnen. Das ist Papier, das nie den Endkonsumenten erreicht hat. Das können zum Beispiel Reste aus einer Druckerei sein oder nicht verkaufte Magazine. Dieses Altpapier ist leicht zu sammeln und wiederzuverwerten, da es meist sauber und sortenrein ist. Schwieriger und dadurch umso wichtiger für die Umwelt ist es aber, auch die großen Mengen Post-Consumer-Altpapier zu recyceln, das bereits von Verbrauchern oder Betrieben verwendet wurde und nun gemischt und mit Pizzaresten verklebt in der Tonne liegt.

Monat 9

Die Garten- und Balkon-Challenge

Was wir zu Hause für die Natur tun können

Das Problem

Im Garten herrscht penible Ordnung. Jeder Grashalm steht im 90-Grad-Winkel. Im Abstand von zwei Metern wurden kleine Büsche gepflanzt. Die Bäume, die seit Jahrzehnten gewachsen sind, wurden gefällt, denn sie haben dem Haus zu viel Sonne genommen. Außerdem hat es genervt, die Blätter von den Wegen zu räumen. Die Einfahrt ist betoniert, genau wie ein großer Bereich rund ums Haus. Der Besitzer hat einfach wenig Lust, so viel Rasen zu mähen. Der Garten soll möglichst wenig Arbeit machen und trotzdem perfekt aussehen. Wie das geht? Mit möglichst wenigen und pflegeleichten Pflanzen und möglichst wenig Fläche mit Erde. Stattdessen viel Terrasse.

Wie man seinen Garten und Balkon bepflanzt, hat große Auswirkungen auf die Umwelt. Immer mehr Flächen in Deutschland sind versiegelt, also zum Beispiel betoniert. Auf diesen Flächen wächst natürlich nichts, weshalb Tiere dort keine Nahrung und keinen Unterschlupf finden. Außerdem hat das Wasser auf versiegelten Flächen keine Möglichkeit, zu versickern, und kann somit auch das Grundwasser nicht wieder auffüllen. Dadurch kommt es in besonders heißen Sommern zu Wassermangel. Da diese Böden kein Wasser verdunsten können, tragen sie im Sommer auch nicht zur Kühlung der Luft bei. Stattdessen läuft das Regenwasser direkt in die Kanalisation, was bei Starkregen zu Überschwemmungen führt, weil die Kanalisation die Mengen an Wasser nicht fassen kann. Dies ist kein übertriebenes Horrorszenario, sondern die Realität. Und im Schnitt kommen pro Jahr in Deutschland laut Umweltbundesamt 150 Quadratkilometer versiegelte Fläche hinzu. Dagegen kann jeder zumindest im Kleinen etwas tun.

Auch jede andere Entscheidung im Garten beeinflusst die Umwelt: Welchen Dünger benutze ich? Wie sammle ich mein Laub auf und wie kann ich in meinem eigenen Garten dafür sorgen, dass Insekten Schutz finden? Die sind in Deutschland nämlich mittlerweile selten geworden. Was erst mal gut klingt – denn die meisten Menschen empfinden Insekten einfach nur als lästig –, ist in Wirklichkeit eine Katastrophe für die Menschheit. Ein Insektenforschungsteam hat 27 Jahre lang an mehr als 60 Standorten Daten gesammelt und festgestellt, dass die Zahl der Insekten um mehr als 75 Prozent abgenommen hat. Man kann das auch selbst im Alltag beobachten. Ich erinnere mich zum Beispiel an Autofahrten mit meinem Vater als Kind, bei denen ständig fette Insekten gegen unsere Windschutzscheibe knallten. Nach einer längeren Fahrt über die Autobahn mussten wir an der Tankstelle halten und mit einem borstigen Schwamm die Reste der Insekten mühsam von der Scheibe kratzen. Heute hat man dieses Problem kaum noch. Der Rückgang der Insekten hat fatale Folgen. Sie sind eine wichtige Nahrungsquelle für Säugetiere, Amphibien, Reptilien und Vögel. Die meisten Brutvogelarten füttern ihre Jungen mit Insekten. Gibt es nur noch wenige von ihnen, ist also auch der Fortbestand anderer Arten gefährdet. Aber nicht nur Tiere leiden darunter, wenn es weniger Insekten gibt, auch unsere eigene Nahrung ist davon betroffen. Denn Insekten wie Hummeln und Bienen bestäuben viele Pflanzen. Bleibt das aus, fällt die Ernte – zum Beispiel bei Kirschen und Äpfeln – deutlich geringer aus. Grund für das Insektensterben sind Pestizide, die in der Landwirtschaft, aber auch in privaten Gärten versprüht werden. Doch auch Igel und andere Tiere finden immer weniger Rückzugsorte in den heimischen Gärten. Gegen all das können wir etwas tun!

Meine Lösung

Einen Garten zu haben ist für manche Menschen ein großer Traum, für andere wegen der damit verbundenen Arbeit eher ein Albtraum. Ich gehöre zu der Kategorie Mensch, die gerne einen Garten hat, um darin auf einem Liegestuhl zu liegen und mit Freunden zu grillen. Mein Freund hingegen liebt Gartenarbeit und empfindet sie als Entspannung. Wir sind also das perfekte Paar für einen gemeinsamen Garten – er pflegt ihn und ich liege darin herum. Ganz so einfach ist es natürlich nicht und auch ich bringe mich bei der Gartenarbeit ein. Vor allem seitdem ich weiß, wie wichtig ein Garten für die Umwelt ist. Als wir den Garten übernahmen, war er komplett verwildert, da unser neues Haus ein Jahr leer gestanden hatte. Unser Grundstück ist etwa 1000 Quadratmeter groß, also deutlich größer als der durchschnittliche Garten. Es ist ein absolutes Kleinod für unterschiedlichste Tiere. Wir haben sehr viele Vögel bei uns im Garten und auch extrem viele Insekten. Im Sommer bemerkte ich, dass unsere Hündin ständig vor einem bestimmten Gebüsch saß und es einfach nur anstarrte. Ich guckte, was sie dort so interessant fand, konnte aber nichts entdecken. Am nächsten Tag lag sie wieder dort und ich guckte noch mal genauer. Im Busch, halb versteckt unter einem alten Baumstumpf, saßen mehrere Vogelbabys. Ich dachte erst, die Vogelmutter hätte die Babys aus dem Nest geworfen, sah dann aber, dass sie auf einem nahen Baum wartete und versuchte, zu den Kindern zu kommen. Ich zerrte meinen Hund also von dem für ihn besonders spannenden Schauspiel weg und schon kam die Mutter angeflogen, um die Babys zu füttern. Ich las im Internet nach und fand heraus, dass wir Bodenbrüter im Garten hatten. Um sie vor unserem neugierigen Hund zu schützen, stellte ich im Abstand von mehreren Metern Reste eines Zauns um die Bodenbrüter auf. Nach einigen Wochen waren sie flügge geworden und verschwunden. Dass der Vogel sich ausgerechnet unseren Garten zum Nisten ausgesucht hat, lag wahrscheinlich daran, dass er so wild und naturbelassen ist. Wir haben sogar die extrem große gepflasterte Terrasse, die noch von den Vorbesitzern des Hauses stammte, um etwa 20 Quadratmeter verkleinert. Etwa 70 Quadratmeter unseres Gartens sind Rasenfläche, der Rest ist wild mit Sträuchern, Büschen, Bäumen und Efeu bewachsen und es gibt sogar einen kleinen Teich mit Fischen und Fröschen. Das wollen wir auch alles erhalten, denn so ist der Garten ein Eldorado für Tiere.

Wenn ihr euren Garten tierfreundlich gestalten wollt, solltet ihr Folgendes beachten: Selbst im kleinsten Garten lassen sich Sträucher pflanzen, in denen Vögel brüten und Schutz finden können. Für kleine Gärten besonders geeignet sind laut NABU zum Beispiel Berberitze, Gewöhnlicher Schneeball, Schwarzer Holunder, Schlehe, Roter Hartriegel, Vogelbeere, Sanddorn, Faulbaum, Hasel, außerdem Wildrosen und alte Heckenrosensorten. Jedes Fleckchen Garten, das man der Natur überlässt, wird Tiere anlocken. Gestapeltes Holz, ein Haufen Äste oder ein Blätterberg sind ein beliebter Lebensraum für Insekten und Vögel. Außerdem könnt ihr den Vögeln helfen, im Sommer Wasser zum Baden und Trinken zu finden. Dazu müsst ihr nicht gleich einen Teich anlegen, sondern könnt einfach eine nicht allzu tiefe Schale aufstellen, in der die Vögel landen können, ohne zu ertrinken, zum Beispiel auf einem Stein in der Mitte. Wenn ihr eine Regentonne habt, achtet darauf, diese entweder abzudecken oder ein großes schwimmendes Holzstück hineinzulegen, auf das sich die Tiere retten können, wenn sie in die Tonne fallen. Das Regenwasser ist übrigens ideal zum Gießen. Zum einen spart ihr damit natürlich die Wasserkosten für »frisches« Wasser, zum anderen sagen Gärtner, dass viele Pflanzen das weiche Regenwasser besser vertragen als Trinkwasser, das ja häufig sehr kalkhaltig ist. Auch euren Gartenteich könnt ihr mit Regenwasser füllen. Füttern sollte man Vögel übrigens nur, wenn es wirklich nötig ist, also zum Beispiel bei heftigem Dauerfrost oder wenn es über längere Zeit eine geschlossene Schneedecke gibt. Laut dem NABU ist es nämlich besser, wenn die Tiere möglichst lange auf sich allein gestellt leben, da sie sich sonst auf die Fütterung durch Menschen verlassen und sich nicht mehr selbst zu helfen wissen, sollte diese mal wegfallen.

Besonders wichtig für die Umwelt ist die Wahl der richtigen Blumenerde bei der Gartenarbeit. Am schlausten ist es, sich diese selbst herzustellen und zwar mithilfe eines Komposts. Wir haben den Kompost von den Vorbesitzern unseres Hauses übernommen, aber auch wer keinen großen Garten mit Kompost besitzt, kann sich einen Mini-Kompost für die eigene Küche besorgen – einen sogenannten Bokashi-Eimer. Ich habe mir diverse Internetvideos über die Eimer angeguckt und finde sie wirklich praktisch. Es gibt sie für etwa 40 Euro im Baumarkt oder im Haushaltswarengeschäft zu kaufen, man kann sie aber auch selber bauen. Im Internet gibt es massenweise Anleitungen dazu. Bokashi kommt aus dem Japanischen und heißt so viel wie »schrittweise Umsetzung«. In dem Eimer sammelt man alle Küchenabfälle, auch Fisch-

und Fleischreste. Darüber streut man dann spezielle Mikroben in Pulverform, die man auch entweder selber macht oder kauft. Sie beschleunigen den Zersetzungsprozess und sorgen gleichzeitig dafür, dass es nicht aus dem Eimer stinkt. Am Boden des Bokashi-Eimers sammelt sich eine Flüssigkeit, die man mit einem Zapfhahn ablässt. Sie ist so mineralstoffhaltig, dass man sie als Dünger benutzen kann. Man verdünnt sie einfach mit Wasser und gießt damit seine Pflanzen. Nach zwei bis drei Wochen sind dann alle Abfälle in dem Eimer fermentiert und zu einer Vorstufe von Komposterde geworden. Wer einen Garten hat, vergräbt das Bokashi (so heißt das Zeug) in der Erde, das sich in weiteren vier bis sechs Wochen in besten Humus verwandelt. Das funktioniert aber genauso in einem großen Kübel auf dem Balkon: Einfach auf das Bokashi Gartenerde schichten und nach vier bis sechs Wochen hat man hochwertige Pflanzenerde.

Wer kein Problem mit kleinen kriechenden Tierchen hat oder sie sogar niedlich findet, kann seinen eigenen Kompost auch in einer Wurmkiste in der Wohnung oder auf dem Balkon erzeugen. Auf diese Weise bekommt man nicht nur tolle Komposterde, sondern auch noch Haustiere. Ich erkläre kurz, wie das geht: Erst mal braucht man dazu eine Kiste, die man entweder fertig kauft oder sich nach einer Anleitung aus dem Internet selber zimmert. Dann braucht man natürlich Würmer. Die holt man sich entweder vom Komposthaufen des Nachbarn, beim ortsansässigen Kleingartenverein oder bei einem Pferdehof. Wer all das nicht in der Nähe hat, kann die Würmer auch im Internet bestellen – kein Witz! In die Kiste kommen dann feuchtes Papier und Pappe, Bioabfälle und ab und zu eine Handvoll Steinmehl. Das versorgt die Würmer mit Mineralien. Das Steinmehl gibt es im – ebenfalls kein Witz – Wurmfachhandel, im Gartenmarkt oder auch im Internet. In unzähligen Onlineforen berichten Menschen über ihre Wurmkisten und viele davon sind richtig begeistert.

Allerdings braucht man wohl ein Händchen dafür, denn damit sich die Würmer wohlfühlen, muss man einiges beachten. In der Kiste darf es nicht zu nass oder zu trocken sein und bestimmte Bioabfälle dürfen auch nicht mit rein. Falls ihr jetzt Lust bekommen habt, so eine Kiste auszuprobieren, dann freue ich mich über Feedback und eure Berichte, wie das Leben mit Würmern so ist!

Da wir ja einen Kompost im Garten haben, hatten wir bisher weder Bedarf für eine Wurmkiste noch für einen Bokashi-Eimer. Leider haben wir unseren Kompost in den vergangenen Monaten aber offensichtlich falsch benutzt. Wir bemerkten das, weil nach drei Monaten alles so im Kompost aufgeschichtet war, wie wir es hineingeworfen hatten. Von Erde keine Spur. Denn ehrlich gesagt ist es – zumindest für Stadtkinder und Gartenneulinge wie uns – eine kleine Wissenschaft für sich, einen Kompost richtig zu befüllen. Deswegen haben wir uns nun Tipps von einem Gärtner geholt. Der wichtigste lautet: Man muss unterschiedliche Abfälle verwenden und diese am besten in Schichten, die etwa zehn Zentimeter hoch sind, aufeinanderhäufen. In unserem Kompost waren unten ganz viele Gartenabfälle, auf die wir von oben immer mehr Biomüll aus der Küche gepackt haben. Besser wäre es gewesen, eine Schicht Laub mit einer Schicht Essensreste mit einer Schicht Grünschnitt und so weiter abzuwechseln. Zuletzt mussten wir unseren Kompost komplett ausräumen und mit dem Biomüll entsorgen. Jetzt haben wir einen Versuch mit neuen Schichten gestartet, aber weil es erst mal einige Wochen dauern wird, bis wir daraus Komposterde gewinnen können, mussten wir in der Zwischenzeit Blumenerde kaufen. Schließlich wollten wir unseren Balkon insektenfreundlich bepflanzen. Im Internet hatte ich nämlich ein Video des NABU gefunden, das zeigt, wie man ein Insektenbüfett anlegt. Da ich die Vorstellung, einen schön bepflanzten Balkon zu haben und gleichzeitig Insekten Nahrung zu bieten, toll finde, beschloss ich, es nachzubauen. Unser Balkon ist sehr sonnig, also brauchte ich Pflanzen, die das mögen, und das sind zum Beispiel Thymian, Hornklee, Steppen-Salbei und die Wiesenflockenblume. Auf der Seite des NABU waren glücklicherweise etwa 15 mögliche Sorten angegeben, denn natürlich musste ich doch andere kaufen als geplant, weil der Gärtner nicht alles dahatte. Dann fehlte mir noch natürlicher Dünger und da mein Humus ja noch nicht fertig war, kaufte ich Hornspäne. Blumentöpfe hatte ich schon. In die füllt man ganz unten Kies ein, dann mit Dünger vermischte Erde. Je nach Größe des Topfes pflanzt man zwei bis drei Pflanzen ein – und fertig ist das Insektenbüfett. Ich wollte aber gerne auch noch ein eigenes Büfett haben, sprich: etwas, das auch ich essen kann. Also pflanzte ich noch Salatkräuter dazu. Das geht auch auf dem kleinsten Balkon, denn die Kräuter brauchen nicht viel Platz, und für so ein kleines Kräuterbeet gibt es seit dem Aufkommen des Urban-Gardening-Trends viele Do-it-yourself-Ideen – vom Bepflanzen einer hochkant gestellten Euro-Palette bis zu kleinen Taschen, in denen Erdbeeren wachsen.

Außerdem hatte ich mir noch vorgenommen, Rosen in den Eingangsbereich zu pflanzen, da ich die einfach liebe. Auch dabei kann man darauf achten, Sorten zu wählen, die nicht nur der Mensch schön findet, sondern die auch Insekten mögen. Hochgezüchtete Rosen mit dicken Blütenköpfen, wie man sie aus dem Blumenladen kennt, nützen unseren Insekten leider wenig. Ihre Blüten sind zu eng und die Tiere passen gar nicht rein. Außerdem haben sie oft weder Nektar noch Pollen, bieten den Insekten also überhaupt keine Nahrung. Deswegen sollte man sich besser für eine robuste heimische Art entscheiden. Meine Wahl fiel auf die Hundsrose, die übrigens so heißt, weil sie (hunds-)gemein ist, also überall zu finden. Sie sieht tatsächlich nicht so aus, wie man sich eine Rose vorstellt, denn sie hat eben nicht diesen dicken Rosenkopf mit den ineinander verschlungenen Blütenblättern, sondern eine offene Blüte. Und dann schaffte es noch die Bibernellrose in unseren Garten, weil sie sehr pflegeleicht ist und sich schnell vermehrt. Auf Pflanzen aus dem Baumarkt oder dem Supermarkt sollte man übrigens möglichst verzichten, da diese meist aus dem Ausland importiert sind und gar nicht in Erde, sondern quasi im Reagenzglas gezüchtet wurden. Stattdessen lohnt es sich, in der Nähe nach einer Biogärtnerei oder nach Biobaumschulen zu suchen, die von Bioland oder anderen Anbauverbänden zertifiziert sind. Dann kann man sicher sein, dass die Pflanzen ohne Gentechnik und Pestizide angebaut wurden. In Deutschland gibt es laut Greenpeace rund 200 solcher Betriebe, die außerdem darauf verzichten, Blumenerde mit Torf zu verwenden.

Das ist ein weiterer wichtiger Punkt, auf den ihr, wenn ihr Erde kauft, unbedingt achten müsst. Für Blumenerde mit Torfanteil werden nämlich Moore trockengelegt und zerstört. Das ist schlimm für Pflanzen und Tiere, aber auch für das Klima, denn Moore sind nicht nur wichtige Biotope mit großer Artenvielfalt, sondern speichern auch viel CO_2, das beim Torfabbau freigesetzt wird. Ich kaufte im Baumarkt also Blumenerde, fand aber nur welche, auf der torfarm stand. Zu Hause angekommen stellte ich fest, dass die »torfarme« Erde gar nicht torfarm war, sondern statt 90 Prozent Torfanteil »nur« 60 Prozent hatte. Ich fuhr also wieder zurück und tauschte die Blumenerde um. Torffreie Erde, die aus Holzfasern, Rinde oder Kompost besteht, gab es in diesem Baumarkt leider gar nicht. Ihr Marktanteil liegt geschätzt bei nur fünf bis sieben Prozent. Ich bestellte sie bei einem Gärtner, der mich völlig entgeistert anguckte und meinte, mit dieser Erde bräuchte ich doppelt so viel Dünger als normal. Mit ein bisschen Erfahrung kann ich inzwischen sagen: Dem ist nicht so. Meine Blumen gedeihen auch ohne Torf perfekt. Kunstdünger wollte ich in meinem Garten sowieso nicht verwenden, denn seine Herstellung verbraucht erstens viel Energie und zweitens schädigt er über längere Zeit den Boden und das Grundwasser. Stattdessen soll ja bald mein Kompost zum Einsatz kommen.

Vielleicht habt ihr schon vom Unkrautvernichtungsmittel Glyphosat gehört, das oft als Pflanzenschutzmittel bezeichnet wird. Umweltschützer finden das eine absolute Frechheit, da Glyphosat nichts schützt, sondern ganz im Gegenteil wahrscheinlich sogar zum Artensterben beiträgt. Eine Studie der University of Texas von 2018 legt nahe, dass Glyphosat eine Hauptursache für das weltweite Bienensterben ist. Außerdem hat die Weltgesundheitsorganisation (WHO) festgestellt, dass Glyphosat »wahrscheinlich krebserregend« ist. Trotzdem hat die EU das Unkrautvernichtungsmittel im Jahr 2018 nicht verboten, sondern es für weitere fünf Jahre zugelassen. Die Uni Göttingen hat in den Jahren 2010 und 2011 fast 900 landwirtschaftliche Betriebe in Deutschland befragt. Demnach wird auf 39 Prozent der deutschen Ackerfläche Glyphosat gespritzt, mit 87 Prozent am häufigsten beim Winterraps, aber auch bei 72 Prozent der Hülsenfrüchte und fast 66 Prozent der Wintergerste. Glyphosat wird allerdings nicht nur in der Landwirtschaft verwendet, sondern aus Unwissenheit auch oft von vielen Hobbygärtnern. Dabei ist es viel besser, das Unkraut zu jäten, anstatt es chemisch zu vernichten. Schädlinge sollte man absammeln oder von den Pflanzen fernhalten, indem man zum Beispiel um sein Gemüsebeet einen Schneckenzaun baut. Außerdem gibt es viele natürliche Pflanzenschutzmittel, die ebenso wirksam sind wie umweltschädliche Chemiekeulen.

Mein nächster Tipp ist etwas für kleine Revoluzzer. Ich möchte ihn auch unbedingt ausprobieren, bin aber an der Jahreszeit gescheitert. Wir müssen bis zum nächsten Frühjahr warten. Ich plane, alte Gemüsesorten anzubauen, und das war zeitweise sogar verboten. Bis zum Jahr 2012 durfte nämlich nur Saatgut in den Handel, das zugelassen war. Da eine solche Zulassung aber aufwendig und teuer ist, konnten sie sich nur Großkonzerne leisten, wie zum Beispiel das weltweit bekannte Unternehmen Monsanto, das auch Glyphosat vertreibt. Kleinen Biobauern und Züchtern war das zu teuer. Deswegen dominierten jahrzehntelang vor allem Sorten den Markt, die möglichst viel Ertrag bringen. Dies ist zwar in den meisten Supermärkten immer noch der Fall, Landwirte dürfen nun aber auch Gemüse anbauen und verkaufen, das nicht hochoffiziell zugelassen ist. Das Saatgut kann man im Internet kaufen und damit alte, fast ausgestorbene Obst- und Gemüsesorten wieder zum Leben erwecken. Es gibt zum Beispiel die Gelbe Beete, die lila Karotte oder die wahnsinnig kreativ klingenden Tomatensorten Blackcherry, Amish Paste, Ivory Drops und Goldita. Ich freue mich schon darauf, dieses Gemüse zu ernten, denn ich weiß von meiner Biokiste, wie grandios manche Sorten schmecken, die man vorher noch gar nicht kannte. Im Sommer war in meiner Kiste zum Beispiel öfter eine riesige grüne, sehr weiche Tomate, die so süß und saftig war wie eine Südfrucht.

Auch wenn der Gemüseanbau noch bis nächstes Jahr warten muss, habe ich es dann doch geschafft, zumindest ein bisschen was anzupflanzen. Nachdem das mit den Kräutern auf dem Balkon so gut geklappt hat, wollte ich nämlich mehr Auswahl. Also legte ich im Garten eine Kräuterspirale an. Das kannte ich noch aus der Grundschule, wo wir eine im Schulgarten hatten. Der Sinn dieses spiralförmigen Beets, das an ein Schneckenhaus erinnert, ist es, mehrere Klimazonen zu imitieren. Am unteren Bereich der Spirale ist es nass, daher werden hier wasserliebende Pflanzen wie Brunnenkresse oder Wasserminze angebaut. Etwas weiter oben in der Spirale liegt die Feuchtzone, wo Kerbel, Petersilie, Basilikum und Bärlauch gut gedeihen. In den mittleren Bereich kann man dann Schnittlauch, Koriander und Minze pflanzen. Am wärmsten und trockensten ist der höchste Punkt der Spirale. Dort wachsen Rosmarin, Salbei, Majoran, Thymian, Oregano und Lorbeer. Wir haben die Spirale selbst gebaut und man braucht dafür nur einen sonnigen Platz mit etwa drei Metern Durchmesser, Klinkersteine, Sand, Schotter, Erde und Kompost. Außerdem sollte man etwas Bautalent besitzen, was wir leider nicht hatten. Wir mussten die Spirale zweimal wieder abbauen und schließlich meinen Schwager und meinen Stiefvater um Hilfe bitten. So richtig hübsch ist das Ding immer noch nicht, aber zumindest funktionstüchtig und das ist ja die Hauptsache.

In meinem Umfeld gibt es übrigens immer mehr junge Leute, die in der Großstadt wohnen und trotzdem Spaß an einem Garten haben. Sie mieten sich dann, wie meine Großeltern früher, einen Schrebergarten. Das ist nicht besonders teuer, weil die Nachfrage an vielen Orten nicht so groß ist. In Frankfurt bekommt man einen Schrebergarten zum Beispiel schon für etwa 25 Euro Pacht im Monat und auch Abstand für Gartenhütte etc. muss man nicht mehr zahlen. Auch mir macht das Gärtnern inzwischen richtig Spaß, sogar das abendliche Gießen. Das sollte man, um Wasser zu sparen, entweder frühmorgens oder abends machen. Wer in der Mittagssonne gießt, gibt seinem Boden gar nicht erst die Möglichkeit, das Wasser aufzunehmen, weil es in der Hitze sofort verdunstet. Auch sehr praktisch, vor allem für faule Menschen: Seinen Rasen muss man, wenn es nach der Umwelt geht, gar nicht so oft mähen. Denn erstens verbraucht das Mähen Energie und zweitens gefällt es den Tieren in höherem Gras deutlich besser. Apropos Tiere: Die machen es sich gerne in Laubbergen gemütlich, die kann man also gerne liegen lassen. Wir haben außerdem kleine Löcher unten in unseren Zaun geschnitten, nachdem wir festgestellt hatten, dass unser Garten einer Festung gleicht. Wegen unserem Hund ist unser Grundstück konsequent eingezäunt und der Zaun ist so engmaschig, dass die meisten Tiere keine Chance haben, durchzukommen. Da wir aber nichts gegen Besuch von Igeln und Co. haben, haben wir unsere Grenzen jetzt durchlässiger gemacht.

Vor Kurzem ist unsere Teichpumpe kaputtgegangen. Auch sie war, wie der Teich, ein Erbstück vom Vorbesitzer. Unser Teich ist extrem pflegeleicht. In ihm leben geschätzt 30 Fische, die man nicht füttern muss, und im Frühjahr haben wir außerdem Frösche. Kurz nach unserem Einzug habe ich mal panisch meine Follower bei Instagram gefragt, wieso ich auf einmal so viele Baby-Fische im Teich hätte. Ich bekam schlagartig Dutzende Nachrichten von Menschen, die mich aufklärten, dass das, was ich da sah, Kaulquappen waren. Das Stadtkind Jennie muss noch viel lernen. Von den Hunderten »Baby-Fischen« sind nur wenige Frösche übrig geblieben, die dann, als sie groß waren, weitergezogen sind. Nachdem nun die Teichpumpe mit Wasserspiel kaputt war, musste also eine neue her und ich entschied mich für eine Solarpumpe. Die läuft jetzt im Herbst allerdings so gut wie nie, da die Sonne einfach kaum scheint. Deswegen habe ich furchtbare Angst um die Fische und überlege, die Pumpe umzutauschen. Anscheinend ist der Standort des Teiches nicht solargeeignet.

Einen Fehler haben wir übrigens gemacht. An dem Tag, an dem ich mich über den Kauf der Solarpumpe gefreut habe, haben wir uns auch einen Laubbläser und -sauger gekauft, was eine ziemliche Umweltsünde ist, wenn man mal genauer darüber nachdenkt. Wir haben zwar einen elektrischen und keinen motorisierten Bläser gekauft, aber auch wenn er keine Abgase produziert, verbraucht das Ding natürlich trotzdem Energie. Außerdem saugt das Gerät auch kleine Tiere ein, die dann in einem eingebauten Häcksler getötet werden. Mein Freund benutzt, seitdem er das weiß, nur noch die Blasfunktion und das auch nur auf der Terrasse und dem Rasen. Er bläst dann das Laub in die Beete, wo es verrotten und als Unterschlupf für Tiere dienen kann. Ein einfacher Rechen hätte es im Nachhinein auch getan. Ihr könnt ja schlauer sein als wir.

Fazit

Mein größtes Glück ist, dass der naturnahe Garten gleichzeitig auch der Garten für Faule ist. Man überlässt gewisse Bereiche auch einfach mal sich selbst, muss nicht so oft Rasen mähen und das Laub bleibt einfach in großen Bergen liegen. Etwas mehr Aufwand, aber durchaus machbar, ist das Suchen von Biopflanzen und torffreier Erde. Viele Dinge im Garten erfordern allerdings etwas Erfahrung und Übung. Wie viel Gießen ist zum Beispiel zu viel? Wir haben manche Blumen ertränkt, andere hingegen sind vertrocknet. Die Kräuterspirale war unfassbar schwer zu bauen, trotzdem hat es Spaß gemacht und deshalb wollen wir uns als Nächstes an eine Schmetterlingsspirale wagen, die bunte Schmetterlinge in den Garten locken soll. Da können wir dann von unserem Wissen um all die Probleme beim ersten Bau profitieren. Ich finde auf jeden Fall, dass der tier- und umweltfreundliche Garten der schönere Garten ist. Denn er ist voll wilder Blumen und unterschiedlicher Arten.

Das könnte die Politik tun

Dass Glyphosat weiterhin zugelassen ist, ist dem früheren Landwirtschaftsminister Christian Schmidt von der CSU anzulasten. Er saß bei der Abstimmung über die weitere Verwendung von Glyphosat für Deutschland im Ausschuss der EU-Kommission. Die damalige Umweltministerin Barbara

Hendricks von der SPD war gegen den weiteren Einsatz von Glyphosat, das heißt, die Große Koalition war sich uneinig und Schmidt hätte sich eigentlich bei der Abstimmung enthalten müssen. Stattdessen stimmte er auf eigene Faust für die weitere Zulassung von Glyphosat. Seine Stimme war das Zünglein an der Waage. An dieser Stelle sieht man ganz deutlich, dass es große Unterschiede zwischen den Parteien gibt, was Umweltthemen betrifft. Ex-Landwirtschaftsminister Schmidt hat im Sinne der konventionellen Landwirtschaft gehandelt, für die Glyphosat ein günstiger Alltagshelfer ist. Stünde dagegen der Umweltschutz an erster Stelle, müsste die Politik den Einsatz von chemischen Düngern und Insektenschutzmitteln – genauso wie den Anteil von Torf in Blumenerde – stark beschränken. Denn nur so kann dem Klimawandel und dem zu hohen Nitratgehalt im Boden Einhalt geboten werden.

Meine Garten- und Balkontipps

- Möglichst wenig Fläche versiegeln
- Keine künstlichen Dünger und chemischen Unkrautvernichter verwenden
- Selbst kompostieren
- Laub nicht aufsaugen, sondern zusammenrechen und in den Beeten liegen lassen
- Insektenfreundliche Pflanzen wählen
- Torffreie Erde benutzen
- Seltene und alte Sorten anpflanzen
- Gartenzaun durchlässig für Igel und Co. machen
- Regenwasser sammeln und für Vögel sichern

Monat 10

Die Wohn-Challenge

Wie schaffe ich ein nachhaltiges Zuhause?

Das Problem

Zu Hause ist es am schönsten. In unseren vier Wänden haben wir es gerne warm, hell und gemütlich, schließlich verbringen wir hier viel Zeit. Viel Zeit, in der man der Umwelt etwas Gutes tun könnte. Aber eben auch etwas Schlechtes. Das fängt schon bei der Heizung an. Wärme und Warmwasser werden im Wesentlichen mit Erdgas und Heizöl erzeugt und das ist gar nicht gut für die Umwelt. Auch unser Strom stammt zum größten Teil aus nicht erneuerbaren Energiequellen wie Steinkohle, Braunkohle und Erdgas. Laut Statistischem Bundesamt fallen 38 Prozent der CO_2-Emissionen im privaten Bereich durch den Energieverbrauch beim Wohnen an. Rund 60 Prozent davon entstehen durch das Heizen, 12 Prozent durch die Erzeugung von Warmwasser. Die Beleuchtung ist im Vergleich überraschenderweise ziemlich unbedeutend. Sie ist nur für drei Prozent der CO_2-Emissionen verantwortlich, aber auch hier lässt sich einiges einsparen. Erstaunlich ist, wie hoch der Verbrauch elektrischer Geräte im Stand-by-Modus ist. Laut Verbraucherzentrale werden etwa zehn Prozent des gesamten

Stromverbrauchs in deutschen Haushalten durch nicht benutzte Geräte verursacht. Da gibt es also für jeden von uns Einsparpotenzial.

Auch der Bundesregierung ist daran gelegen, Wohnen energieeffizienter zu machen. Sie unterstützt Hausbesitzer, die Dach und Wände dämmen, mit Zuschüssen. Die EU hat außerdem die Glühbirne verboten. Stattdessen kommen in den meisten Haushalten nun energiesparende LED-Leuchten zum Einsatz. Trotz dieser und ähnlicher Maßnahmen ist der Pro-Kopf-Energieverbrauch in den vergangenen Jahren aber nicht wesentlich gesunken. Ein Grund dafür ist, dass immer mehr Dinge elektrisch funktionieren. Früher wurde der Rollladen mit Muskelkraft bedient und Papa ist mit dem Schlauch durch den Garten gelaufen. Heute wird der Rollladen über eine Zeitschaltuhr automatisch auf- und abgefahren, die Bewässerungsanlage im Garten ist über Smart-Home bedienbar und jeden Morgen fährt der Staubsauger-Roboter von selbst durch die Wohnung. Dazu kommt, dass die Wohnfläche pro Kopf immer weiter ansteigt. Laut Statistischem Bundesamt hatte jeder Deutsche im Jahr 2017 im Schnitt 46 Quadratmeter zur Verfügung. Denn viele Menschen leben nicht mehr in einer Familie zusammen, die sich natürlich Küche, Bad und Wohnzimmer teilt, sondern alleine. Folglich werden auch mehr Räume für nur eine Person beheizt und beleuchtet statt für mehrere, was wiederum schlecht für die Umwelt ist.

Schließlich gibt es auch noch viele Dinge, die unsere Häuser verlassen. Unser Abwasser kann voll von schädlichen Stoffen sein, die Natur und Grundwasser verseuchen. Etwa 630 000 Tonnen Waschmittel werden jährlich in Deutschland verbraucht. Umgerechnet benutzt jeder Einwohner fast acht Kilogramm im Jahr. Und auch unser Müll wird oft falsch getrennt und landet deswegen erst gar nicht im Recyclingkreislauf. Es gibt also viel, was man beim Wohnen für den Umweltschutz tun kann.

Meine Lösung

Zeitgleich mit dem Beginn dieses Buchprojekts haben mein Freund und ich ein Haus gekauft. Ursprünglich wollten wir aus Kostengründen gar nicht viel umbauen, sondern nur ein wenig renovieren. Es kam anders. Denn als wir die 30 Jahre alten Teppichböden entfernten, stellten wir fest, dass es darunter keinen Estrich gab, also keinen richtigen Untergrund für unseren neuen Parkettboden. Wir bemerkten, dass die alten Fenster nicht sonderlich dicht waren und die Kälte von draußen ins Haus ließen. Also begannen wir zu sanieren, Böden zu verlegen, neue Fenster einzubauen und so weiter. Irgendwann meinte einer unserer Handwerker, er verstehe nicht, wieso wir das Haus nicht einfach abgerissen und neu gebaut hätten. Ich finde das eine absurde Einstellung. Ein ganzes Haus quasi auf den Müll zu werfen, kam für uns keinesfalls infrage. Stattdessen überlegten wir ganz genau, welche Investitionen wir für sinnvoll hielten. Am dringendsten erschien uns eine effiziente Heizungsanlage. Wir tauschten die alte Gasheizung gegen eine neue mit guter Energieeffizienzklasse aus und bauten eine zusätzliche Fußbodenheizung ein. Gedämmt worden war unser Haus schon von den Vorbesitzern.

Nun blieb noch die Frage nach dem Strom. Wir entschieden uns natürlich für Ökostrom. Das ist auch das, was ich jedem von euch als Erstes empfehlen würde, denn Ökostrom kostet meist nicht mehr als normaler Strom. Allerdings muss man bei der Wahl des Ökostromanbieters einiges beachten. Leider habe ich das erst herausgefunden, nachdem ich einfach den Stromtarif des Vorbesitzers unseres Hauses übernommen und dann innerhalb des Anbieters auf Ökostrom umgestellt hatte. Der Ökostrom, den ich von dort bekam, war nämlich nicht besonders grün. Woran das liegt, erkläre ich euch gleich. Erst mal will ich verständlich machen, wie das mit dem Ökostrom überhaupt funktioniert. Denn eigentlich stellt man sich als Ökostromnutzer ja vor, dass man ausschließlich grünen Strom aus erneuerbaren Energien in der Steckdose hat. So funktioniert das aber nicht. Der Strom bleibt auch nach dem Wechsel zum Ökostrom derselbe, besteht also weiterhin zu einem Teil aus Kohlestrom. Trotzdem bewirkt der Wechsel etwas, denn mit jedem neuen Ökostromkunden wird die gesamte Strommischung im Netz ein bisschen grüner, weil der Anteil an Ökostrom angepasst werden muss. Die Stromanbieter sind dann gezwungen, mehr Strom aus erneuerbaren Ressourcen wie Biomasse und Wind ins Netz einzuspeisen. Je höher dieser Anteil im Stromnetz ist, desto mehr Anlagen für umweltfreundliche Energieproduktion werden gebaut und desto weniger klimaschädliche Kohle muss verbraucht werden. Das geht natürlich nicht von heute auf morgen. Wenn ab sofort alle Menschen in Deutschland nur noch Ökostrom beziehen würden, könnte unser kompletter Strombedarf trotzdem nicht plötzlich mit erneuerbaren Energien gedeckt werden. Das ist ein langer Prozess, den wir aber durch die Wahl unseres Anbieters mit beeinflussen können. Denn wenn immer mehr Menschen Ökostrom haben wollen, müssen die Anbieter handeln.

Nun zu den Unterschieden bei den Anbietern. Es gibt Ökostromanbieter, die ihren kompletten Strom aus erneuerbaren Energien gewinnen. Aber es gibt auch welche, deren Strom zu einem Großteil aus Kohlekraftwerken oder Atomkraftwerken im Ausland stammt und die sich einfach einen grünen Anstrich verpassen, indem sie Zertifikate für Ökostrom kaufen. Das funktioniert folgendermaßen: Ein deutscher Stromkonzern will Ökostrom anbieten, produziert selbst aber kaum welchen. Deswegen kauft er sich für ziemlich günstiges Geld zum Beispiel Zertifikate eines norwegischen Stromunternehmens, das seinen Strom aus Wasserkraft gewinnt. Der deutsche Anbieter darf dann einen bestimmten Anteil seines

Stroms als Ökostrom verkaufen. Im Gegenzug verkauft der norwegische Anbieter seinen Strom aus Wasserkraft als normalen Strom. Im Grunde ist das nicht schlimm, denn den grünen Strom gibt es ja tatsächlich, wenn auch nur in Norwegen. Allerdings beeinflusst man damit natürlich auch den Strommix in Deutschland nicht. Und es gibt einen weiteren Haken. Wer wie ich aus Unwissenheit einen Stromanbieter wählt, der zwar Ökostrom anbietet, aber auch Kohlekraftwerke betreibt, finanziert diese mit. Wer dagegen einen Stromanbieter wählt, der nur grünen Strom produziert, unterstützt diesen und damit indirekt den Bau von Wasser- oder Windkraftanlagen.

Solltet ihr euch für so einen entscheiden, könnt ihr auf Zertifikate wie das »Grüner Strom Label«, das »Ok-power Label« oder die Testergebnisse bei *Öko-Test* vertrauen. Ich habe den Vertrag gekündigt und bin zu einem der Testsieger gewechselt. Dass man dadurch womöglich eine kurze Übergangszeit lang keinen Strom hat oder das Wechseln furchtbar kompliziert ist, ist übrigens ein Gerücht. Im Gegenteil – der neue Anbieter übernimmt die komplette Abwicklung des alten Vertrags. Sehr praktisch. Und falls etwas schiefgehen sollte, springen immer die Stadtwerke ein. Man steht also keinesfalls kurzzeitig ohne Strom da.

Mein Freund und ich haben allerdings noch einen anderen Plan. Wir wollen als Nächstes eine Fotovoltaikanlage auf unserem Dach installieren. Wir hatten gehofft, dass das relativ schnell möglich sein würde, aber wie so vieles ist es komplizierter als gedacht. Erst einmal muss man sich nämlich bestätigen lassen, dass das Dach die Last der Anlage überhaupt aushält. Dann muss man gucken, wie das Dach ausgerichtet ist und welche Neigung es hat, denn nicht alle Dächer sind für Solaranlagen geeignet. Da wir in einem Wald wohnen, ist noch unklar, ob unser Hausdach trotz der vielen Bäume genug Sonne abbekommt. Daher kann es sein, dass wir die Fotovoltaikanlage nur auf der Garage montieren können. Ist das endlich alles geklärt und entschieden, muss man mehrere Angebote einholen. Leider gibt es mittlerweile keinerlei Förderung der Bundesregierung für Fotovoltaikanlagen mehr.

Ob sich die Anlage am Ende aber so richtig lohnt, steht in den Sternen. Wir werden wahrscheinlich etwa 10 000 Euro dafür ausgeben müssen plus den Investitionen für eine Batterie, die auch noch mal mehrere Tausend Euro kostet. Dadurch, dass wir unseren eigenen Strom produzieren und den übrigen, den wir nicht brauchen, ins Stromnetz einspeisen, sparen wir zwar Geld, aber ich fürchte, dass sich das erst nach vielen Jahren rechnen wird. Bis dahin ist die Anlage hoffentlich noch ganz. Drückt uns bitte die Daumen und fragt mich doch in zehn Jahren noch mal.

Wegen dieser Unsicherheit hat mein Freund auch noch eine Alternative recherchiert: Leasing von Fotovoltaikanlagen. Der Vorteil ist, dass man sauberen Ökostrom bekommt, ohne viel Geld in eine teure Anlage zu investieren. Außerdem übernimmt die Firma, mit der man den Leasingvertrag abschließt, die komplette Wartung. Wenn also irgendetwas an der Anlage nicht stimmt, ruft man einfach an und es wird repariert. Allerdings wird man mit dem Gerät nie in die grünen Zahlen kommen. Heißt: Man wird die Fotovoltaikanlage immer nur zahlen und niemals besitzen. Wenn ich meine eigene Fotovoltaikanlage kaufe, habe ich sie nach zehn Jahren abbezahlt und ab dann für immer beziehungsweise so lange sie läuft kostenlosen Ökostrom. Allerdings trägt man hier eben auch das Risiko, wenn die Anlage kaputtgeht. Wir haben uns im Endeffekt gegen das Leasing entschieden. Das lohnt sich wahrscheinlich hauptsächlich für Firmen, die sehr große Anlagen bauen und das Leasing von der Steuer absetzen können.

Aber auch wenn ihr in einer Mietwohnung wohnt, könnt ihr jeden Tag etwas für die Umwelt tun. Und zwar indem ihr die richtige Raumtemperatur einstellt. Jedes Grad Raumtemperatur mehr erhöht die Heizkostenrechnung und die CO_2-Bilanz. Deshalb hier ein paar Tipps: die Raumtemperatur sollte im Wohnbereich möglichst nicht mehr als 20 Grad betragen. Mir persönlich ist das ehrlich gesagt oft zu kalt, deswegen heize ich eher auf 21 Grad. In der Küche, in der man sich ja meist bewegt und zum Beispiel kocht, reichen 18 Grad, im Schlafzimmer 17 Grad. Ich mag es im Schlafzimmer sogar gerne noch kälter, weil man sich dann schön in sein Bett einkuscheln kann. Entscheidend ist in allen Fällen, dass man sich selber wohlfühlt. Man sollte aber wissen, dass es für die Umwelt besser ist, zu Hause mit dicken Socken rumzulaufen und sich auf der Couch eine Decke parat zu legen, als einfach überall stärker zu heizen. Nachts oder wenn man tagsüber viele Stunden nicht zu Hause ist, kann man die Raumtemperatur um einige Grad absenken. Wer für ein paar Tage weg ist, sollte die Temperatur auf 15 Grad oder weniger absenken. Je schlechter gedämmt ein Haus ist, desto mehr lohnt es sich, den Heizkörper in einem nicht genutzten Wohnraum herunterzudrehen. Was man jedoch vermeiden sollte, ist die Heizung komplett auszuschalten. Die Räume können dann schimmeln, außerdem ist es ein großer Energieaufwand, komplett ausgekühlte Räume wieder aufzuheizen.

Apropos Schimmel. Auch Lüften ist super wichtig und kann entweder auf umweltverträgliche Art geschehen oder eben nicht. Lüften muss man, um Feuchtigkeit aus den Räumen zu bekommen. Wenn ihr euch jetzt fragt, woher die Feuchtigkeit kommt, dann ist die Antwort: von euch selbst! In einem Vierpersonenhaushalt werden durch Atmen, Duschen, Kochen und Waschen täglich etwa zwölf Liter Flüssigkeit an die Luft abgegeben. Bleibt diese Feuchtigkeit im Haus, wird die Luft stickig und es kann schimmeln. Darum ist regelmäßiges Lüften in der Heizsaison extrem wichtig. Stoßlüften – also mehrmals täglich die Fenster ganz zu öffnen und fünf Minuten kurz und kräftig durchzulüften – ist dabei die wirksamste Methode. Die Fenster dauerhaft gekippt zu lassen, ist aus energetischer Sicht deutlich schlechter, weil die Luft gerade, wenn sie erwärmt ist, das Zimmer schon wieder verlässt.

Eine weitere Möglichkeit, Heizkosten und auch CO_2 einzusparen, ist es, die Heizkörper regelmäßig zu entlüften. Sonst kann es passieren, dass sie nicht mehr richtig warm werden. Das geht mithilfe des Entlüftungsventils, das es an jedem Heizkörper gibt. Außerdem ist es schlau, Heizkörper nicht abzudecken oder zuzustellen. Das war zum Beispiel bei mir in der Arbeit der Fall. Vor dem großen Heizkörper in unserem Großraumbüro stand ein riesiges halbhohes Regal mit dem Drucker und dem Fax darauf. Ich habe es kurzerhand umgestellt, denn die erwärmte Luft konnte sich so überhaupt nicht im Raum verteilen. Nachts solltet ihr außerdem, wenn ihr denn welche habt, die Rollläden schließen. Dadurch kann die Wärme nämlich nicht mehr so leicht nach außen entweichen.

Ein Gerät, bei dem es ebenfalls großes Einsparpotenzial gibt, ist der Kühlschrank. Er läuft rund um die Uhr und gehört zu den größten Stromfressern im Haushalt. Die Stromkosten liegen, je nachdem wie groß und wie alt der Kühlschrank ist, zwischen 20 und 80 Euro im Jahr. Wenn man das auf 15 Jahre hochrechnet, ergeben sich Stromkosten in Höhe von 300 bis zu 1200 Euro. Ihr seht also, dass es sich lohnt, bei einem neuen Kühlschrank ein Gerät mit hoher Energieeffizienzklasse zu wählen. Außerdem sollte man möglichst auf große Gefrierfächer verzichten, da sie am meisten Energie verbrauchen. Besonders einfach lässt sich Strom sparen, auch bei einem alten Gerät, wenn man den Kühlschrank etwas wärmer stellt. Schon ein Grad Unterschied macht viel aus.

Das Umweltbundesamt rät zu einer Temperatur von sieben Grad. Wir hatten unseren Kühlschrank bisher auf vier Grad eingestellt und ich bemerke den Unterschied nur ganz leicht bei Getränken.

All diese Dinge umzusetzen, fällt mir leicht, da ich das meiste sowieso schon gemacht habe. Jetzt kommen wir aber zu etwas, das mir deutlich mehr Probleme bereitet: Wasser sparen beim Duschen. Im Grunde müssen wir in Deutschland – außer bei extremer Hitze im Sommer – kein Wasser sparen, denn wir haben genug. Wenn ich hier von Wasser spreche, meine ich hauptsächlich warmes Wasser. (Kaltes Wasser einzusparen, schadet aber natürlich trotzdem nicht.) Denn um Wasser zu erwärmen, benötigt man extrem viel Energie. In unserem Haushalt wird dafür Gas verbrannt. Es ist also schlau, das Wasser nicht unnötig laufen zu lassen, zum Beispiel während des Zähneputzens. Das stellt für mich kein Problem dar, denn das wurde mir schon als Kind von meiner Mutter immer eingebläut.

Nun aber zu dem Punkt, den ich hasse: Man sollte auch nur möglichst kurz duschen. Ich liebe es aber, lang zu duschen, und brauche normalerweise ewig! Manchmal vergesse ich die Zeit unter der Dusche regelrecht und mein Freund fragt mich dann irgendwann durch den dichten Nebel im Badezimmer, ob ich überhaupt noch lebe. Wenn ich schließlich völlig überhitzt und mit rosig aufgequollener Haut aus der Dusche klettere, sind oft 15 Minuten vergangen, ohne dass ich es gemerkt habe.

Ich recherchierte ein bisschen zum Thema. Verlässliche Zahlen fand ich keine, aber viele Zeitungen schreiben ohne Angabe von Quellen, dass der durchschnittliche Deutsche sechs Minuten lang duscht. Ich lag mit meinen 15 Minuten also definitiv über dem Durchschnitt. Allerdings muss man bedenken, dass ich eine Frau mit langen Haaren bin, die unter der Dusche mehr Aufmerksamkeit erfordern. Außerdem rasiere ich meine Beine unter der Dusche, was auch Zeit kostet. Während des Rasierens habe ich bisher immer das Wasser laufen lassen, da mir sonst zu kalt wurde. Das musste sich ändern. Mein Ziel in diesem Monat war, nur noch höchstens sechs Minuten zu duschen. Ich stellte mir also meinen Handywecker und stieg unter die Dusche. Beim ersten Mal war ich gerade beim Ausspülen der Haarkur, als es bimmelte. Ich war noch nicht annähernd fertig, schaffte die Dusch-Runde dann aber immerhin in verbesserten zehn Minuten. Fünf Minuten weniger als sonst. Am nächsten Tag war Duschen ohne Haarwäsche dran. Das wollte ich diesmal in nur drei Minuten hinkriegen. Ich fühlte mich gehetzt und hatte etwas Herzrasen, schaffte es aber in zwei Minuten und 45 Sekunden. Irgendwie machte es sogar Spaß, weil ich quasi ein kleines Spiel gegen mich selbst spielte.

Am Folgetag waren wieder meine Haare dran. Eine Herausforderung in unserer Dusche ist der geringe Wasserdruck. Wir leben auf gleicher Höhe mit dem Wasserwerk, was ungünstig ist, weil das Wasser auf dem Weg zu uns nicht wie bei den anderen Häusern Druck aufbauen kann, indem es den Berg runterfließt. Deswegen beträgt der Wasserdruck bei uns nur zwei Bar. Wir hatten bei Einzug überlegt, sogenannte Perlatoren oder Spar-Strahlregler in unsere Armaturen einzubauen, um Wasser zu sparen. Sie reduzieren den Wasserdurchfluss. Eine spezielle Luftansaugfunktion sorgt dafür, dass der Strahl sich trotzdem nicht zu dünn anfühlt, es also gefühlt keinen Unterschied zwischen einem normalen Wasserstrahl und einem wassersparenden gibt. Weil bei uns allerdings sowieso so wenig Wasser pro Minute aus dem Hahn kommt, war das nicht nötig. Beim Haarewaschen ist der geringe Wasserdruck nun ziemlich unpraktisch, da das Ausspülen deutlich länger dauert. Trotzdem schaffte ich es diesmal mithilfe einer schlauen Technik – ich seife mich ein, während die Haarspülung einwirkt –, in immerhin nur sieben Minuten zu duschen. Um euch weitere Beschreibungen meiner Dusch-Erlebnisse zu ersparen, hier mein Ergebnis: Ich brauche mittlerweile nur noch sechs Minuten zum Duschen und stelle beim Rasieren auch das Wasser ab. Ich will nicht behaupten, dass es Spaß macht, aber da ich morgens sowieso meist spät dran bin, kommt mir die Zeitersparnis ganz gelegen.

Hin und wieder gönne ich mir übrigens auch ein Bad. Das ist deutlich schlechter für die Umwelt als Duschen, weil die meisten Badewannen relativ groß sind und man sehr viel heißes Wasser zum Befüllen braucht. Mein Tipp: zu zweit baden – ist romantisch und umweltfreundlich.

Eine weitere Möglichkeit, die Wohnung umweltfreundlicher zu machen, ist das Austauschen der Glühbirnen. Die meisten von euch haben das bestimmt sowieso schon getan, da die alten Glühbirnen mittlerweile von der EU verboten wurden. Denn wenn alle Menschen ihre Leuchten auf Energiesparlampen umstellen, lassen sich schätzungsweise bis zu 28 Millionen Tonnen CO_2 pro Jahr vermeiden – so zumindest die Rechnung der EU.

Ich finde die etwas teureren LEDs besser, denn sie halten mit bis zu 20 Jahren Lebensdauer etwa dreimal so lang wie Energiesparlampen. Außerdem enthalten sie kein giftiges Quecksilber und verbrauchen noch weniger Strom. In unserem neuen Haus wollte ich deswegen hauptsächlich LED-Lampen benutzen. Das klappte grundsätzlich auch sehr gut, bis ich online zwei Lampen fürs Bad bestellte. Da unser Bad nicht besonders hoch ist, brauchte ich eine sehr flache Lampe und wurde nur im Internet fündig. In der Produktbeschreibung hieß es »LED im Lieferumfang enthalten«. Was ich allerdings nicht wusste: die LED ist in der Lampe fest verbaut. Das heißt, dass ich, ist die LED irgendwann kaputt, die komplette Lampe entsorgen muss.

Laut der Verbraucherzentrale Rheinland-Pfalz waren im

März 2016 bei 29 Prozent der in Baumärkten angebotenen Wohnraumleuchten die LED-Lampen nicht wechselbar. Ende Oktober waren es bereits 42 Prozent. Ein wirklich problematischer Trend. Die Hersteller argumentieren zwar, dass die Lampen länger halten, wenn die LED fest verbaut ist, eine geschätzte Lebensdauer von 10 bis 20 Jahren finde ich aber trotzdem sehr gering. Zumal wenn ich überlege, dass ich in manchen Mietwohnungen schon Lampen im Bad hatte, die von Mieter zu Mieter über Jahrzehnte weitergegeben wurden. Meiner Meinung nach ist das eine fatale Entwicklung hin zur Wegwerfgesellschaft. Denn bisher konnte man eine Lampe, auch wenn sie einem nach zehn Jahren nicht mehr gefiel, immer noch auf dem Flohmarkt verkaufen. Dass ich meine beiden neuen Badlampen einfach irgendwann entsorgen muss, nur weil die LEDs kaputt sind, finde ich ein Unding.

Apropos entsorgen: Weder Energiesparlampen noch LEDs dürfen einfach in den Hausmüll geworfen werden. Sie sind Sondermüll und müssen zu einer städtischen Abgabestelle gebracht werden. Wenn man eine neue Lampe kauft, kann man die alte auch beim Fachhändler lassen. Das ist den meisten Leuten aber zu aufwendig, was dazu führt, dass nach Schätzung der Deutschen Umwelthilfe nur zehn Prozent der Energiesparlampen sachgerecht entsorgt werden. 90 Prozent werden also wahrscheinlich nicht recycelt, sondern landen im Hausmüll.

Damit sind wir schon bei einem weiteren Thema: der Mülltrennung. Bis auf meine Mutter kannte ich bisher niemanden, der zu Hause seinen Biomüll trennt. Die meisten meiner Freunde trennen noch nicht mal den Verpackungsmüll vom Restmüll, obwohl das wirklich unglaublich wichtig ist. Fangen wir beim Biomüll an. Laut Kreislaufwirtschaftsgesetz sollte es seit 2015 in Deutschland eine flächendeckende Bioabfallsammlung geben. Jeder hat also eigentlich per Gesetz das Recht auf eine Biotonne. Allerdings hat es laut Recherchen des NABU jede fünfte Kommune immer noch nicht geschafft, die Biotonne einzuführen. Ich hoffe, ihr habt eine, denn dann könnt ihr wirklich sehr einfach etwas für die Umwelt tun. (Wenn ihr keine habt, bekommt ihr gleich noch einen Tipp, wie ihr trotzdem euren Biomüll verwerten könnt.) In den Biomüll gehören alle Küchenabfälle, also zum Beispiel Bananenschalen, Eierschalen und Apfelgehäuse, Essensreste und Gartenabfälle. Wer das alles in den Hausmüll wirft, sorgt dafür, dass die Menge des Restmülls steigt und dass dieser schlechter verbrannt werden kann, weil er durch die ganzen Essens- und Lebensmittelreste viel feuchter ist. Außerdem ist die Kompostierung von Bioabfällen das einfachste Recyclingverfahren der Welt. Man führt ja quasi der Natur Natur zu, denn der aus den Küchen- und Gartenabfällen entstehende Humus wird in der Landwirtschaft als Dünger benutzt. Deswegen ist es so problematisch, wenn Plastik in die Biotonne gerät. Das landet dann nämlich ebenfalls auf dem Feld. Darüber hinaus kann der Biomüll sogar als Energiequelle genutzt werden. Wird er vergoren, entsteht Methangas, aus dem sich in Blockheizkraftwerken Strom und Wärme gewinnen lassen. Das geschieht laut Umweltbundesamt allerdings erst mit etwa 15 Prozent der eingesammelten Bioabfälle aus den Haushalten.

Im Kapitel zur Plastik-Challenge hatte ich ja schon geschrieben, wie wichtig das Recycling von Plastikmüll ist und dass es nur funktioniert, wenn wir unseren Müll richtig trennen. Verpackungen aus Plastik, Aluminium und Blech gehören in den Gelben Sack oder die Gelbe Tonne. Man sollte auch wissen, dass man seinen Joghurtbecher nicht ausspülen muss. Damit würde man doppelt Energie verschwenden, weil der Müll in der Sortieranlage sowieso noch mal gewaschen wird. Größere Reste sollte man laut dem Umweltbundesamt grob herauskratzen. Dasselbe gilt übrigens auch für die Pfandgläser mit Joghurt. Den Aludeckel eures Joghurtbechers solltet ihr abtrennen, denn die Sortieranlagen können immer nur ein Material erkennen. Ihr erleichtert der Anlage damit die Arbeit und erhöht die Chance, dass das Plastik des Bechers wirklich recycelt wird.

Auch beim Trennen des Altpapiers gibt es ein paar Kleinigkeiten zu beachten. Denn Papier ist nicht gleich Papier. Kassenzettel, Kinokarten und Fahrkarten bestehen zum Beispiel aus Thermopapier und das darf nicht ins Altpapier. Gleiches gilt auch für stark beschichtetes Backpapier, Post-its und Tetra Paks. Die beiden erstgenannten gehören in den Restmüll, die Tetra Paks wegen ihrer Plastikbeschichtung in den Gelben Sack. Auch nicht in den Papiermüll dürfen Pappe und Papier, die voller Essensreste sind. Verschmutzte Küchentücher und Servietten müssen also in den Restmüll, Pizzakartons kann man entweder säubern, bevor sie ins Altpapier kommen, oder man muss sie, wenn sie zu schmutzig sind, auch in den Restmüll werfen. Falls das Papier noch einen anderen Bestandteil hat, wie zum Beispiel das Sichtfenster bei einem Briefumschlag, dann macht es Sinn, diesen Teil herauszureißen, bevor man den Rest in den Papiermüll wirft.

Mir fällt die Mülltrennung mittlerweile leicht, da ich die perfekten Vorraussetzungen mit unterschiedlichen Mülltonnen geschaffen habe. Ich würde sogar so weit gehen zu behaupten, dass sie mir Spaß macht. Anscheinend verbirgt sich da eine kleine Spießerin in mir. Mein Freund hingegen bekommt es einfach nicht auf die Reihe. Er sagt, er sei zu zerstreut, ich glaube, es ist einfach Faulheit. Immer wieder finde ich Klopapierrollen im Restmüll und Plastikverpackungen im Papiermülleimer unter seinem Schreibtisch. Ich fungiere also in unserem Haushalt als eine Art Vorab-Sortieranlage und hoffe, dass sich das irgendwann einmal ändern wird. Drückt mir die Daumen.

Nun kommen wir zu einer schlimmen Umweltsünde, die mein Freund und ich und eigentlich alle in unserer Familie lieben: Kaminfeuer. Ich muss gestehen, dass mich dieser Teil meiner Wohn-Challenge ein wenig traurig macht, vor allem da ich meine Lebensweise ja auf Dauer umstellen möchte. Trotzdem werden wir erst mal kein Kaminfeuer mehr machen, denn was ich darüber herausgefunden habe, ist schrecklich. Wenn man Holz verbrennt, entsteht dabei Ruß. Dass Ruß nicht gerade gut für die Lunge ist, war mir klar. Dass er aber auch gravierende Auswirkungen auf das Klima hat, wusste ich nicht. Wegen ihrer schwarzen Farbe absorbieren die winzigen Partikel nämlich die Sonnenstrahlen, erwärmen sich und heizen dabei die Umgebung auf. Den größten Einfluss auf das Klima hat Ruß deshalb in der Arktis. Dort lagert er sich auf Schnee- und Eisflächen ab, die dadurch das Sonnenlicht weniger stark reflektieren. Das verursacht eine frühere und intensivere Schneeschmelze. Natürlich dachte ich zuerst, dass dieser Ruß bestimmt nicht aus meinem Kamin stammt, da mein Haus ja sehr weit von der Arktis entfernt steht. Laut Forschern sind jedoch zwei Drittel der Rußpartikel auf den Eisflächen der Arktis aus Europa.

Was sollten wir also mit unserem Kamin tun? Es ist ein offener Kamin und daher eine ziemliche Dreckschleuder, zudem heizt er nicht besonders effektiv. Das heißt, man verbrennt sehr viel Holz, ohne dass sich das Zimmer großartig erwärmt. Wir fragten unseren Schornsteinfeger um Rat. Der sagte, dass der Kamin grundsätzlich okay sei, wir ihn aber laut Gesetz nur selten benutzen dürften, weil er sehr viele Rußpartikel ausstößt. Weil es für uns aber keine Lösung war, einen Kamin zu besitzen, den man dann so gut wie nie benutzt oder nur mit einer Kerze dekoriert, recherchierten wir im Internet. Wir stießen auf die Möglichkeit, den Kamin umzurüsten. Er bekam also eine Art Glaskassette eingesetzt, sodass aus dem offenen Kamin ein geschlossener wurde. Der verbraucht deutlich weniger Holz, da er es effizienter und mit größerer Wärmeleistung verbrennt. Außerdem hat er nun einen Rußpartikelfilter. Die Nachrüstung hat nur etwa zwei Stunden gedauert, war aber ziemlich teuer. Immerhin können wir jetzt ohne allzu schlechtes Gewissen immer mal wieder Feuer machen.

Von einem heißen Thema zu einem eisigen. Zu einem kuschelig warmen Kaminfeuer gehört eine verschneite Winterlandschaft vor der Tür. Wer in einem eigenen Haus wohnt oder in einer Hausgemeinschaft ohne Hausmeisterservice, muss dann Schnee schippen. Das ist nicht nur nett den Nachbarn gegenüber, sondern auch gesetzlich vorgeschrieben. In der Stadt, in der ich lebe, muss man den Gehweg in der Zeit zwischen 7 Uhr morgens und 20 Uhr abends in einer Breite von 1,20 Meter vom Schnee befreien. Wie das in eurer Gemeinde geregelt ist, könnt ihr meistens auf der Homepage der Gemeinde nachlesen. Wegen der Gefahr von Glätte sollte man den Gehweg zudem streuen.

Wo ist da der Umweltaspekt, fragst du dich jetzt vielleicht? Für die Natur ist die Wahl des Streuguts von großer Bedeutung. Laut Umweltbundesamt landen in einem harten Winter mehr als vier Millionen Tonnen Streusalz auf den deutschen Straßen. Dabei ist das sehr schädlich. Es kann Pflanzen angreifen und bei direktem Kontakt sogar verätzen. Besonders betroffen sind dabei Bäume, die direkt an der Straße stehen, zum Beispiel in Alleen. Ein hoher Salzgehalt im Boden führt außerdem dazu, dass die Pflanzen Wasser und Nährstoffe schlechter aufnehmen können und dadurch anfälliger für Krankheiten werden und sogar absterben. Bei Tieren kann das aggressive Salz zu Entzündungen der Pfoten führen. Im Winter sieht man deshalb ab und zu Hunde mit kleinen Gummischuhen. Aber nicht nur Hundepfoten werden angegriffen, auch Autos und unsere Schuhe leiden. Die großen Räumfahrzeuge, die über die Straßen fahren, streuen grundsätzlich Salz, für Privatpersonen ist es in vielen Kommunen aber wegen der Schäden, die es anrichtet, verboten. Das Umweltbundesamt empfiehlt stattdessen umweltfreundlichere Alternativen. Am besten ist es, den Schnee direkt mit einem Besen oder Schneeschieber wegzuräumen. So kann er sich erst gar nicht festtreten und vereisen und oft ist es dann gar nicht mehr nötig, noch etwas zu streuen. Bei Glätte sollte man statt Salz lieber Splitt, Sand oder Granulat streuen. Wenn der Schnee dann geschmolzen ist, kann man den ausgestreuten Splitt zusammenkehren und beim nächsten Mal wiederverwenden. Bevor eine Oma auf einer komplett vereisten Treppe stürzt, darf man in den meisten Kommunen an besonders gefährlichen Stellen aber natürlich auch Salz streuen. Da mein Freund und ich berufstätig sind und daher nicht gewährleisten können, dass unser Gehweg 13 Stunden am Tag von Schnee geräumt ist, haben wir einen Gärtner mit dem Winterdienst beauftragt und diesen natürlich darauf hingewiesen, dass er möglichst umweltfreundlich streuen soll.

Kommen wir zu dem Thema rund ums Wohnen, das ich am schrecklichsten finde: Hausarbeit. Putzen ist echt nicht mein Ding und ich muss zugeben, dass ich es bisher in meinem Leben einfach zu vermeiden versucht habe. In meiner Studentenzeit, als ich wenig Geld hatte, habe ich so wenig wie möglich geputzt und so sah es dann in meiner Wohnung auch aus. Seit ich genug verdiene, leiste ich mir eine Putzfrau. Ich kenne sie mittlerweile seit 20 Jahren, da sie auch schon bei meiner Mutter geputzt hat. Als ich ihr jedoch sagte, dass sie ab sofort andere Putzmittel benutzen müsse, standen wir erst mal auf Kriegsfuß. Das Problem mit den Putzmitteln ist nämlich, dass sie danach bewertet werden, wie wirkungsvoll sie sind. Wer will einen Badreiniger, der das Bad nicht gründlich reinigt, oder ein Fleckenmittel, das keine Flecken entfernt. Stellt euch mal eine Werbung vor, in der es heißt: »Leider macht dieser Reiniger ihr Bad nicht richtig sauber, dafür ist er aber gut für die Umwelt!« Die meisten Putzmittel sind also einzig darauf ausgelegt, möglichst wirksam zu sein, und daher wird bei vielen von ihnen keine Rücksicht auf die Umwelt genommen.

Manche Reinigungsmittel haben sogar so gefährliche Inhaltsstoffe, dass Warnzeichen auf ihrer Verpackung abgedruckt werden müssen. Ein schwarzes Ausrufezeichen in einem roten Quadrat warnt beispielsweise vor akut schädlichen Stoffen, die zu Hautreizungen führen können. Ein Mensch mit hellem Stern auf der Brust im roten Quadrat warnt vor Stoffen, die bei Verschlucken und Einatmen tödlich sein können, die Krebs erregen, das Erbgut verändern oder die Fortpflanzung gefährden. Solche Reinigungsmittel gibt es ganz normal im Supermarkt zu kaufen und sie schaden nicht nur den Menschen, sondern auch der Umwelt.

Das tun auch Tenside, die in den meisten Reinigungsmitteln enthalten sind. Sie sind ein wichtiger Inhaltsstoff, denn sie verbinden Fett und Wasser und sorgen so dafür, dass das Öl aus einer Pfanne gelöst wird oder ein Spülbecken wieder sauber wird. Sie werden oft aus dem endlichen Rohstoff Erdöl gewonnen, sind sehr schlecht abbaubar und gelangen über das Abwasser in Flüsse und Seen.

Wer all diese schädlichen Mittel vermeiden will, hat zwei Möglichkeiten: Entweder man kauft Bio-Reiniger oder man macht sich seine Reinigungsmittel selber. Bio-Reiniger gibt es natürlich in Bioläden, aber auch in normalen Drogerien und Supermärkten. Sie reinigen überwiegend mit rein pflanzlichen Tensiden, zum Beispiel mit Seifen aus Pflanzenölen oder Zuckertensiden. Statt synthetischer Lösemittel, Farbstoffe, Duftstoffe und Konservierungsmittel kommen in Bio-Reinigern vor allem ätherische Öle und Alkohol zum Einsatz. Genau wie bei Kosmetik ist auch hier der Begriff »Bio« nicht gesetzlich geschützt, also sollte man auf Siegel wie Ecocert, EcoControl, Ecogarantie und die EU-Umweltblume achten.

Die Alternative zu Bio-Reinigern ist, die Putzmittel selbst

herzustellen. Wie ich das mit Waschmittel gemacht habe, könnt ihr bei meiner Plastik-Challenge im ersten Kapitel nachlesen. Das geht aber auch mit Reinigungsmitteln und dazu braucht ihr nur wenige Zutaten. Eine davon ist Natron. Natron ist ein Mittel mit unzähligen Einsatzmöglichkeiten. Man kann damit backen, kochen und es soll die Zähne weißer machen. Zwei Teelöffel Natronpulver gemischt mit einem halben Liter warmem Wasser, zwei Teelöffeln fein geraspelter Kernseife und etwas Zitronensaft ergeben einen umweltfreundlichen Haushaltsreiniger. Ein weiterer natürlicher Alleskönner ist Soda. Zusammen mit Essig hilft es zum Beispiel, einen verstopften Abfluss frei zu bekommen. Außerdem kann man Wäsche über Nacht in Sodalauge einweichen oder dem Waschpulver einen Esslöffel Soda beigeben, damit die Wäsche weißer wird. Mit Wasser angerührt soll Soda auch hartnäckig eingebrannte Flecken im Backofen lösen. Gegen Kalk hilft Zitronensäure. Sie wird industriell aus Zuckerrüben gewonnen und eignet sich auch gut als Toilettenreiniger.

Um auszuprobieren, ob selbst gemachte Reinigungsmittel wirklich eine Alternative sind, nutzte ich einen freien Tag und ging erst mal all diese umweltfreundlichen Zutaten einkaufen. Kernseife fand ich im Unverpackt-Laden, Soda gab es im Drogeriemarkt in einer Pappverpackung und auch die Zitronensäure fand ich dort in Pulverform in einer Papierverpackung. Die Putzmittel herzustellen war eigentlich gar nicht schwierig. Einzig das Raspeln der Kernseife ist etwas gefährlich für die Fingerkuppen. Dann machte ich mich ans Putzen. Da ich ja nicht so die Putz-Queen bin, kann ich gar nicht sagen, wie viel besser oder schlechter die Putzmittel funktionierten. Ich hatte das Gefühl, dass zwar alles sauber wurde, man aber deutlich mehr Kraft aufwenden musste als bei manchen Reinigern, die man ja teilweise nur aufsprühen, einwirken lassen und dann abspülen muss. Immerhin bekommt man so beim Putzen auch noch Muskeln.

Als meine Putzfrau in der nächsten Woche kam und ich ihr erzählte, dass ich geputzt habe, war sie zuerst furchtbar beleidigt, weil sie dachte, ich wolle sie ersetzen. Ich machte ihr klar, dass es mir um den Umweltschutz ging, und stellte ihr meine selbst gemachten Reinigungsmittel hin. Sie guckte mich sehr skeptisch an, benutzte sie aber widerwillig. Beim nächsten Mal griff sie jedoch wieder zu den altbewährten Mitteln und meinte, sie könne mit meinen nicht putzen. Ich kaufe seitdem einfach nur noch zertifizierte Öko-Reiniger. Solange keine Alternative im Haus ist, werden die auch benutzt.

Allerdings habe ich das Gefühl, dass zum Beispiel meine Spülmaschine mit ihnen nicht mehr ganz so gut reinigt. Seit sowohl das Spülmaschinensalz als auch der Klarspüler und die Reinigungstabs von zertifizierten Bio-Reinigungsmittelherstellern stammen, wird Verkrustetes nicht mehr so gut gelöst und es bleiben immer mal wieder Reste am Geschirr hängen. Das finde ich aber nicht allzu schlimm und bin einfach dazu übergegangen, keine Töpfe mehr in die Spülmaschine zu stellen. Stattdessen reinige ich sie direkt nach dem Kochen von Hand.

Übrigens ist es umweltfreundlicher, mit der Spülmaschine zu spülen als mit der Hand. Allerdings nur, wenn man sie ganz vollmacht und nicht allzu heiß stellt. Meine Maschine hat außerdem einen Eco-Modus, der mit mehr als drei Stunden aber unfassbar lang dauert, da das Geschirr erst mal mit kaltem Wasser eingeweicht wird.

So ähnlich verhält es sich auch mit der Waschmaschine. Auch hier könnt ihr sehr einfach auf die Umwelt achten. Denn jedes Grad, das ihr kälter wascht, schont die Umwelt. Das Aufheizen des Wassers benötigt nämlich die meiste Energie des gesamten Waschvorgangs. Niedrige Waschtemperaturen verbrauchen also deutlich weniger Strom und produzieren weniger CO_2. Wird die Waschtemperatur von 60 Grad auf

30 oder 40 Grad gesenkt, sinkt der Stromverbrauch um über 35 Prozent. Auch die Wahl zwischen Flüssigwaschmittel und Pulver hat einen großen Einfluss, denn laut Umweltbundesamt belasten flüssige Waschmittel die Umwelt viel stärker, da sie deutlich mehr Tenside enthalten, die aus Erdöl, Kohle oder Palmöl gewonnen werden. Die Waschmaschine sollte außerdem immer voll beladen sein. Ein zweistündiges Waschprogramm für zwei Jeans ist eine große Verschwendung von Strom und Wasser. Bei optimaler Befüllung der Waschmaschine ist oben in der Trommel noch eine Handbreit Platz. Auch sollte man nach Möglichkeit den Eco-Waschgang wählen. Der dauert zwar, genau wie bei der Spülmaschine, viel länger, schont aber die Umwelt. Drei Stunden bei 30 Grad zu waschen bringt eine ähnliche Waschleistung wie eine Stunde bei 60 Grad, da das Waschmittel genug Zeit hat, um einzuwirken. Ich wasche meine Klamotten inzwischen bei 30 Grad, Handtücher und Bettwäsche bei 60 Grad. Zwischendurch sollte die Maschine nämlich auch immer mal wieder heißer betrieben werden, damit Keime keine Chance haben, sich zu vermehren.

Wichtig ist auch, das Waschmittel nicht zu hoch zu dosieren. Man neigt dazu, zu glauben, dass viel auch viel hilft. Besser ist es aber, sich an die Dosieranleitung auf der Verpackung zu halten. Die ist abhängig vom Härtegrad des Wassers, den ich für meinen Wohnort erst mal googeln musste. Ich fand eine genaue Aufstellung, eingeteilt nach einzelnen Bereichen der Stadt. Man muss nur gucken, in welchem davon die eigene Straße liegt, und schon hat man den zugehörigen Härtegrad. Der ist bei uns in den Wintermonaten mittel und in den restlichen Monaten hart. Im Winter kann ich also weniger Waschmittel benutzen. Eine spannende Info. Außerdem benutze ich schon seit Jahren keinen Weichspüler mehr. Der ist nämlich meines Erachtens komplett überflüssig und hat für die Umwelt nur Nachteile: Man verbraucht eine zusätzliche Plastikverpackung und kippt noch mehr Chemie ins Wasser. Ich hatte seitdem noch nie das Gefühl, dass meine Wäsche nicht weich genug war.

Der allerbeste Energiespartipp beim Waschen ist: einfach weniger waschen. Ich habe die Erfahrung gemacht, dass es den meisten Klamotten gar nicht guttut, wenn man sie zu häufig wäscht. Natürlich will niemand eine Hose mit Fleck anziehen oder einen Pulli, der stinkt, aber es muss nicht jedes Kleidungsstück nach einmaligem Tragen in die Waschmaschine. Jeans oder Wollpullis und Sweatshirts, unter denen man sowieso immer ein Shirt trägt, kann man einfach lüften. Ich wasche meine Hosen geschätzt nur alle vier Monate, sofern ich sie nicht verkleckere. Auch meine Pullis werden einfach nach dem Tragen zum Lüften auf einen Bügel gehängt und erst dann wieder in den Schrank geräumt. Falls wir uns mal bei einer Lesung treffen und ich müffle, sprecht mich bitte darauf an. Bis dahin belasse ich es bei dieser Methode.

Etwas, worauf ich allerdings nur sehr ungern verzichten möchte, ist mein Trockner. Er ist relativ neu und hat eine sehr gute Energieeffizienzklasse. Trotzdem verbraucht er ein Mehrfaches des Stroms der Waschmaschine, da er ziemlich viel Hitze erzeugen muss. Ich habe mich der Umwelt zuliebe zu einem Kompromiss entschlossen. Ich benutze ihn nur noch für die Handtücher, da die sonst so steif sind wie bei meiner Oma und man das Gefühl hat, sich mit einem Reibeisen abzutrocknen. Für die ganze restliche Wäsche wird kein Trockner mehr verwendet. Wenn ihr noch keinen habt, schafft euch am besten erst gar keinen an. Wer das Gefühl der flauschigen Handtücher nie erlebt hat, wird es auch nicht vermissen.

Fazit

Dieser Monat war teuer und auch ziemlich aufwendig, da so viel geändert werden musste. Erst mal zu den Veränderungen, die einfach waren: Den Kühlschrank raufzudrehen und die Heizung runter, ist easy. Auch Müll richtig zu trennen und natürliche Putzmittel zu kaufen, fällt mir leicht; auf Salz beim Streuen zu verzichten sowieso. Andere Veränderungen haben mir einiges abverlangt. Ich habe mich zwar inzwischen ans schnelle Duschen gewöhnt, vermisse meine gemütlichen Dusch-Sessions aber manchmal trotzdem noch. Der Einbau unseres neuen Kamins war mit viel Recherche verbunden, wir mussten unzählige Angebote einholen und am Ende hat er uns viel Geld gekostet. Dafür können wir jetzt wieder mit einigermaßen gutem Gewissen vor dem romantischen und gemütlichen Feuer sitzen. Jetzt planen wir eine Fotovoltaikanlage, die richtig teuer wird, aber den größten Nutzen für die Umwelt haben wird.

Das könnte die Politik tun

Seit dem Jahr 2000 fördert die deutsche Regierung den Ausbau erneuerbarer Energien mit dem Erneuerbare-Energien-Gesetz, kurz EEG. Obwohl ich Politikwissenschaft und Soziologie studiert habe, musste ich stundenlang recherchieren und rumtelefonieren, bis ich das Gesetz und seine Änderungen in den vergangenen Jahren einigermaßen verstanden hatte. Ganz vereinfacht gesagt, unterstützt das Gesetz die Nutzung erneuerbarer Energien, indem es zum Beispiel demjenigen, der eine Solaranlage auf sein Dach baut, garantiert, dass die Stromnetzbetreiber ihm den Strom auch zu einem angemessenen Preis abkaufen. Denn man kann seinen selbst produzierten Strom ja nicht 24 Stunden am Tag verbrauchen, der überschüssige Strom soll aber trotzdem nicht verloren gehen. Und wer sicher Geld für seinen Strom bekommt, investiert auch eher in eine Solar- oder Windkraftanlage.

Diese Förderung bezahlt allerdings nicht die Bundesregierung, sondern die Stromkunden. Das funktioniert folgendermaßen: Wenn mir mein Solarstrom für – sagen wir einfach – 20 Euro abgekauft wird, kann der Stromnetzbetreiber ihn an der Strombörse oft nur für 10 Euro weiterverkaufen. Er macht also dank des EEG einen Verlust. Dieser muss ausgeglichen werden und das geschieht durch die EEG-Umlage, die jeder Stromkunde bezahlen muss. Sie ist seit dem Jahr 2000 von 0,19 Cent pro Kilowattstunde Strom auf 6,40 Cent im Jahr 2019 gestiegen. Einen Durchschnittshaushalt mit einem Jahresverbrauch von 3500 Kilowattstunden kostet der Ausbau der erneuerbaren Energien also 265 Euro im Jahr. Viele Unternehmen sind hingegen von der EEG-Umlage befreit, zum Beispiel solche, die in einem scharfen internationalen Wettbewerb stehen oder bei denen der Strompreis einen hohen Anteil der Produktionskosten ausmacht. Das finden Umweltschützer absurd, denn es bedeutet, dass die Unternehmen, die am meisten Strom verbrauchen, deutlich weniger für den Ausbau erneuerbarer Energien bezahlen müssen als kleine Unternehmen und Privatleute. Zusätzlich haben sie dann auch noch nicht mal einen Anreiz, Strom zu sparen. Im Gegenteil: Wenn sie leicht unter der Grenze der verbrauchten Strommenge liegen, ab der man von der EEG-Umlage befreit wird, lohnt es sich für sie sogar, noch mehr Strom zu verbrauchen. So kommt es, dass die Zahl der Antragsteller, die keine EEG-Umlage zahlen wollen, jedes Jahr steigt. Im Moment sind es mehr als 2000 Unternehmen in Deutschland. Umweltschützer fordern, die EEG-Umlage anders zu verteilen oder ganz andere Wege zu finden, um erneuerbare Energien zu fördern.

Ein weiterer Aspekt, der mir als Laie nicht ganz einleuchtet, ist die Meinung der Bundesregierung, die Solarenergie sei »überfördert«. Deshalb will sie die Förderung für größere Solaranlagen auf Firmengebäuden und Mehrfamilienhäusern ab 2019 um rund 20 Prozent senken. Schon im Jahr 2012 wurden Änderungen am Gesetz beschlossen, die die Vergütung von Solarenergieanlagen betrafen. Das führte zum Beispiel in Hessen dazu, dass seitdem deutlich weniger Anlagen gebaut werden. Gleichzeitig soll aber bis zum Jahr 2030 65 Prozent des Stroms aus erneuerbaren Energien gewonnen werden.

Meine Tipps für nachhaltiges Wohnen

- Zu einem reinen Ökostromanbieter wechseln
- Eigene Fotovoltaikanlage einbauen
- Heizung runterdrehen
- Stoßlüften
- Splitt statt Salz streuen
- Keine offenen Kaminfeuer machen
- Duschzeit verkürzen
- Kälter und weniger waschen, dabei weniger Waschmittel verwenden
- Pulver statt Flüssigwaschmittel
- Trockner abschaffen oder reduzieren
- Auf natürliche Reinigungsmittel umsteigen
- Müll richtig trennen

Monat 11

Die Weniger-ist-mehr-Challenge

Wie verbrauche ich ganz generell weniger?

Das Problem

Alle zwei Jahre ein neues Smartphone, alle drei Jahre wird das geleaste Auto ausgetauscht, wir fahren auch zwei Stockwerke mit dem Fahrstuhl und jeder im Haushalt hat ein eigenes Tablet und womöglich auch noch ein Laptop. So sieht unser heutiger Wohlstand aus, den viele gar nicht als solchen erkennen, denn für Millionen Menschen in Deutschland ist dieses Leben normal. Das alles funktioniert allerdings nur durch einen hohen Einsatz natürlicher Ressourcen. Weltweit verbraucht die Menschheit heute laut Umweltbundesamt fast doppelt so viele Rohstoffe wie noch vor 30 Jahren. Mittlerweile gibt es für alles, was man auch mit Muskelkraft machen könnte, ein Gerät: einen Laubbläser, einen Selfiestick, Türen, die sich per Bewegungsmelder elektrisch öffnen, Fensterputzmaschinen und einen Lautsprecher, dem man sagen kann, was er im Internet bestellen soll. In der Küche nimmt die Flut an Geräten völlig absurde Ausmaße an: elektrische Saftpressen, eine Brotschneidemaschine, Waffeleisen, Donutmaker, Sandwichmaker, Eierkocher. Sogar Salz- und Pfeffermühlen gibt es mittlerweile batteriebetrieben, damit man nicht mehr selber drehen muss. Und auch das Selberkochen wird einem von einem mehr als 1000 Euro teuren Gerät abgenommen, das man nur mit den Zutaten befüllen muss. Dann schnippelt und kocht es von alleine. Jetzt lautet die große Frage: Was davon brauchen wir wirklich? Die ehrliche Antwort: eigentlich gar nichts. Viele dieser Geräte sollen unser Leben vereinfachen. Doch ist es wirklich einfacher, den Eierkocher aus dem Schrank zu holen, ihn mit Wasser zu befüllen und ihn nach dem Kochen wieder sauber zu machen, als Eier in einem Topf zu kochen? Wie oft benutzt man den Sandwichmaker eigentlich? Einmal im Monat? Einmal im Jahr? Wie häufig brauchen die Geräte neue Batterien? Und wie lange halten sie? Ich habe die Erfahrung gemacht, dass viele Geräte mittlerweile sehr schnell kaputtgehen. Als ich ausgezogen bin, hat meine Mutter mir ihren 25 Jahre alten Stabmixer geschenkt. Er hat bei mir weitere acht Jahre gehalten. Dass mein neuer Stabmixer wieder 33 Jahre durchhalten wird, wage ich zu bezweifeln.

Vieles ist nämlich überhaupt nicht mehr konzipiert, um lange zu überdauern. Denn wenn etwas lange hält, kauft der Verbraucher ja nichts Neues. Die Firmen verdienen aber nur Geld, wenn ständig konsumiert wird. Die Deutsche Umwelthilfe kritisiert zum Beispiel Smartphone-Hersteller, weil sie die Geräte bewusst so produzieren, dass sie nach kurzer Zeit nicht mehr funktionieren. Besonders betroffen sind davon die Akkus. Nach nur wenigen Jahren halten die nur noch einige Stunden durch und der Verbraucher fühlt sich gezwungen, ein neues Gerät zu kaufen. Sie zu reparieren ist häufig gar nicht möglich, da die Bauteile in Smartphones verklebt sind und man sie nicht einfach austauschen kann. Ein neues Gerät muss also her. So nehmen Verbraucher Smartphones mittlerweile fast als Wegwerfprodukte wahr. Holger

Krumme, Technikchef bei der HTV GmbH, die Elektronikbauteile auf Haltbarkeit testet und für langlebige Produkte ein Gütesiegel vergibt, sagt, er kenne viele Produkte, die sogar extra darauf ausgelegt seien, kaputtzugehen. Oft würden zum Beispiel in Bildschirmen und Fernsehern besonders hitzeempfindliche Teile absichtlich neben Hitzequellen eingebaut. Bei Computern von namhaften Herstellern befinden sie sich direkt im heißen Luftstrom der Prozessorkühlung. Nach zwei bis drei Jahren fallen sie dann aus, mit dem Resultat, dass meist das gesamte Produkt in den Müll wandert. Denn ein weiteres Problem ist, dass Reparaturen oft genauso viel kosten wie ein neues Produkt. Smartphones bestehen mittlerweile häufig rundum aus Glas, sodass nicht nur das Display kaputtgehen kann, wenn man das Handy fallen lässt, sondern auch die Rückseite. Das Austauschen ist dann so teuer, dass es einem günstiger erscheint, gleich ein neues Gerät zu kaufen.

Hinzu kommt, dass die Menschen sich immer häufiger über die Dinge identifizieren, die sie besitzen. Egal, wie viel Geld man verdient und wie viel man schon hat, man hat trotzdem ständig das Gefühl, noch mehr zu brauchen. Schuld daran sind auch soziale Medien wie Facebook, YouTube und Instagram. Dort präsentieren tagtäglich Menschen die Produkte, die sie sich neu gekauft haben, zum Beispiel in sogenannten Haul-Videos, die besonders bei Jugendlichen beliebt sind und in denen Kosmetikartikel, Kleidung und modische Accessoires vorgestellt werden. Ein weiterer Trend ist das Unboxing, also Filme, in denen zu sehen ist, wie jemand seinen neuesten Kauf, zum Beispiel eine Spielekonsole, aus der Verpackung nimmt. Solche Videos haben teilweise Hunderttausende Aufrufe. Dazu posten jeden Tag Zehntausende Menschen ihre Outfits unter dem Hashtag #ootd – Outfit of the Day. Im Jahr 2018 gab es bei Instagram unter diesem Hashtag 222 Millionen Fotos. Man könnte meinen, bei Social Media dreht sich alles nur ums Kaufen und Besitzen. Und natürlich gaukelt uns auch die Werbung vor, immer etwas Neues besitzen zu müssen.

Für alles neu Gekaufte landet natürlich auch wieder etwas auf dem Müll. Europas größte Müllhalde für Elektroschrott liegt allerdings nicht in Deutschland, Italien oder Frankreich, sondern mitten in Afrika. Die riesige Müllhalde Agbogbloshie am Rand der ghanesischen Hauptstadt Accra ist die letzte Station für dein altes Smartphone und meinen alten Computer. Erwachsene und Kinder bestreiten dort ihren Lebensunterhalt, indem sie die Geräte mit bloßen Händen ohne jede Schutzkleidung verbrennen. Die Müllhalde zählt laut Umweltbundesamt zu den zehn verseuchtesten Umweltbrennpunkten der Welt. Kein Wunder, dass die Lebenserwartung der Bewohner dort nur etwa 40 Jahre beträgt. Allein Deutschland exportiert pro Jahr 150 000 Tonnen alte Elektrogeräte, die meisten davon nach Afrika. Das kostet weniger, als die gebrauchten Geräte korrekt im eigenen Land zu entsorgen. Laut einer UNO-Studie wird nur ein Drittel des Elektroschrotts in Europa ordnungsgemäß entsorgt. Wir leben also in einem endlosen Teufelskreis aus Shopping und Wegwerfen. Dass all diese Produkte unter großem Energieaufwand hergestellt werden mussten, vergessen wir dabei meist. Wie kommt man nun aber raus aus diesem Kaufwahn?

Meine Lösung

Verzicht war bei diesem Buch nie meine Lösung. Denn ich will Möglichkeiten aufzeigen und nicht einfach darauf hinweisen, was man alles nicht tun oder konsumieren darf. Trotzdem stellte ich mir gegen Ende des Jahres die Frage, wo all unser tagtäglicher Konsum hinführen soll. Ich fragte mich, wie viele Dinge ich wirklich brauche und was ich im Alltag alles kaufe, was eigentlich vermeidbar wäre. Welche Dinge werfe ich weg, obwohl man sie weiterhin verwenden könnte? Was kann man teilen oder tauschen, statt es neu zu kaufen?

Ich beschloss, in diesem Monat bei jedem Produkt, das ich kaufe, besonders streng zu überlegen, ob es wirklich notwendig ist. Insgesamt wollte ich mein Leben und meine Verhaltensweisen am Weniger-ist-mehr-Prinzip orientieren und mich, nein, nicht in Verzicht, nennen wir es, in Sparsamkeit üben. Als Erstes versuchte ich, meinen eigenen Konsum kritisch zu hinterfragen. Es ist spannend zu sehen, wofür man anfällig ist und wofür nicht. Ich kaufe besonders gerne Kleidung. Schuhe und Kosmetik interessieren mich weniger, elektronische Geräte sogar gar nicht. Ich habe mir erst ein einziges Mal in meinem Leben ein Laptop gekauft, noch nie einen Computer, noch nie einen Fernseher und auch erst einmal ein Tablet. Dieses Buch schreibe ich auf dem Computer meines Freundes. Ich kann mich für die Geräte einfach nicht begeistern und gebe deshalb ungern Geld dafür aus. Einzig beim Smartphone werde ich immer mal wieder schwach, wenn der Akku nicht mehr den ganzen Tag hält. Nach zwei bis zweieinhalb Jahren kaufe ich mir deshalb meist ein neues Handy. Das alte gebe ich entweder an meinen Vater weiter oder ich verkaufe es.

Eine gute Möglichkeit, wenn man sich auf umweltfreundliche Art ein Elektrogerät kaufen will, ist, es secondhand zu kaufen. Viele Menschen, die ihre Geräte kaum nutzen, verkaufen sie weiter. So kommt man an Tablets, Computer und Handys, die fast wie neu sind. Viele der Shops geben sogar eine Garantie auf die Geräte. Auf dieselbe Weise kann man natürlich auch selbst seine alten Geräte weitergeben. Ich habe gleich am Anfang des Monats mal geschaut, was für alte Geräte wir noch zu Hause hatten, und war erstaunt. Es waren mehr als gedacht. Insgesamt lagen drei alte Smartphones im Schrank und ein kleines Tablet von meinem Freund, das ich noch nie in Benutzung gesehen hatte. Ich überlegte, was ich damit machen sollte, und suchte im Internet nach Möglichkeiten. Dafür benutzte ich übrigens eine grüne Suchmaschine. Sie ist CO_2-neutral, da ihre Server mit einer eigenen Solaranlage betrieben werden. Außerdem werden 100 Prozent des Einnahmenüberschusses aus Werbung und die Prozente aus Shoppingeinnahmen an ein Regenwaldprojekt gespendet. Durch das einfache Suchen verdienen die Betreiber der Suchmaschine also noch kein Geld, sondern erst, wenn der Nutzer auf einen Werbelink klickt. Das passiert allerdings wohl so oft, dass durch die Einnahmen angeblich fast jede Minute ein Baum in Brasilien gepflanzt werden kann. Am Ende meiner Recherchen entschied ich mich dafür, eines der Handys, das relativ neuwertig war, über einen Onlineshop zu verkaufen. Die älteren Modelle spendete ich an eine Organisation, die die Handys repariert, wenn sie noch zu gebrauchen sind, und sie ansonsten recycelt. Auf diese Weise gehen die wertvollen Rohstoffe nicht verloren. Mit den Einnahmen, die das Unternehmen generiert, werden Umweltprojekte in Deutschland unterstützt. Die Handhabung war sehr einfach: Ich steckte die Handys und das Tablet in einen gefütterten Briefumschlag und schickte sie ein – fertig. Auch alte Laptops oder Computer kann man spenden. Ich fand einen Verein, der Computer aufarbeitet und an Sozialbedürftige, Asylsuchende, Behinderte, Rentner und Schüler verschenkt. Ich war wirklich begeistert über die Fülle an Möglichkeiten, die es für alte Geräte gibt, und hoffe, dass viele Menschen mal ihre Schubladen durchsuchen und das Potenzial der Dinge darin erkennen. Manche Geräte sind aber tatsächlich nicht mehr zu retten und wiederzuverwerten. Damit dieser Elektroschrott nicht auf der Müllhalde in Ghana landet, sollte man ihn bei kommunalen Wertstoffhöfen oder im Handel abgeben und nicht an dubiose Schrottsammler. Ich habe übrigens auch tolle Erfahrungen mit Onlineanzeigen gemacht und dort sogar Möbel, die größere Macken hatten, günstig weiterverkauft.

Aber in diesem Monat ging es ja nicht nur um die Sachen, die man schon hat, sondern auch um die Sachen, die man noch haben möchte. Und das ist mehr, als man denkt. Das merkte ich bei mir, als mein Make-up leer war. Ich überlegte, ob ich wirklich neues brauchte, wollte am Ende aber nicht darauf verzichten. Beim Nachdenken fiel mir allerdings ein, dass ich vor einiger Zeit eines gekauft hatte, das ich nicht besonders mochte und deswegen nie benutzte. Das musste also noch irgendwo sein. Ich guckte die Schublade im Bad durch und war entsetzt, was sich dort alles angesammelt hatte. Ich hatte in den vergangenen Jahren aus jeglichen Hotels die von mir angebrochenen Shampoos und Duschgels mitgenommen, außerdem gab es viele Pröbchen aus Zeitschriften und Geschäften, angebrochene Badesalze, einzeln herumfliegende Tampons und ein zertifiziertes Naturkosmetik-Shampoo, das ich nicht so gern verwendete. Ich könnte die Liste noch ewig fortsetzen, aber wahrscheinlich wisst ihr beim Blick in die eigene Schublade sowieso, was es da noch alles so gab. Meine Mission lautete: das alles aufbrauchen und das, was ich definitiv nicht benutzen würde, spenden. Interessanterweise fühlte sich das Aufbrauchen der alten Sachen wie eine kleine Befreiung an. Immer wenn eine Packung leer war, hatte ich das Gefühl, ein bisschen Ballast abgeworfen zu haben. Alte Kosmetik kann man übrigens nicht überall spenden, da es strenge Hygienevorschriften gibt. Meine Mutter arbeitet ehrenamtlich in der Flüchtlingshilfe, deshalb habe ich eine gute Möglichkeit, Dinge direkt an Bedürftige abzugeben. Wer das nicht hat, kann es bei der Bahnhofsmission versuchen. Dort werden auch Sachspenden wie Kosmetika angenommen, da immer wieder Menschen in der Bahnhofsmission landen, die sich duschen und frisch machen wollen.

Dank meiner Schubladenfunde musste ich in diesem Monat also keinerlei Kosmetik kaufen. Auch sonst lebte ich shopping-frei, was mich an mancher Stelle Überwindung kostete.

Ich merkte, wie sehr man dazu neigt, »schnell noch etwas mitzunehmen«. Nach dem Kaffeetrinken mit einer Freundin kam ich zum Beispiel an einem Dekoladen vorbei, in dem ich mich nur kurz umsehen wollte und dann doch beinahe eine Kleinigkeit gekauft hätte. In Momenten wie diesem musste ich mich sehr zusammenreißen, um nicht schwach zu werden. Dabei halfen mir mehrere Frauen, deren Seiten ich seit diesem Monat bei Social Media abonniert habe. Ich folge unter anderem einer Mutter, die ihre Kinder fast ohne Konsum aufzieht. Obwohl mir persönlich ihre Lebensführung zu extrem ist, hat sie mich dennoch inspiriert. Sie schenkt ihren Kindern zum Beispiel keine Dinge zum Geburtstag, sondern Erlebnisse. Allerdings keine wie ein Besuch im Disneyland, sondern das gemeinsame Backen der Lieblingsmuffins oder eine besonders schöne Wanderung. Keine Ahnung, ob ihre Kinder sie hassen werden, sobald sie in die Pubertät kommen. Für mich war das jedenfalls mal eine etwas andere Art, die Welt zu betrachten.

Eine Sache, die sich am Anfang ein bisschen wie Verzicht anfühlt, die ich nun aber schon seit dem ersten Monat des Buchprojekts mache, ist, nicht mehr Aufzug zu fahren. Aufzüge sind für kranke, alte und schwache Menschen eine grandiose Erfindung. Und auch wenn man in einem Hochhaus lebt oder arbeitet, bietet es sich an, den Aufzug zu nehmen. Für alle anderen ist er reine Bequemlichkeit. In meinem Alltag gibt es zwei Orte, an denen ich bisher mehrmals am Tag Aufzug gefahren bin: meine beiden Arbeitgeber Hessischer Rundfunk und ZDF. In den letzten neun Monaten habe ich die Aufzüge genau drei Mal benutzt. Ein Mal, weil ich zwei Kuchen dabeihatte und mir fast die Arme abfielen, und dann noch zwei weitere Male, weil ich wegen des Herdentriebs mit einer Gruppe Kollegen automatisch in den Aufzug gestiegen bin. Das Leben ohne Fahrstuhl ist zwar anstrengend, aber ich spüre mittlerweile, dass meine Fitness etwas besser geworden ist. Im ZDF muss ich häufig vom Studio im Untergeschoss zur Redaktion im zweiten Stock. Da das Gebäude hohe Decken und Zwischenböden hat, sind es im Vergleich zu einem normalen Wohnhaus wahrscheinlich eher vier Stockwerke, die ich hochlaufen muss. Anfangs war ich danach immer ziemlich außer Atem, mittlerweile nehme ich die Treppe relativ locker. Vielleicht denkt ihr jetzt, dass diese Aktion ein Tropfen auf den heißen Stein ist, und das stimmt auch. Auch wenn ich nicht Aufzug fahre, fahren die Dinger natürlich trotzdem hundertmal am Tag. Stellt euch aber vor, es würden Tausende oder Hunderttausende Menschen in Deutschland mitmachen, dann könnte man womöglich die Hälfte aller Aufzüge stilllegen und unfassbar viel Strom einsparen.

Eine Möglichkeit, Ressourcen zu sparen und trotzdem neue Dinge zu bekommen, ist das Tauschen und Teilen. Eine Kollegin erzählte mir beim Mittagessen, dass ihr Föhn kaputtgegangen sei und sie deshalb am Morgen mit nassen Haaren aus dem Haus gehen musste. Wir hatten zu Hause zwei Föhne, da mein Freund und ich beim Zusammenziehen beide einen mitgebracht hatten, also versprach ich ihr einen davon. Sie war total baff und freute sich. Mein Angebot erinnerte sie an ein paar Eltern in Frankfurt, die in einer WhatsApp-Gruppe alle ihre Baby- und Kindersachen teilen. Wer etwas braucht, schreibt in die Gruppe, und es findet sich immer jemand, der das Gesuchte übrig hat oder andersherum. Als ich meinem Freund davon erzählte, berichtete er mir von einer ähnlichen WhatsApp-Gruppe in seiner früheren Nachbarschaft. Darin waren etwa 15 Nachbarn, die sich gegenseitig Werkzeuge und auch mal Lebensmittel liehen. Ich plane, so etwas nun auch in meiner Nachbarschaft einzurichten, traue mich aber noch nicht so richtig, da ich bisher kaum jemanden kenne. Das würde ich gern bei einem Straßenfest oder einem ähnlichen Event ändern – mein Projekt fürs nächste Jahr.

Mit einer weiteren Weniger-ist-mehr-Lösung habe ich

schon vor drei Jahren begonnen, möchte sie euch aber nicht vorenthalten, da ich sie grandios finde. Ich verhüte nicht mehr mit der Pille, sondern mithilfe einer App und einem Thermometer. Ich messe jeden Morgen direkt nach dem Aufwachen, während ich noch im Bett liege, meine Temperatur und trage sie in eine App ein. Die App errechnet dann anhand eines Algorithmus, an welchen Tagen ich fruchtbar bin und an welchen nicht. Das ist gut für mich und meine Gesundheit, da die Pille viele Nebenwirkungen hat. Und das nicht nur für den Menschen, sondern auch für die Umwelt. Östrogene aus der Antibabypille sind zu einem ernst zu nehmenden Schadstoff in Gewässern geworden, da Frauen einen Teil davon über den Urin wieder ausscheiden und die Kläranlagen sie nicht ausreichend herausfiltern. Die künstlichen Hormone gelangen so in Seen und Flüsse und stören dort zum Beispiel die Fortpflanzung von Fischen. Ich würde diese Verhütungsmethode allerdings nur Frauen empfehlen, die in einer festen Beziehung leben und für die ein Baby keine absolute Katastrophe wäre. Denn um die Temperatur sicher messen zu können, muss man sich an viele Regeln halten und eine gleichförmige Lebensweise haben.

In diesem Monat musste sich übrigens auch mein Hund in Verzicht üben. Ich kaufe ihm gerne mal ein Stofftier zum Spielen, das dann aber nach etwa zwei Monaten kaputt ist. Das will ich in Zukunft nicht mehr machen, sondern nur noch Spielzeug kaufen, das robust ist und lange hält. Außerdem habe ich in diesem Monat Majas Ernährung auf Biofutter umgestellt. Ehrlich gesagt war sie nicht ganz so begeistert, aber wenn sie wüsste, dass es gut für die Umwelt und die Tiere ist, wäre sie bestimmt einverstanden.

Fazit

Weniger zu konsumieren ist eine Lebenseinstellung, die man sich antrainieren kann. Man muss nur überzeugt davon sein. Mir fällt einiges daran schwer, da ich mir gerne mal etwas gönne. Wenn man allerdings vorher genau darüber nachdenkt, was man sich kaufen möchte, dann hat man später auch länger etwas davon. Das beste Beispiel ist meine ziemlich teure mechanische Uhr von 1974, die ich vor fünf Jahren zum Geburtstag bekommen habe und seitdem jeden Tag trage. Das war eine bessere Investition als mehrere günstige Uhren zu kaufen, die schnell kaputtgehen und immer wieder eine neue Batterie brauchen. Ballast abzuwerfen hat mir sehr viel Spaß gemacht und ich werde ab sofort versuchen, erst gar nicht mehr so viel Kram anzuhäufen. Meinen nächsten Handykauf möchte ich möglichst lange hinauszögern und vielleicht kann ich mich dazu durchringen, ein gebrauchtes Handy zu kaufen.

Das könnte die Politik tun

Die Bundesregierung will, dass die Wirtschaft immer weiter wächst, daher wird es nicht ihr Anliegen sein, die Menschen dazu zu bringen, weniger zu konsumieren. Ich finde aber, sie müsste die Verbraucher und die Umwelt vor Produkten schützen, die viel zu schnell kaputtgehen. Man könnte dazu die gesetzliche Gewährleistungsfrist verlängern, damit die Unternehmen gezwungen sind, langlebigere Produkte anzubieten. Zudem könnte man eine Reparaturpflicht für eine gewisse Zeit nach Ablauf der Gewährleistung einführen, damit Geräte hergestellt werden, die nicht beim ersten Problem weggeworfen werden müssen. Außerdem könnte man das Zubehör von elektronischen Geräten standardisieren. Dann bräuchte man nicht für jedes neue Gerät auch neues Zubehör. Und wenn man ein Kabel verloren hat, könnte man das eines anderen Gerätes benutzen, das man schon besitzt. So würde sich der Konsum deutlich reduzieren. Das heißt, dass zum Beispiel alle Ladekabel, egal von welchem Hersteller und für welches Produkt, gleich sein müssten. Zum Teil schreibt die EU das schon vor, aber noch nicht alle Hersteller halten sich daran und es wurde auch noch nicht bei vielen Produkten umgesetzt. Zudem könnten die Kommunen zusätzlich zum Sperrmüll und zum Wertstoffhof eine Art Tauschhof einführen. Wenn man bedenkt, wie viele Dinge, die in Deutschland auf dem Sperrmüll landen, noch brauchbar sind, könnte man mit so einem Ort, an dem gut erhaltene Möbelstücke und Elektroartikel für eine gewisse Zeit für jeden kostenlos zur Mitnahme stehen, bis sie endgültig entsorgt werden, Geld und Ressourcen sparen.

Meine Minimalismus-Tipps

- Nur das kaufen, was man wirklich braucht
- Funktionsfähige Elektroartikel spenden oder verkaufen
- Kaputte Elektroartikel beim Händler zurückgeben oder zum Wertstoffhof bringen
- Reparieren statt neu kaufen
- Secondhand kaufen
- Tauschen und teilen statt neu kaufen

Monat 12

Die Weihnachts-Challenge

Wie kann ich möglichst umweltverträglich Weihnachten feiern?

go green

Das Problem

Weihnachten ist das Fest der Liebe, des Glaubens und der Familie. Und Weihnachten ist das Fest der Verschwendung, des riesigen Müllbergs und der Millionen von abgeholzten Weihnachtsbäumen. Ich will dir und mir auf keinen Fall die Lust am Weihnachtsfest verderben, denn es ist meiner Meinung nach einfach das schönste Fest des Jahres. Trotzdem sollten wir uns im Klaren darüber sein, wie viele Ressourcen wir da jedes Jahr verschwenden. Nur so können wir etwas daran ändern und es in Zukunft besser machen. Fangen wir beim Geschenkpapier an. Das wiegt meist etwa 65 Gramm pro Quadratmeter. Wenn wir mal davon ausgehen, dass jeder Mensch in Deutschland nur 100 Gramm Geschenkpapier an Weihnachten verbraucht, was sehr zurückhaltend gerechnet ist, dann kämen wir auf 8000 Tonnen Geschenkpapier. Das entspricht einer Fläche von 7000 Fußballfeldern. All dieses Geschenkpapier – außer das von einigen Omis, die es bügeln und noch mal benutzen – landet auf dem Müll. Hinzu kommt, dass in den letzten Jahren ein Trend zu besonders aufwendigen Geschenkpapieren zu beobachten ist. Ein einfach bedrucktes dünnes Packpapier reicht nicht mehr aus, stattdessen ist noch Glitzer aufgebracht oder Folie eingearbeitet, was das Recycling des Papiers erschwert oder sogar unmöglich macht. Dann braucht ein ordentlich verpacktes Geschenk natürlich noch glitzernde Schleifen, Anhänger und Bänder. Und auch schon vor dem Fest produzieren wir einen deutlich größeren Müllberg als sonst. Schuld daran sind die unzähligen Adventskalender, bei denen kleine Stücke Schokolade in umso größeren Plastik- und Pappverpackungen versteckt sind.

Doch das ist nicht das Einzige, was jedes Jahr rund um Weihnachten weggeworfen wird. Laut Bundesverband der Weihnachtsbaumerzeuger stellt jeder zweite Haushalt in Deutschland einen Christbaum auf. Zusammen mit den Bäumen in Geschäften und Firmen ergibt sich eine Zahl von etwa 25 Millionen verkauften Weihnachtsbäumen im Jahr. Diese schmücken für etwa zwei Wochen die deutschen Wohnzimmer und landen dann auf dem Müll. Um diesen traurigen Lebensweg zu beschreiben, sind sie vorher acht bis zwölf Jahre lang gewachsen. Die meisten der bei uns gekauften Weihnachtsbäume kommen übrigens aus Deutschland. Etwa vier Millionen Bäume werden aus Dänemark importiert. Sie werden auf riesigen Weihnachtsbaumplantagen aufgezogen und dort häufig mit umweltschädlichen Dünge-, Unkrautvernichtungs- und Schädlingsbekämpfungsmitteln behandelt. Man holt sich mit so einem Baum also eine große Pestizidschleuder ins Wohnzimmer. Allerdings muss man sagen, dass wir Konsumenten an dieser Entwicklung mitschuldig sind. Denn wir wollen den perfekten Baum. Er soll gerade sein, regelmäßig gewachsene Äste haben, nicht piksen und nadeln. Deshalb werden hauptsächlich Nordmanntannen in Monokultur angebaut und die Bäume werden gespritzt, damit sie ja keine Macken bekommen. Bei Biobäumen ist das nicht der Fall. Sie machen aber nur einen verschwindend kleinen Anteil der Weihnachtsbäume in Deutschland aus. Auf Tausenden Quadratmetern deutscher Bodenfläche werden also konventionelle Weihnachtsbäume unter Einsatz von Pestiziden angebaut.

Und auch der Kaufrausch an Weihnachten ist natürlich eine ökologische Katastrophe. Wenn jeder nur Dinge geschenkt bekommen würde, die ihm auch wirklich gefallen und die er lange in Gebrauch hat, wäre das nicht allzu schlimm. Viel zu viele Geschenke werden allerdings nie benutzt oder landen sogar sofort im Müll. Besonders schlimm finde ich das beim Wichteln, da dabei häufig nur vollkommener Quatsch verschenkt wird, den niemand braucht. Die Wahrscheinlichkeit, dass man beim Wichteln ein Geschenk bekommt, das einem wirklich gefällt, liegt meiner Erfahrung nach bei gerade mal zehn Prozent. Und auch die Geschenke, die man vom Onkel bekommt, den man nur einmal im Jahr an Weihnachten sieht, sind meist nicht der Kracher. Dazu kommen dann noch die ganzen Geschenke aus Adventskalendern und zu Nikolaus. All diese Produkte wurden am Ende vollkommen umsonst hergestellt und meist auch noch um die halbe Welt geschifft. Absurd sind auch die Zahlen der Paketzustellungen. Vor Weihnachten werden pro Tag bis zu 15 Millionen Pakete verschickt. Die Zustellfahrzeuge stoßen dabei eine unfassbare Menge an CO_2 aus und natürlich bedeutet jedes der 15 Millionen Pakete auch ein Stück Verpackungsmüll.

Meine Lösung

Das wird also mein erstes umweltfreundliches Weihnachtsfest. Oder sagen wir lieber: mein einigermaßen umweltfreundliches Weihnachtsfest, denn das umweltfreundlichste Weihnachtsfest ist das, das nicht gefeiert wird. Aber ein

Advent ohne Adventskranz, ein Heiligabend ohne Baum und ohne Geschenke kam für mich nicht infrage. Das alles wollte ich trotzdem haben, aber eben so umweltfreundlich wie möglich. Leider werde ich euch nicht vom Fest selbst berichten können, sondern nur von den vielen Weihnachtsvorbereitungen. Die Abgabe meines Buches stand kurz vor Weihnachten an, also musste ich diese Challenge etwas vorverlegen. Begonnen habe ich sie mit der Suche nach einem umweltfreundlichen Adventskalender. Bisher hatte ich von meinem Freund und von meiner Mutter immer einen Kalender mit 24 selbst verpackten kleinen Geschenken bekommen und auch den beiden jeweils einen gebastelt. Wegen der Verpackung wollte ich das diesmal anders machen. Meine Mutter nutzte das als willkommenen Anlass, mir zum ersten Mal seit Jahren einfach keinen Adventskalender zu machen. Das ist natürlich sehr umweltfreundlich, aber auch sehr schade. Allerdings hatte ich auch etwas zu kompensieren. Bei meinem letzten Einkauf von Hundefutter hatte mir die Verkäuferin nämlich unbemerkt einen Adventskalender für Hunde in meine Einkaufstasche gelegt. Darin ist für jeden Tag ein Leckerli – natürlich in reichlich Plastik verpackt. Zurückbringen wollte ich ihn aber auch nicht, denn das hätte eine zusätzliche Autofahrt dorthin bedeutet. Also hat mein Hund dieses Jahr einen absolut umweltschädlichen Adventskalender.

Mein Freund ließ sich bei seinem Kalender für mich von der Fernsehsendung inspirieren, die er moderiert. Dort gab es einen Beitrag über Adventskalender zum Selbermachen und er entschied sich für einen, den man aus einem Mini-Muffin-Blech bastelt. Das hat bereits 24 Aushöhlungen, in die man ein kleines Geschenk oder eine liebe Notiz legen kann. Mithilfe eines Glases, das man als Schablone benutzt, schneidet man dann aus Recyclingpappe runde Deckel aus, schreibt die Zahlen darauf und befestigt sie vor den Löchern – fertig ist der Adventskalender. Die Deckel kann man im nächsten

Jahr wiederverwenden. Ich war total überrascht von diesem selbst gebastelten Kalender und freue mich nun täglich mehr über den Anblick als über die Geschenke. Ich selbst beschloss, einen Kalender aus einem Vorhang zu machen, den wir aus der alten Wohnung mitgenommen hatten, aber nicht mehr verwendeten, weil er zu kurz war. Im Internet fand ich zwar viele Anleitungen zum Nähen solcher Kalender, ich brauchte aber einen, für den man das nicht können musste. Ich erinnerte mich, dass ich mal einen Adventskalender aus Einmachgläsern gesehen hatte, und fand das die perfekte Möglichkeit für mich. Da ich ja seit der Plastik-Challenge versuche, Plastikverpackungen einzusparen, hatten sich in meinem Keller eine Menge Gläser angesammelt, die ich zum Einkochen verwende. Im November gibt es nicht viel einzukochen, deshalb waren viele davon leer. Ich suchte mir also ein paar heraus und ergänzte sie durch Gläser von meiner Oma. Sie hat gefühlt Hunderte davon im Keller. Die Gläser umwickelt man dann mit Stoff, bindet Bänder und Schleifen darum und klebt oder näht kleine Figuren aus Filz auf. Entweder man lässt die Deckel auf den Gläsern und umwickelt sie ebenfalls mit Stoff oder man befestigt die Gläser ohne Deckel mithilfe eines Drahts an einem langen, festen Ast, den man an die Wand hängt oder mit einer Kordel an die Decke. In die Gläser kommen dann die Geschenke. Diesen Adventskalender zu basteln war zwar etwas Arbeit, die hat aber Spaß gemacht, und im nächsten Jahr muss man das Ganze ja nicht wiederholen, sondern kann dann einfach die fertigen Gläser aus der Weihnachtskiste holen.

Als Nächstes brauchte ich einen umweltfreundlichen Adventskranz. Mir war klar, dass ein fertig dekorierter aus einem Blumenladen nicht die Lösung sein konnte, denn die Dekorationen sind meist aus Plastik und werden mit Kleber am Kranz befestigt. Die Wahrscheinlichkeit, dass der Kranz aus den Zweigen eines Biobaums gemacht wurde, ist wohl auch sehr gering. Und auch bei den Kerzen auf dem Kranz gibt es einiges zu beachten. Etwa zwei Drittel der Kerzen, die man im normalen Handel kaufen kann, bestehen aus Paraffin, einem Erdölprodukt, das – wie alle Erdölprodukte – eine sehr schlechte Klimabilanz hat. Das Verbrennen von jährlich 150 000 Tonnen Paraffinkerzen allein in Deutschland setzt laut Greenpeace Leipzig rund 525 000 Tonnen CO_2 frei. Da Erdöl zudem ein endlicher Rohstoff ist und wir alle die Bilder von Tankerunglücken und anderen Ölkatastrophen kennen, ist klar, dass Paraffinkerzen keine umweltfreundliche Möglichkeit sind. Erst mal besser klingen Kerzen aus Stearin, also Pflanzenöl, das aus nachwachsenden, natürlichen Rohstoffen gewonnen wird. Allerdings ist das bei den meisten Kerzen Palmöl. Die Probleme, die der Anbau der vielen Ölpalmen verursacht, könnt ihr im Kapitel »Palmöl-Challenge« nachlesen. Andere Stearinkerzen werden aus Kokosöl hergestellt, das allerdings auch nicht umweltfreundlicher ist. Zwar werden Kokospalmen wegen der geringeren Nachfrage bisher hauptsächlich von Kleinbauern in Asien angebaut; sollte die Nachfrage allerdings weiter steigen, werden auch dafür irgendwann Wälder gerodet werden, um die Bäume auf großen Monokulturplantagen zu pflanzen. Nicht vergessen darf man auch das CO_2, das beim Transport von Palm- und Kokosöl nach Europa ausgestoßen wird.

Doch nicht nur die Art des Wachses spielt bei der Umweltverträglichkeit von Kerzen eine Rolle, sondern auch die Art ihrer Herstellung. Sie entscheidet darüber, wie eine Kerze abbrennt. Billigkerzen werden meist im sogenannten Pulverpressverfahren industriell gefertigt. Paraffin-Granulat wird dabei einfach in Kerzenform gepresst. Besser ist es, wenn die Kerze gegossen wird. Beim sogenannten Gießverfahren wird das Wachs erst geschmolzen und dann zusammen mit dem Docht in die Kerzenform gegossen. Solche Kerzen sind meist schwerer und brennen auch entsprechend länger. Das handwerklich älteste Verfahren bei der Kerzenherstellung ist das Kerzenziehen. Die Dochte werden dabei immer wieder in ein flüssiges Wachsbad getaucht, bis die Kerze die gewünschte Dicke hat. Diese Kerzen sind im Vergleich zu den anderen sehr teuer, da die Herstellung sehr aufwendig ist. Dafür brennen sie auch besonders lange und gleichmäßig.

Was ist nun also eine umweltfreundliche Alternative zu solchen billigen Kerzen aus Paraffin oder Stearin? Der NABU empfiehlt Kerzen aus Bio-Bienenwachs. Ich glaube, das letzte Mal, dass ich eine Bienenwachskerze hatte, war in der Grundschule. Da haben wir aus diesen lecker duftenden gelben Wachsplättchen mit Wabenmuster selber Kerzen gerollt. Jetzt machte ich mich auf die Suche nach Bienenwachskerzen – und fand die meisten davon sehr hässlich. Sie sind häufig in dem typischen Gelb, das mir leider nicht besonders gut gefällt. Es gibt aber auch Bienenwachskerzen, die aussehen wie ganz »normale« Kerzen. Beim Kauf sollte man übrigens darauf achten, dass sie aus Bio-Bienenwachs sind, denn anderes Bienenwachs kann Chemikalien enthalten, das beim Abbrennen in die Luft entweicht.

Eine weitere Möglichkeit sind Kerzen aus Biomasse, also aus Fett- und Ölresten der Lebensmittelindustrie. Das ist pures Upcycling, ohne Verschwendung von wertvollen Rohstoffen. Wenn die dann auch noch aus Deutschland kommen, sind sie eine grandiose Alternative. Ich kaufte sie in der Form von Teelichtern, allerdings ohne die kleine Aluschale. Dazu muss man sich dann wiederverwendbare Schalen aus Glas oder Edelstahl besorgen. Ich entschied mich für die Edelstahlvariante und war angesichts dessen, aus was die Kerzen bestehen, gespannt, ob sie womöglich beim Abbrennen stinken würden. Dem war aber glücklicherweise nicht so. Allerdings ist es wichtig, dass man die Kerzen bis zum bittern Ende brennen lässt, damit möglichst wenig Wachsreste in der Edelstahlschale bleiben. Dann kann man direkt die nächste Kerze nachfüllen, ohne die Schale auskratzen zu müssen.

Bei der Suche nach einer weiteren umweltfreundlichen Alternative – einer Kerze aus Sojawachs, einem nachwachsenden, natürlichen Rohstoff – fand ich dann sogar ein Weihnachtsgeschenk: eine große Sojawachskerze, die mit wild wachsenden Blüten dekoriert ist. Damit nicht jeder jedem etwas schenken muss, wichteln wir bei uns in der Familie immer. Das kann, wie oben erwähnt, dazu führen, dass man ziemlichen Schwachsinn geschenkt bekommt. Ich war mir aber sicher, dass die Kerze jedem gefallen würde, und sie ist auch noch umweltfreundlich.

Nachdem ich nun eine umweltfreundliche Alternative bei den Kerzen gefunden hatte, brauchte ich noch Deko für meinen Kranz. Ein Umweltschutz-Tipp ist, einfach das zu benutzen, was man hat. Ich finde es sowieso schön, immer dieselbe Deko zu haben, und liebe das vorweihnachtliche Ritual, jedes Jahr dieselben Dinge auszupacken. Ich guckte also in meine Weihnachtskiste im Keller und bemerkte, dass ich noch meine Kerzen vom letzten Jahr hatte. Damals hatte ich die Kerzen nicht so oft angezündet und wohlweislich für das nächste Jahr aufgehoben. Sie waren zwar nicht umweltfreundlich, aber wegwerfen wollte ich sie trotzdem nicht. Das finde ich unsinnig. Und auch Deko war eine Menge da. Also brauchte ich nur noch einen Kranz.

Ich suchte im Internet nach Bio-Blumenläden und fand bei mir in der Nähe keinen einzigen. Auch die normalen Blumenläden schüttelten bei meiner Frage nach Bio-Kränzen oder zumindest Bio-Tannengrün den Kopf. Ich war nun schon ziemlich spät dran für einen Adventskranz, als ich es bei einem Biosupermarkt bei uns in der Nähe versuchte, bei dem ich schon manchmal regionale Blumen gesehen hatte. Dort wurde ich fündig. Für zwölf Euro kaufte ich zwei große Bündel Tannengrün, das aus einem Ort in der Nachbarschaft stammte und biologisch angebaut war. Da Samstag war und der kommende Tag schon der erste Advent, musste es jetzt schnell gehen. Einen Rohling, an dem man das Tannengrün befestigt, hatte ich nicht. Also musste ich daraus eher so etwas wie ein Gesteck machen. Ich benutzte ein Tablett, verteilte das Bio-Tannengrün und die alten Kerzen darauf, dazu ein paar kleine Kugeln, die ich sonst immer an den Baum hänge. Man kann nicht behaupten, dass ich ein Deko-Talent bin, und so sah das Ergebnis dann auch wirklich erbärmlich aus. Die Kerzen waren im Verhältnis zu klein und die Deko zu mickrig. Ich brauchte also mehr davon und das auf umweltfreundlichem Weg. Ich holte mir etwas Inspiration im Internet und beschloss, meine nächste Gassi-Runde zum Deko-Suchen zu nutzen. Ich kehrte mit Tannenzapfen heim, nahm einige Walnüsse aus unserer Biokiste und fand in der Backschublade in der Küche zwei Zimtstangen. Außerdem entdeckte ich in der Weihnachtskiste noch eine kleine LED-Lichterkette, die ich unter das Tannengrün drapierte. Ich möchte nicht behaupten, dass das Ergebnis des – nennen wir es – Gestecks einen Schönheitspreis gewinnen würde, aber es ist einigermaßen ansehnlich. Mein Freund bezeichnet es sogar als schön, wobei man hinzufügen muss, dass er ein bisschen farbenblind ist und mich liebt. Also wer weiß. Aber ich bin trotzdem stolz auf mein Werk, das keinerlei Müll produzieren wird.

Vielleicht wundert ihr euch, warum ich bei den Tannenzweigen so sehr darauf geachtet habe, dass sie biologisch erzeugt sind. Das liegt daran, dass bei konventionellen Bäumen wie schon erwähnt oft sehr viele Pestizide eingesetzt werden. Bei den Biobäumen ist das anders. Sie werden nur mit natürlichen Düngern behandelt und zur Unkrautvernichtung werden häufig Schafe eingesetzt, die das Gras und das Unkraut zwischen den Bäumen fressen. Oft wachsen die Bäume auch in sogenannten Mischkulturen, es werden also unterschiedliche Arten auf einem Feld angepflanzt. Das macht sie weniger anfällig für Schädlinge, dafür fühlen sich die nützlichen Insekten hier wohler. Auch beim Kauf von Biobäumen könnt ihr wieder auf Siegel von Bio-Anbauverbänden wie Naturland, Bioland, Demeter oder Biokreis achten. Interessant ist übrigens auch, dass die Biobäume nicht teurer sind als die normalen. Wer auf die Umwelt achten will, sollte also unbedingt einen Bio-Weihnachtsbaum kaufen. Die Umweltschutzorganisation Robin Wood gibt jedes Jahr eine Liste heraus, auf der Anbieter von ökologischen Weihnachtsbäumen aufgeführt sind. In Hessen sind das zwar mehr als 30 Stück, aber nur ein einziger in meiner unmittelbaren Nähe. Ein Baumarkt hier hat Bio-Weihnachtsbäume im Sortiment, allerdings nur ganze 25 Stück. Ob ich da noch einen bekommen werde, ist also fraglich. Die weiteren Verkaufsstände sind etwa 25 Kilometer entfernt.

Ich stieß bei meiner Recherche allerdings noch auf eine weitere Möglichkeit: einen Bio-Weihnachtsbaum, der in einem Topf aufgezogen wird und auch nach dem Verkauf darin bleibt. Man stellt sich also einen lebenden Weihnachtsbaum inklusive Erde und Topf ins Wohnzimmer. Dabei gibt es zwei Möglichkeiten: Entweder man mietet den Baum und gibt ihn nach dem Weihnachtsfest zurück an den Vermieter, der ihn bis zum nächsten Fest pflegt und ihn dann wieder vermietet. Oder man kauft den Baum im Topf und pflanzt ihn danach in den eigenen Garten. Ich sah mir Erfahrungsberichte im Internet an und stellte schnell fest, dass ein Weihnachtsfest mit einem lebenden Baum im Topf gar nicht so einfach ist. Man darf den Baum nämlich nicht einfach ins beheizte Wohnzimmer stellen, weil er dadurch eine Art Hitzeschock bekommen und sterben würde. Stattdessen muss man ihn langsam an wärmere Temperaturen gewöhnen. Man stellt ihn also zum Beispiel erst mal ins Carport (Garage wäre zu dunkel), dann in den Keller (nur, wenn er ein Fenster hat) und dann erst ins Wohnzimmer. Dort am besten nicht in die Nähe des Heizkörpers. Nun habe ich glücklicherweise sowohl ein Carport als auch einen Kellerraum mit Fenster. Wie mein Freund das allerdings finden würde, den Baum inklusive schwerem Topf dreimal durchs halbe Haus zu tragen, weiß ich nicht. Und ich bin mir auch unsicher, wo wir den Baum dann hinstellen sollen, da wir eine Fußbodenheizung haben. Der Baum wird also ständig von unten beheizt werden, was ihm wahrscheinlich nicht guttut. In den Beschreibungen der Verkäufer steht, dass man den Baum möglichst nicht allzu lange im Wohnzimmer lassen soll und ihn auch wieder langsam an die Kälte gewöhnen muss. Die Keller-Carport-Aktion wiederholen wir dann also auch noch. Wir werden es in diesem Jahr trotzdem mal mit so einem Biobaum im Topf versuchen, denn das Schlimmste, was passieren kann, ist, dass der Baum eingeht. Damit ginge es ihm genauso wie den anderen 25 Millionen Bäumen. Falls er überlebt, wollen wir ihn nach dem Fest in den Garten pflanzen, dann haben wir definitiv etwas für die Umwelt getan. Ob das klappt, könnt ihr auf meiner Instagram-Seite verfolgen.

Falls ihr euch jetzt fragt, ob die beste Alternative nicht ein Plastik-Weihnachtsbaum sein könnte, lautet die Antwort Nein. Denn auch eine konventionelle Weihnachtsbaumplantage bindet tonnenweise CO_2 und Staubpartikel und sorgt dafür, dass Sauerstoff entsteht. Ein Plastikbaum muss mit viel Energieaufwand hergestellt werden. Das passiert meist in China, was zu einem langen Transportweg führt. Inklusive der Entsorgung hat er dann eine deutlich schlechtere Ökobilanz als ein normaler Tannenbaum, der entweder als Biomüll entsorgt oder vielerorts in Zoos an Elefanten verfüttert wird. Daher ist es übrigens auch sehr wichtig, den Baum nicht mit Schneespray oder Glitzer anzusprühen und ihn nicht mit Lamettaresten zu entsorgen.

Da sind wir dann auch schon beim Christbaumschmuck angekommen. Lametta und beschichtete Christbaumkugeln, die Blei enthalten, haben an einem umweltfreundlichen Weihnachtsbaum nichts zu suchen. Erkennbar sind sie am hohen Gewicht und an der Bezeichnung Stanniol auf der Verpackung. Wollt ihr doch aus Tradition Lametta benutzen, sollte es aus einem anderen Material bestehen und ihr solltet darauf achten, es so ordentlich aufzuhängen, dass ihr es in den nächsten Jahren wiederverwenden könnt. Besonders umweltverträglicher Christbaumschmuck sind Nüsse, Holz, Salzteiggebäck, Plätzchen, Stoffbänder, getrocknetes Obst und Papier-, Holz- oder Strohfiguren. Ich habe mich dazu entschlossen, weiterhin meinen alten Christbaumschmuck zu verwenden. Meine Sammlung aus unterschiedlichen Glaskugeln und -figuren habe ich mir über Jahre aufgebaut und immer wieder Stücke aus dem Urlaub mitgebracht oder mir von Freunden und Familie schenken lassen. Aus Washington habe ich zum Beispiel ein Weißes Haus aus bemaltem Glas, ich besitze das Hollywood-Zeichen und sogar die Kirche, in der ich getauft wurde, als Christbaumschmuck. Ich benutze die Kugeln seit zehn Jahren und finde es Unsinn, jetzt damit aufzuhören, vor allem da ich nicht plane, sie jemals wegzuwerfen. Vermeiden sollte man es auch, den Baum jedes Jahr in einer neuen Farbe zu schmücken und so Unmengen an unterschiedlichen Kugeln anzuhäufen. Wenn man doch gerne etwas Abwechslung mag, kann man im Freundeskreis herumfragen, ob jemand seine Kugeln tauschen möchte. Die sind ja meist nicht abgenutzt, sondern liegen das ganze Jahr über gut verpackt auf dem Dachboden.

Nun stellt sich noch die Frage, ob man besser echte Kerzen verwenden sollte oder eine Lichterkette. In meiner Familie gab es nie echte Kerzen, deshalb bin ich persönlich in der Vergangenheit gar nicht auf die Idee gekommen, welche zu benutzen. Aus Umweltschutzsicht sind sie, wenn sie aus den oben genannten Materialien bestehen, okay. Eine gute Alternative ist eine Lichterkette mit LEDs, die sehr energiesparend sind und lange halten. Wir hatten die letzten Jahre schon so eine und werden sie auch dieses Mal wieder benutzen. Echte Kerzen kommen wegen unseres Hundes, der gerne mit seinem Schwanz gegen alles Mögliche schlägt, sowieso nicht infrage.

Worüber ich mir jetzt schon Gedanken mache, ist die Geschenkverpackung. Ich liebe es, Geschenke einzupacken, und gebe mir dabei sehr viel Mühe. Dass das Auspacken so schnell vorbei ist und die gesamte Verpackung danach auf dem Müll landet, darüber habe ich mir in den vergangenen Jahren ehrlich gesagt keine Gedanken gemacht. Für mich gab es dazu einfach keine Alternative. Dieses Weihnachten werde ich aber auf jeden Fall einiges ändern. Erstens werde ich andere Geschenke machen. Meine Freundinnen bekommen in diesem Jahr keine Dinge von mir, sondern gemeinsame Erlebnisse. Ich habe Gutscheine für eine Glühwein-Alpaka-Wanderung gekauft, die bei uns in der Nähe stattfindet. Und ich habe bisher noch nichts im Internet bestellt und hoffe auch, dass ich das nicht aus Verzweiflung zwei Tage vor Weihnachten noch tun muss. Alle bisherigen Geschenke stammen aus lokalen Geschäften. In einem Nachbarort gibt es zum Beispiel eine junge Frau, die aus Resten von Seidentüchern wunderschöne Armbänder und Taschen herstellt. Ich habe sie auf einem Shoppingevent von kleinen regionalen Händlern in meiner Heimatstadt entdeckt und für meine Mutter gleich eine Tasche gekauft. Auf der Veranstaltung fand ich auch eine selbst gestrickte Mütze für meine Schwester. Grundsätzlich ist auch die Idee, einen Wunschzettel zu schreiben, gut geeignet, um Geschenke zu vermeiden, die dann doch nicht gefallen und nicht benutzt oder weggeworfen werden.

Als Verpackung habe ich mir in diesem Jahr inzwischen etwas Besonderes ausgedacht: Ich werde die meisten Geschenke in Bienenwachstücher für Brote einpacken. In meiner Familie hat noch niemand diese superpraktischen Dinger, die es mit richtig schönen Mustern gibt. Da das Wachs ja etwas klebrig ist, rollt man es um das Geschenk und drückt dann die offenen Seiten so zusammen, dass das Geschenk wie ein Bonbon aussieht. So hält es ohne Geschenk- oder Klebeband. Das habe ich bei den Geschenken, die ich schon gekauft habe, ausprobiert. Es funktioniert gut und sieht toll aus. Aber es gibt natürlich auch noch andere Möglichkeiten, seine Geschenke umweltfreundlich zu verpacken. Meine ist eine ziemlich teure, da die Wachstücher ja selbst schon etwas kosten. Andererseits kann man dafür dann die Geschenke etwas kleiner ausfallen lassen. Die einfachste Möglichkeit ist, Zeitungspapier zu benutzen und es zu verzieren, indem man es zum Beispiel bemalt oder mit einer Kordel zuschnürt, an die man Tannengrün, Zapfen oder Blätter knotet. Wer unbedingt Geschenkpapier kaufen will, sollte darauf achten, Recyclingpapier zu kaufen, das mit dem Blauen Engel ausgezeichnet ist.

Wer sich über Weihnachten unterhält, kommt unweigerlich auf Silvester zu sprechen. Umweltfreundlich Silvester zu feiern, heißt auf jegliche Böller zu verzichten. Denn bei jedem Feuerwerk entstehen Kohlendioxid, Schwefeldioxid und Ruß, der als Feinstaub in der Luft bleibt. In den Innenstädten größerer Städte kann man den Feinstaub noch Stunden nach dem Feuerwerk sehen und riechen. Die Herstellung der Böller und Raketen verbraucht zudem viel Energie und sie stecken meist in dicken Plastikverpackungen. Da die Plastikteile der Geschosse ja irgendwann auch wieder vom Himmel herunterfallen, bleibt außerdem immer Plastikmüll in der Landschaft zurück. Was das für die Umwelt bedeutet, könnt ihr im Kapitel über Plastik und Mikroplastik nachlesen. Indem man komplett auf das Böllern verzichtet, tut man auch den Tieren einen riesigen Gefallen. Laut NABU verlassen viele Vögel an Silvester fluchtartig ihre Winterruheplätze und Ornithologen beobachten jedes Jahr Anfang Januar verstörte Vogelschwärme. Das sei im Winter besonders schlimm, da die Tiere sich zu dieser Jahreszeit eigentlich ausruhen müssten. Mit einer anderen Tradition hat die EU übrigens schon Schluss gemacht: Bleigießen. Blei ist ein toxisches Schwermetall, das erstens schlecht für den Menschen ist, da beim Erhitzen giftige Dämpfe entstehen, und dessen Reste zweitens als Sondermüll Abwasser, Deponie und Verbrennungsanlage belasten. Stattdessen kann man heißes, flüssiges Wachs benutzen und so umweltfreundlich ins neue Jahr starten.

Fazit

Wie genau das umweltfreundliche Weihnachten für mich laufen wird, kann ich euch ja leider noch nicht sagen. Ich nehme an, dass das Leben mit einem Weihnachtsbaum im Topf deutlich anstrengender sein wird. Auch die Geschenkesuche gestaltet sich natürlich schwieriger, wenn man nicht kurzfristig noch etwas im Internet bestellen kann. Die Weihnachtsvorbereitungen haben mir aber sehr viel Spaß gemacht, da ich meine Kreativität entdecken und mir neue Möglichkeiten für die Geschenkverpackung und den Adventskalender ausdenken musste. Es war eine Herausforderung, etwas Schönes und trotzdem Umweltfreundliches zu finden. Ein erstes Geschenk konnte ich übrigens schon in einem Bienenwachstuch verschenken. Meine Freundin Susan hatte kurz vor Weihnachten Geburtstag und bekam wiederverwendbare Abschminkpads, eingewickelt in das Bienenwachstuch. Sie hat sich sowohl über das Geschenk als auch die Verpackung total gefreut. Ich hoffe, dass die Reaktion der restlichen Beschenkten ähnlich ausfallen wird. Der Adventskranz ist mir leider nicht so gut gelungen. In den nächsten Jahren werde ich aber noch viel Gelegenheit zum Üben haben.

Das könnte die Politik tun

Die Politik könnte Anreize schaffen, Recyclingpapier zu benutzen, zum Beispiel indem sie den Mehrwertsteuersatz für recycelte Produkte von 19 auf 7 Prozent senkt. Das würde den Kauf von Recyclingpapier attraktiver machen. Eine besonders rigorose Idee wäre es, den Handel zu verpflichten, nur noch Recyclingpapier anzubieten. Das klingt hart, aber eigentlich muss man sich fragen, wieso frisch gefällte Bäume überhaupt als Geschenkverpackung herhalten müssen. Eine bei vielen Leuten unpopuläre, aber aus Umweltsicht sehr sinnvolle Möglichkeit wäre es, privates Feuerwerk zu verbieten. Stattdessen könnte es in allen größeren Städten nur noch ein offizielles Feuerwerk geben, das sich alle kostenfrei anschauen können. Damit würden 137 Millionen Euro eingespart werden, die die Deutschen jedes Jahr für Silvesterböller ausgeben, dazu eine Unmenge an Plastikverpackungen, CO_2 und Ruß. Vorbilder sind Irland, Dänemark und Australien, wo privates Böllern bereits verboten ist. In Sydney gibt es dafür das berühmte große Feuerwerk an der Harbour Bridge und in Paris findet stattdessen um Mitternacht eine Lasershow am Eiffelturm statt.

Meine Tipps für ein umweltfreundliches Weihnachtsfest

- Bio-Weihnachtsbaum kaufen
- Bio-Weihnachtsbaum im Topf mieten oder kaufen
- Alte Deko benutzen oder tauschen
- Natürliche Deko bevorzugen
- Kerzen ohne Paraffin oder Stearin kaufen
- Geschenkpapier durch kreative müllfreie Varianten ersetzen

- Recyceltes Geschenkpapier benutzen
- Möglichst regional einkaufen
- Wenig online shoppen
- Erlebnisse statt Dinge schenken
- Keine Böller an Silvester

GO GREEN

Danke

Ich habe dieses Buch »nebenbei«, also während meines Berufsalltags geschrieben. Das hat mir, aber vor allem meinem Freund, meiner Familie und meinen Freunden einiges abverlangt. Daher ein großes Dankeschön an euch! Danke Tim, dass du schlau, inspirierend, lustig und verständnisvoll bist. Deine Anmerkungen sind immer die kritischsten und das hasse und liebe ich. Das nächste Buch will ich wieder mit dir zusammen schreiben. Danke an meine Familie, die immer für mich da ist, und an meine Freunde, die mitgelitten haben, als es an die Abgabe ging und ich immer weniger Zeit hatte. Was mich am meisten gefreut hat: Fast alle haben sich anstecken lassen und achten jetzt im Alltag mehr auf die Umwelt. Mein Papa hat mir jeden Artikel zum Thema Umweltschutz geschickt, den er im Internet finden konnte, meine Schwester trinkt mit ihrer Familie nur noch Leitungswasser und meine Mutter hat auf regionales Wasser aus Glasflaschen und Recyclingpapier umgestellt. Ihr seid toll!

Ein großes Dankeschön auch an den Piper Verlag, der mir ermöglicht hat, ein Buch über mein Herzensthema zu schreiben, der alles versucht hat, um dieses Buch möglichst umweltfreundlich zu produzieren, und der mir meine tolle Lektorin Anja Hänsel an die Seite gestellt hat. Du bist immer konstruktiv, positiv und engagiert. Dein Herz schlägt für wichtige Themen wie den Umweltschutz und für deine Autoren. Und du bist sogar dann noch verständnisvoll, wenn ich mal wieder ein (oder alle) Kapitel zu spät abgegeben habe. Ein weiteres großes Dankeschön an Redakteurin Tina Schwarz, die meinen Text mit ihren Vorschlägen deutlich verbessert und auch inhaltlich immer mitgedacht hat. Durch dich ist das Buch definitiv ein ganzes Stück runder geworden.

Ein großes Dankeschön geht auch an meinen Buch-Agenten Ulf-Gunnar Switalski, ohne den ich niemals ein Buch geschrieben hätte. Danke für dein großes Engagement, dein Verhandlungsgeschick und dein immer offenes Ohr.

Außerdem danke ich der Stadt Bad Soden am Taunus, die mich für das Shooting mit umweltfreundlicher Kleidung ins geschlossene Freibad gelassen hat. Bei euch lebt man gerne! Danke an Fotografin Laura Rodriguez und Make-up-Artistin Vanessa Hauser, die sofort Lust hatten, Teil dieser spannenden Idee zu werden. Und natürlich danke ich allen Labels, die mir die Klamotten kostenlos ausgeliehen haben. Ich sah so stylish aus und hatte ein reines grünes Gewissen. Mega!

Ich bin natürlich nicht die erste Person auf diesem Planeten, die sich über Umweltschutz Gedanken macht. Daher danke ich allen Umweltschützern, Journalisten und Privatpersonen, die sich mit dem Thema beschäftigen und mich schlauer gemacht haben. Es ist grandios, wie viele Menschen Videos davon machen, wie man eine Wurmkiste baut oder von ihren Erfahrungen mit selbst gemachtem Waschmittel berichten. Danke, dass ihr euer Wissen teilt!

Mein letztes Dankeschön geht an dich, liebe Leserin und lieber Leser. Ich hoffe, du hattest eine gute Zeit mit diesem Buch und hast jetzt Lust, auch dein Leben ein wenig zu verändern. Schreib mir gerne dein Feedback bei Instagram, Twitter oder Facebook (@jennifersieglar) und teile deine Umweltschutz-Bemühungen unter #umweltliebe, damit noch mehr Menschen erreicht werden und etwas für unseren wunderbaren Planeten tun.

Produktverzeichnis

Alle Produkte, die ich im Rahmen dieses Buchprojekts ausprobiert habe, habe ich selbst gekauft. Die, die ich für gut befunden habe, findet ihr hier aufgelistet. Einige Anbieter sind im Raum Frankfurt ansässig, wo ich wohne. Die Biokiste oder z. B. auch Biobauernhöfe gibt es aber ganz sicher auch in deiner Umgebung, schau einfach mal online nach.

- Abschminkpads, wiederverwendbare:
  Lamazuna

- Apps:
  NABU Siegel-Check
  CodeCheck
  Beat the Microbead
  ToxFox
  Too Good To Go
  ResQ Club
  ReplacePlastic

- Bambus-Toilettenpapier:
  Smooth Panda

- Bambus-Zahnbürsten:
  Humble Brush
  Hydrophil

- Bauernhöfe:
  Biolandhof Pfeifer, Bad Soden
  Quellenhof, Steinbach
  Dottenfelderhof, Bad Vilbel

- Bienenwachstücher:
  Little Bee Fresh
  Bee In

- Biohotel:
  Biohotel Rupertus in Leogang in Österreich, mehr Hotels findet ihr unter biohotels.info

- Biokiste:
  Die Kooperative e.G., Frankfurt

- Computer an Bedürftige spenden:
  Angestöpselt e.V.

- Druckerei dieses Buches, die alle Druckerzeugnisse nach dem »Cradle to Cradle«-Prinzip druckt:
  gugler

- Elektroauto, nachhaltig produziertes:
  BMW i3

- Flugreisen, CO_2-Kompensation:
  atmosfair
  Climate Fair

- Handy für Umweltprojekte spenden:
  HandysfuerdieUmwelt.de

- Kerzen aus Sojawachs:
  Gartda

- Mode/nachhaltige Labels:
  Armed Angels
  EcoAlf

Hessnatur
MUD Jeans
Nine To Five
Nudie Jeans
Studio JUX

- Naturkosmetik und Make-up:
  Dr. Hauschka
  Weleda
  Und Gretel

- Obst- und Gemüsebeutel, wiederverwendbar:
  Naturalou

- Öko-Onlineshops:
  Avocadostore
  Ecco Verde
  Naturalou

- Po-Dusche:
  HappyPo

- Seife ohne Verpackung:
  Lush

- Suchmaschine, grüne:
  Ecosia

- Tampons aus Biobaumwolle:
  JUNO & me
  My LILY

- Toilettenpapier:
  Sanft&Sicher (Toilettenpapier Recycling 3-lagig, besonders dicht gewickelt)
  Satino Black (Toilettenpapier mit »Cradle to Cradle«-Zertifikat)

- Trinkflasche aus Edelstahl:
  Klean Kanteen
- Unverpackt-Laden mit regionalen Produkten:
  Mudda Natur in Marburg
- Wasserfilter, einfach:
  BRITA
- Wasserfilter plus Sprudler direkt aus der Leitung:
  Grohe Blue
- Wassersprudler:
  Sodastream
- Zyklus-App zur Verhütung:
  Natural Cycles

Und zum Schluss noch einige Personen, denen es sich lohnt, auf Instagram zu folgen. Sie sind sehr inspirierend in Sachen Umweltschutz und Nachhaltigkeit:

@dariadaria
@louisadellert
@milenskaya
@nachhaltigkeit.warum.nicht
@naturlandkind
@neohippie.dk
@simply.living.well
@vanillaholica

Ein Überblick über die wichtigsten Nachrichtenthemen unserer Zeit

Jennifer Sieglar /
Tim Schreder

**Ich versteh die Welt
nicht mehr**

Die wichtigsten Nachrichten
verständlich erklärt

Piper Paperback, 304 Seiten
€ 15,00 [D], € 15,50 [A]*
ISBN 978-3-492-06097-4

Der Islamische Staat verbreitet weltweit Angst und Terror, in den USA wird ein Außenseiter zum Präsident gewählt, aus der Türkei vernimmt man ständig neue Schreckensmeldungen über Präsident Erdoğan und die AfD gewinnt dauernd Wählerstimmen hinzu – die Welt der Nachrichten dreht sich immer schneller, dabei sind viele Themen ohne fundiertes Hintergrundwissen kaum zu verstehen. Zugleich konsumieren viele Menschen diese Meldungen vor allem bruchstückhaft über die sozialen Medien. Hier setzt »Ich versteh die Welt nicht mehr« an und bietet auf verständliche und unterhaltsame Art Hintergründe zu den 24 wichtigsten Nachrichtenthemen unserer Zeit.

Leseproben, E-Books und mehr unter www.piper.de

Ideen für eine neue industrielle Revolution

Michael Braungart /
William McDonough
Cradle to Cradle
Einfach intelligent produzieren

Aus dem Amerikanischen von Karin Schuler und Ursula Pesch
Piper Taschenbuch, 240 Seiten
€ 11,00 [D], € 11,40 [A]*
ISBN 978-3-492-30467-2

Autos aus Autos? Schuhe als Düngemittel für unsere Balkonblumen? Zukünftig gibt es nur noch zwei Arten von Produkten: Verbrauchsgüter, die vollständig biologisch abgebaut werden können, und Gebrauchsgüter, die sich endlos recyclen lassen. Nicht weniger müssen wir produzieren, sondern verschwenderisch und in technischen und biologischen Kreisläufen. Eine ökologisch-industrielle Revolution steht uns bevor, mit der Natur als Vorbild.

Leseproben, E-Books und mehr unter www.piper.de

Machen statt reden – denn wir sind, was wir tun!

Eugénie Harvey /
David Robinson
**Einfach die Welt
verändern**
50 kleine Ideen mit großer Wirkung

Piper Taschenbuch, 112 Seiten
€ 11,00 [D], € 11,40 [A]*
ISBN 978-3-492-30178-7

Viele kleine Dinge können die Welt verändern – man muss sie nur tun. Ein Buch, das glücklich macht und das das eigene Leben und das der anderen bereichern kann. Für alle, die etwas tun wollen, um die Welt humaner und schöner zu machen, aber bisher nicht wussten, wo anfangen. Es ist ganz einfach! Und kostet fast nichts.

Leseproben, E-Books und mehr unter www.piper.de